新世纪普通高校汉语言文学专业教材
学术顾问　关爱和　曹顺庆　陈　炎　孙先科
总 主 编　李伟昉

# 秘书礼仪教程
MISHULIYI JIAOCHENG

主　编　赵　瑾　周杰林

河南大学出版社
·郑州·

## 图书在版编目(CIP)数据

秘书礼仪教程/赵瑾,周杰林主编. —郑州:河南大学出版社,2013.11
ISBN 978-7-5649-1387-8

Ⅰ.①秘… Ⅱ.①赵… ②周… Ⅲ.①秘书—礼仪—教材 Ⅳ.①C931.46

中国版本图书馆CIP数据核字(2013)第269796号

---

| | |
|---|---|
| 责任编辑 | 孙增科 |
| 责任校对 | 马健中 |
| 装帧设计 | 王四朋 |

---

| | |
|---|---|
| 出版发行 | 河南大学出版社 |
| | 地址:郑州市郑东新区商务外环中华大厦2401号 |
| | 邮编:450046 |
| | 电话:0371-86059712(高等教育出版分社) |
| | 　　　 0371-86059713(营销部) |
| | 网址:www.hupress.com |
| 排　版 | 郑州市今日文教印制有限公司 |
| 印　刷 | 河南承创印务有限公司 |
| 版　次 | 2014年7月第1版 |
| 印　次 | 2014年7月第1次印刷 |
| 开　本 | 787mm×1092mm　1/16 |
| 印　张 | 16 |
| 字　数 | 370千字 |
| 印　数 | 1~2000册 |
| 定　价 | 29.00元 |

---

(本书如有印装质量问题,请与河南大学出版社营销部联系调换)

# 总　序

近年来,河南大学文学院在教学质量工程建设方面取得了一系列标志性的成绩,先后拥有了一个国家级特色专业、一个国家级教学团队、一个国家级教学名师、两门国家级精品课程、一门国家级精品视频公开课。在学位点建设方面,也实现了一级博士学位授权点的突破。成绩面前,我们也十分清醒地意识到自身的不足,许多工作仍需我们继续更加努力地去一件件地认真落实。这其中,就包括本科生教材的规划与建设。

在过去的30年里,文学院相关专业都曾积极地编写过适合本科生教学需要的教材,有的教材还被国内多所高校广泛使用,产生了重要影响,例如任访秋先生主编的《中国近代文学史》教材。而且20世纪80年代中期后,当时的中文系作为主考单位,还接受河南省高等教育自学考试指导委员会的委托,组织编写过高等教育自学考试中文专业教材。这套教材出版后,广受读者好评。然而,随着社会的进步和高等教育的发展,国家越来越重视和强调大学本科生阶段的教育。本科生教材的规划与建设,自然作为一项十分重要的系统工程,也被越来越多的高校所重视,它体现了对本科生教学工作的关切,关乎着人才培养和教育的质量,同时也是衡量学科发展水平的重要尺度之一。因此我们愿意再接再厉,集全院之力,下功夫共同完成这套中文专业教材的编写工作,通过教材编写,旨在使我们的教师深入把握教学内容,进一步理清教学思路,拓宽教研视野,彰显学术思考,从而提升本科生教学的整体水平和内在品质,并推动各相关学科内涵的不断丰富和发展。

衷心感谢河南省文学教学指导委员会对本套教材的关心与指导,感谢河南大学出版社把这套教材列为河南省普通高校"十二五"规划教材,感谢河南大学出版社高等教育出版分社社长王四朋先生的积极策划和对教材出版所付出的辛勤努力,感谢各本教材责任编辑认真与严谨的工作精神。感谢河南大学文学院广大教师对教材编写工作的大力支持和全情投入,否则,这项浩大的工程根本无法完成。

适逢河南大学百年校庆到来之际,谨将此套教材作为微薄贺礼献给百年河大。

李伟昉
2012年7月于开封

# 前　言

随着我国经济发展和人才需求结构的变化,高等教育人才培养工作的内容发生了巨大变化。为国家和变化发展中的社会提供复合型且掌握一定专业技能的高级人才是高等教育的重要任务,培养既有一定理论知识,又有较强实践能力和动手能力的高素质高级专业人才更是高等教育迫不及待的任务。

《秘书礼仪教程》这部教材根据秘书礼仪的不同用途和不同场合的使用特点及不同的工作要求,融入各位编者对秘书礼仪理论的研究成果,结合累积多年的教学实践经验,按照秘书人员的工作内容编写而成,其特点表现在以下几个方面:

1. 理念的先进性。本教材体现了"知识为基础,工作为目标,能力为目的,训练为手段"的主旨,在对秘书礼仪知识的讲述中,强调了秘书礼仪的实践性、参与性和互动性,把基本概念、基础知识和秘书礼仪的技能训练要求结合起来,把培养实践能力和动手能力的目标落到实处。

2. 结构的科学性。本教材在编写结构上除关注知识的更新外,更注重秘书礼仪的基本实务活动。增加了大量的、较新的相关职场案例以及有针对性的案例分析,以增强学生的阅读和学习兴趣,并提高学生分析问题的能力;在课后作业设计中,摒弃了以往教材常见的"思考与练习"、"简答"、"简述"等实践性不强的题型,使用按工作项目进行技能训练的方法,使教学更贴近实际工作需要;每一节后都安排有"相关知识链接"的内容,扩大学生的视野,提高学生的自学能力。这些结构的设计安排使教材更好地为实际教学服务。

3. 内容的现代性。秘书职业是一个社会性很强的职业。一些秘书礼仪教材在编写中忽略了现代秘书的工作要求,特别是对现代商务活动中秘书礼仪的要求涉及较少。本教材安排了"秘书商务活动礼仪"一章,较好地弥补了这方面的不足。

本教材在编写过程中,参考了大量的同类教材、著作、论文以及媒体中的相关内容,在此,对被引用、借鉴的文献资料的作者深表谢意。本教材的编纂者都是长期从事文秘专业理论和实践教学的教师。主编为赵瑾、周杰林,编写分工如下:第一章付为强,第二章程秋莹,第三章常悦,第四章、第五章楚清伟,第六章、第八章赵瑾,第七章叶飞。

由于编者水平有限,本书的疏漏和不足之处在所难免,诚望各位专家、读者、同行批评指正!

编委会

# 目 录

- 第一章 秘书礼仪概述 (1)
  - 绪 论 (1)
  - 第一节 礼仪的起源与发展 (1)
  - 第二节 现代秘书礼仪的特点 (4)
  - 第三节 秘书礼仪的范畴和原则 (6)

- 第二章 秘书个人礼仪 (12)
  - 第一节 秘书仪容礼仪 (12)
  - 第二节 秘书仪表礼仪 (21)
  - 第三节 秘书仪态礼仪 (32)

- 第三章 秘书办公、接待礼仪 (49)
  - 第一节 办公礼仪的基本要求 (49)
  - 第二节 办公礼仪规范 (56)
  - 第三节 秘书接待礼仪 (71)

- 第四章 秘书会务工作礼仪 (89)
  - 第一节 秘书会务工作礼仪要求 (89)
  - 第二节 参加会议的礼仪 (102)
  - 第三节 常见会议的礼仪 (107)

- 第五章 秘书商务活动礼仪 (127)
  - 第一节 商务宴请礼仪 (127)
  - 第二节 商务洽谈礼仪 (140)
  - 第三节 商务沟通礼仪 (147)

- 第六章 秘书工作交往礼仪 (157)
  - 第一节 见面和交谈礼仪 (157)

　　　　第二节　通讯礼仪……………………………………………（170）
　　　　第三节　馈赠礼仪……………………………………………（178）

第七章　秘书文书礼仪实务……………………………………………（186）
　　　　第一节　秘书文书礼仪的基本要求…………………………（186）
　　　　第二节　信函类文书礼仪……………………………………（191）
　　　　第三节　英文文书礼仪………………………………………（208）

第八章　秘书餐饮礼仪…………………………………………………（212）
　　　　第一节　宴请、赴宴礼仪……………………………………（212）
　　　　第二节　中餐礼仪……………………………………………（218）
　　　　第三节　西餐礼仪……………………………………………（222）
　　　　第四节　茶、咖啡、酒礼仪…………………………………（232）

**参考文献**………………………………………………………………（246）

# 第一章 秘书礼仪概述

## 绪 论

礼仪是人类进入文明社会后的特有现象,它的形成和发展经历了一个从无到有,由低级到高级,由零散到完整的循序渐进过程。中华民族在五千年的文明发展历程中,创造了内容丰富、体系完备的礼仪文化,素有"礼仪之邦"的美誉。

古人云:"人无礼则不生,事无礼则不成,国无礼则不宁。"[①]礼仪不仅是人们修身养性、为人处世的一种行为规范,而且是治理国家、维护社会秩序及政治秩序的根本措施。在现代社会中,一个社会组织、一个地区乃至一个国家的进步与发展,都离不开和谐的社会环境与良好的组织形象,而秘书作为现代社会中的一个重要群体,对良好社会环境的创建及组织形象的塑造起至关重要的作用。

秘书礼仪这门课正是希望通过对礼仪知识的介绍与阐述,提高学生的内在素质与修养,使他们能够以良好的个人形象进入社会,走向秘书工作岗位,从而推动社会的进步与发展。

## 第一节 礼仪的起源与发展

礼仪是人们在社会活动中必须遵守的行为准则与规范。它包括礼节和仪式两个方面,是一个系统的知识体系。古人把礼仪视为"修身、齐家、治国、平天下"的根本,今天的秘书更应该重视礼仪,加强个人修养,内强素质外塑形象,以良好的个人形象投身社会建设。作为文秘专业的学生,他们是未来的秘书,在今后的日常工作和生活中,时时处处会遇到各式各样的礼仪问题,因此,只有认真学习礼仪的有关知识,养成良好的礼仪习惯,才能在今后的工作中更加注重礼仪,讲究礼仪,圆满地做好本职工作。

---

① 《荀子·修身》

## 一、礼仪的起源

关于礼仪的起源的问题,可大致归纳为以下几种观点。

### (一)礼仪起源于祭祀

《说文解字》对"礼"字有这样的解释:"履也,所以示神致福也。"其含义是实践约定的事情,用来给神灵看,以求得赐福。在古代,祭祀活动不可随意地进行,它是严格地按照一定的程序,一定的方式进行的。

### (二)礼仪起源于法庭的规定

在西方,"礼仪"一词源于法语"Etiquestte",其原意是"法庭上的通行证"。在古代,法国为了保证法庭中正常的活动秩序,特将印有法庭纪律的通行证发给进入法庭的每个人,作为法庭应该遵守的规矩和行为准则。后来,"Etiquette"一词进入英文,演变为"礼仪"的含义,逐渐成为人们交往中遵循的规矩和准则。

### (三)礼仪起源于人类的风俗习惯

人是不能离开社会和群体而孤立存在的,在人与人的长期交往活动中,逐渐产生了一些约定俗成的习惯,时间久了就成了人与人之间交际的规范。当这些习惯和规范以文字的形式被记录并逐渐被人们自觉地遵守后,就成了人们交际、交往的固定礼仪。

综合以上几种观点可以发现,礼仪是人们在各种社会活动中为了维护一种稳定的秩序,保持一种交际的和谐而产生的。礼仪是人们步入文明社会的"通行证"。人类自诞生那天起,便开始了对文明与美的追求。直至今日,礼仪依然体现这种本质的特点与独特的功能。

## 二、礼仪的发展

### (一)礼仪在我国的发展

礼仪是人类社会不断摆脱愚昧、野蛮、落后的产物,是一个国家、一个民族进步、开化与兴旺的标志。我国作为东方文明古国和东方文化的发源地,素有"礼仪之邦"的美誉。数千年对文明的不懈追求形成了丰富多彩的东方文化和礼仪。

在原始社会,人类还处在蒙昧时代,尽管生产力水平极端低下,却产生了最早的也是最简单的以祭天、敬神为主要内容的礼,那时只有简单的人际交往,只要不违背当时的礼,就可以继续交往下去。

人类进入奴隶社会后,礼逐渐被打上了阶级的烙印,其含义也慢慢发生变化。到了周代,礼除了用于祭祀之外,还作为治国之本。孔子认为:"为国以礼。"至此,周礼的内涵已经不仅仅是祭天、敬神,而且还包括社会政治制度的结构形式和社会生活的行为规范。礼已成为阶级统治的工具,成为社会等级制度的标志,成为区分贵贱、尊卑、顺逆、贤愚的准则。

到了"礼崩乐坏"的春秋时期,有人又提出了"仪"这一概念。据《左传·昭公五年》记载,鲁昭公去晋国访问后,晋平公认为鲁昭公从见面一直到赠贿,未有失礼之处,是一个很懂礼的人。但晋平公的大臣叔齐却不这么看,他认为鲁昭公在外交上善于应酬,那只不过是仪,根本算不上礼,礼乃立国治政的大法,而仪仅指一种礼节、仪式,这种观点为当时大多数人所认可。

封建社会逐渐把礼仪作为阶级统治的工具,部分还以法律的形式固定下来形成礼制,成为束缚人们思想和行为的枷锁。辛亥革命在推翻了封建帝制的同时,也结束了封建礼制,五四新文化运动使中华民族开始了新文化的建设征程,礼仪的内涵在这个时候因追求自由平等风气的冲击而有所改变。

新中国成立以后,随着社会制度的彻底变革,人与人的关系也出现了前所未有的变化。由此而建立起的礼仪规范为世人所称赞,在人际和社会交往的过程中,真正做到了只有分工不同,没有高低贵贱之分,诚挚相处,互谅互让,舍己救人,助人为乐蔚然成风,不少地方真正形成道不拾遗、夜不闭户的社会风气;尊老、爱幼、敬贤等优良传统,得到充分地弘扬。

改革开放以来,人们对礼仪重新进行了文化审视和理性思考,吸收了西方文明的优秀成果,使东西方文化和东西方礼仪有机地交融,逐步地完善和发展。

今天,随着社会生产力的不断发展,物质生活条件的逐步改善,社会文明程度的日益提高,人们对礼仪倍加推崇。讲文明,懂礼貌,尊重他人,服务社会已成为人们的共识。社会的各种交往,都离不开对礼仪规范的遵守。现代人已经非常注重修养,讲究礼仪,几乎每个人都成为礼仪的载体、文明的化身。

**(二)礼仪在西方的发展**

西方的文明史,同样在很大程度上表现了人类对礼仪的追求及礼仪演进的过程。爱琴海地区和希腊是西方古代文明的发源地。公元前11世纪,古希腊进入因《荷马史诗》而得名的"荷马时代"。《荷马史诗》包括《伊利亚特》和《奥德赛》两部分,这部著名的叙事诗主要描写特洛伊战役和希腊英雄奥德赛的故事,其中也有关于礼仪的论述。例如,论述了讲礼貌、守信用的人才受人尊重。

古希腊哲学家对礼仪有许多精彩的论述。例如,毕达哥拉斯(公元前580至前500年)率先提出了"美德即是一种和谐与秩序"的观点;苏格拉底(公元前469至前399年)认为,哲学的任务不在于谈天说地,而在于认识人的内心世界,培植人的道德观念。他不仅教导人们要待人以礼,而且在生活中身体力行,为人师表。

公元1世纪末至公元5世纪是罗马帝国统治西欧的时期。此期间的教育理论家昆体良撰写了《雄辩术原理》一书。书中论及罗马帝国的教育情况,他认为一个人的道德、礼仪教育应从幼儿期开始。而诗人奥维德通过诗作《爱的艺术》,告诫青年朋友不要贪杯,用餐时不可狼吞虎咽。

公元476年,西罗马帝国灭亡,欧洲开始了封建化进程,12至17世纪,是欧洲封建社会的鼎盛时期。中世纪欧洲形成的封建等级制以土地关系为纽带,将封建主与附庸联系在一起。此间规定了严格而烦琐的贵族礼仪、宫廷礼仪等。其中14至16世纪,欧洲进入文艺复兴时期。该时期出版的涉及礼仪的著作多论述从政的成功之道、礼仪规范及其重要性以及个人礼仪和进餐礼仪等,提醒人们讲究道德、讲究卫生,要注意外表美。

17和18世纪是欧洲资产阶级革命浪潮兴起的时代,尼德兰革命、英国资产阶革命和法国大革命相继爆发。随着资本主义制度在欧洲的确立和发展,资本主义社会的礼仪逐渐取代封建社会的礼仪。资本主义社会奉行"一切人生而自由、平等"的原则,但由于社会各阶层在经济上、政治上、法律上的不平等,因此未能实现人们真正的自由、平等。

### 三、秘书与礼仪的关系

中国的秘书工作起源于奴隶社会,当时的史官可被认为是最早的秘书人员。史官从事的工作,内容极其广泛,其重要职责便是负责主持祭祀和婚冠大礼——这是典型的礼仪内容。到了战国时期,《周礼》详备地记载了周朝史官的职务和分工,这使我们了解到史官的工作内容与礼有千丝万缕的联系。从今天的观点去看,将史官定为"秘书人员"或"从事秘书性质工作的辅助人员"是较合适的,而礼仪则是秘书工作的必要内容。为了更好地辅助领导决策并处理事务,秘书承担了与社会各种关系打交道的任务,这个任务中的一切安排是礼仪工作的主要内容。另外,礼的起源也与原始社会的原始宗教祭祀活动分不开。秘书以执掌祭祀来为领导权威的决策行为和国家重大活动作准备,作铺垫,作为行动的参考系数。因为这种形式对领导权威行为的合法性和合理性起重要的决定作用。可见,礼仪原是秘书辅助决策的重要手段。

现代社会,礼仪在生活中起重要的作用。秘书人员作为领导的辅助者,必须完成各种有助于领导管理、决策的工作与事务,这种工作特性决定了秘书工作是一个外向性的岗位。秘书人员必须在各社会组织的公务行为中广泛地接触各种人,处理各种关系,安排各种活动,这些行为都含有礼仪的内容或者直接就是礼仪活动,如迎送客人、宴请等。因此,作为领导的辅助者,秘书与其他职能人员不同,他必须代表领导处理各种交往、接待事宜,礼仪内容贯穿于秘书工作的全过程,它在秘书的全部工作活动中具有重要意义,并与秘书人员的其他工作结成了特殊的关系。

秘书工作对领导负责,技术水平高,工作质量好,办事效率高固然是秘书人员的重要素质体现,但礼仪行为的得当,职业形象的得体,也是领导决策获得成功的有效因素。秘书的形象会影响客人或员工是否接受领导的要求或想法,秘书的态度、姿势、仪表、谈吐会给对方留下重要的印象,甚至是关键的印象。饱满的精神,真诚、热情、积极的态度,得体的举止本身也就是秘书人员素质高、业务精的体现。一般说来,领导之所以选聘秘书,很大程度上也是因为礼仪的需要,在礼仪的层面上开展工作,从而辅助领导进行决策活动。领导的决策往往是刚性的、强硬的,在具体执行中不容许有任何伸缩,而秘书的礼仪却是柔性的、弹性的,它可以缓冲决策的压力,调节决策带来的紧张,沟通因决策而产生的误解和隔阂。

# 第二节　现代秘书礼仪的特点

### 一、秘书礼仪的含义

秘书礼仪,是指秘书在工作和社会活动中,为了塑造个人和组织的良好形象而应当遵循的对交往对象表示尊敬与友好的规范或程序,是一般礼仪在秘书的各项工作中的运用,它体现了秘书人员自身的文化素养、精神风貌和工作态度。

秘书礼仪是社会礼仪的重要组成部分，但它又不同于一般的人际交往礼仪，它包括秘书礼节和仪式两个方面的内容。秘书礼节就是秘书在工作和社会交往中为表示尊重对方而采用的约定俗成的规范形式；仪式即按程序进行的礼节形式。

秘书礼仪所涉及的范围较广，包括个人礼仪、办公接待礼仪、会务工作礼仪、商务活动及沟通礼仪、工作交往礼仪、文书礼仪、餐饮礼仪等。个别秘书人员认为，在工作中只要注意办公礼仪规范就可以了，至于个人形象，那是自己的事情，"穿衣戴帽，各有所好"，与他人无关。其实，这是对秘书礼仪的误解。作为一名新时期的秘书，必须学习秘书礼仪的相关内容，并尽早意识到秘书礼仪的重要性，提高自身礼仪修养并在工作中发挥其优势。

## 二、秘书礼仪的作用

孔子说，"不学礼，无以立""博学于文，约之于礼"。礼仪对人有较强的约束力。秘书礼仪不仅是秘书工作取得成功的重要手段，而且已逐渐渗透到社会经济生活的各个方面，为构建和谐文明的社会起重要的作用。

### （一）提高个人职业素养

礼仪是成功者的潜在资本。市场竞争最终是人才素质的竞争，对秘书人员来说，其素质就是个人的修养和个人的表现。修养体现于细节，细节展示素质。学礼仪、讲礼仪，会使人树立正确的价值观，跳出自我的小圈子；以他人为先，以社会为上，从国家和社会的大局考虑问题；以"先天下之忧而忧，后天下之乐而乐"的高尚情怀净化灵魂；以"己所不欲，勿施于人"的恭敬谦让精神规范自己的言行举止，从而使自己的思想素质提升到一个新的层次。

### （二）有助于在公众中塑造良好的形象

公众形象是十分重要的，它的形成大多数是通过礼仪传递的，并且直接影响交往双方能否融洽相处以及交际的成败。不仅如此，一个个体或一个单位，想要扩大知名度，提升美誉度就要在公众中树立良好的形象，而与公众交往的秘书，其礼仪形象是获得成功的有效途径。现代市场竞争除了产品竞争外，更体现在形象竞争中。一个具有良好信誉和形象的公司或企业，就容易获得社会各方的信任和支持，就可在激烈的竞争中处于不败之地。所以，秘书人员时刻注重礼仪，既是个人和组织良好素质的体现，也是树立和巩固良好形象的需要。

### （三）有利于传递信息，展示价值

良好的礼仪可以更好地向对方展示自己的长处和优势，它往往决定机会是否降临。例如，在公司，秘书的服饰适当与否可能就会影响其晋升和与同事的关系；带客户出去吃饭时秘书的举止得体与否也许就决定了交易的成功与否。又如，在办公室，不雅的言行或许就会失去一次参加老板家庭宴请的机会……这是因为，礼仪是一种信息，通过这种信息可表达出尊敬、友善、真诚的感情。所以在商务活动中，恰当的秘书礼仪可以获得对方的好感、信任，进而推动事业的发展。

## 三、秘书礼仪的特点

总体来说，礼仪是沟通交流的手段之一，但秘书人员的岗位特殊，工作性质特殊，所以秘书礼仪区别于一般的礼仪,秘书礼仪有以下鲜明的特点。

### (一) 等级性

秘书礼仪的等级性表现在对不同身份、不同地位的人士礼宾待遇的不同。在社会生活中,人们往往用长幼之分、男女之别来规范每个人的受尊重程度。而在官方交往中,则要确定官方礼宾次序,确定官方礼宾次序的主要依据是担任公职的高低或社会地位的高低。这种礼宾次序带有某种强制性,不同的人因此而得到不同的礼宾待遇,但这并不意味着尊卑贵贱,而是现代社会正常交往秩序的表现,反映了各种人员的社会身份和角色规范。秘书礼仪的等级性在社会交往中还表现为安排人员的双向对等性,即在不同地区、不同组织的交往中,双方人员在身份和社会地位上要相近,业务性质要相似,以此表示对对方的尊重。双方的交往还应当是一种尊重互换、情感互动的过程,在礼节上要有来有往、相互对等。

### (二) 差异性

秘书礼仪作为一种约定俗成的行为规范,其运用要受时间、地点和环境的约束,同一礼仪会因时间、地点或对象的变化而有所不同,这就是秘书礼仪差异性的特点。秘书礼仪的差异性首先表现为对民族的差异性,不同民族的礼仪多姿多彩,各具特色。各民族的习俗礼仪都凝结着本民族、本地区人民的文化情结,人们严格遵循,苦心维护,难以改变。例如,同是见面礼仪,不同的民族有不同的表现形式。秘书礼仪的差异性还表现为对个性的差异性,每个人因其地位、性格、资质等因素的不同,在使用同样的礼仪时会表现出不同的形式和特点。例如,同是出席招待会,对男士和女士要有不同的礼仪。

### (三) 时代性

秘书礼仪的时代性表现为时代的变异性,它随着社会的进步而不断发展、丰富和完善。不同时期的秘书礼仪具有不同的时代特点,秘书礼仪总是体现时代要求和时代精神,因而会随时代发展而产生差异。所以,秘书应该关注秘书礼仪的变化,不要以为礼仪是一成不变的,不要以为是可以完全照搬的。应该在实践中多观察,多学习,力求适应礼仪的变化。世界各国都很重视礼仪改革,现代礼仪发展变化的趋势是使礼仪活动更加文明、简洁和实用。

## 第三节 秘书礼仪的范畴和原则

### 一、秘书礼仪的范畴

秘书工作范围广、工作量大,要将秘书礼仪的范畴进行划分,只能宜粗不宜细。从秘书人员所要应对的不同工作对象来分,秘书礼仪大致包括以下范畴。

#### (一) 个人礼仪

个人礼仪是指秘书人员在工作中应有的仪容举止、工作态度和人际交往的基本礼仪,如仪容礼仪、仪表礼仪及仪态礼仪等。

### （二）公务礼仪

公务礼仪是指在日常公务活动中应遵循的礼仪规范，如办公接待礼仪、会务工作礼仪、商务活动礼仪、工作交往礼仪、文书礼仪、餐饮宴会礼仪等。

### （三）涉外礼仪

涉外礼仪是指在参与外事活动时应遵循的礼仪规范。其中既包括上述两种礼仪，但要求和做法又有不同程度的区别，要了解不同国家、不同地区、不同民族的特定礼仪风俗，并应按国际惯例办事。

## 二、秘书礼仪的分类

秘书礼仪是随工作环境和工作对象的不同而呈多样性的，以物质载体来划分，其可以分成以下四类。

### （一）语言类礼仪

语言是思维的物质外壳，是人类的交际工具，也是礼仪最基本的载体。语言可分为口语和书面语两类。在秘书人员的礼仪行为中，不仅要根据不同时间、不同地点、不同对象分别说不同的话，而且口语的不同音调、不同节律，也表现出不同的态度和修养。

用词表意明确、感情色彩恰当、行文格式标准、书写工整漂亮，是书面往来最基本的礼仪规范。秘书人员除了要有一般语言文字能力外，还应了解各种特定的用语，如对特殊人物的特定问候、岁时更迭的习惯说法、红白喜事的常用语句、公务行文的关联词语、一般信札的规范格式等。

语言表现其实是修养的表现，它受逻辑水平、情绪变化的影响，体现一个人的行为规范和社会公德水准。

### （二）形体类礼仪

通过身体各部位的某些特定动作或面部表情来表达思想、传达感情就是形体类礼仪。

人的动作能力很强，从点头到跺脚都有传达礼仪的特殊效果，特别像握手、拥抱等已成了国际礼仪惯例。例如，"眉头一皱"，表示"计上心来"；又如，歌曲里唱的"假如高兴你就拍拍手"，以"拍手"来表示"高兴"；再如，中外许多民族将竖起拇指表示称赞。秘书人员应该多了解，多学习不同国家、不同民族的礼仪习惯动作，增加交流的广度和深度。

人们的表情也能赋予特殊含义。表情必须真诚，在人们所有的表情中微笑永远是让人欣慰的，即使是对关系不太融洽的人，甚至是敌人，也不该笑里藏刀。眼睛是人心的镜子，哪怕什么也不说，什么也不做，但那"深深的一瞥"足以令人欣慰，而"两眼间或的一轮"，传达出的则是一种麻木和绝望。秘书人员要善于察言观色，恰当地运用各种礼仪手段为工作服务。

### （三）饰物类礼仪

语言和形体都是人的主观礼仪表现，而若将人对礼仪的理解物化、对象化，则成了饰物类的礼仪形式，这实质是语言类礼仪和形体类礼仪的延伸，即通过服饰、器物、环境等客观的东西来体现礼仪。不同的服饰，可传达不同礼仪的内容，也体现主人的精神面貌。例如，一个企业的工装选择了特定的颜色和式样，为的是体现这个企业的文化精神，增强企业的凝聚力。服饰的使用也是对人的一种包装，这种包装必须体现内容，为内容服务，而不能与内容没有联系或过度包装。每一种服饰都应该蕴含情感,有些是表示特定礼仪的如白色的婚纱、黑色的丧服、头上戴的不同花色花型的发饰。器物是一种体现礼仪的象征性器具,如专用的烛台、花瓶;丧礼用的黑纱、小黄花;婚礼上用的喜糖和生孩子用的红蛋等,这些都是用器物象征一种礼仪内容。环境是指礼仪环境的布置,如打扫屋里屋外、铺上红地毯、插上鲜花、挂上奖旗、奖状,写出大红标语横幅等,都是环境的布置,作为一种礼仪形式,配合着礼仪的主旨体现。日常环境的整洁,给同仁、员工和客人一种愉快、悦目的感觉,也是企业文化以人为本的精神体现。

### (四)仪典类礼仪

仪典类礼仪是指用特定仪式或庆典来完成礼仪活动。它或表示隆重庄严,或追求热闹的声势影响,或达到纪念目的。升旗仪式、阅兵仪式、宣誓仪式等是以仪式表示隆重庄严、虔敬赤诚,这是古代礼文化积淀至今的发展。厂庆、校庆、名人诞辰、忌辰纪念日等礼仪活动,主要为纪念一种精神,一种传统或一位名人,并可达到弘扬优秀文化的效果。有些庆典活动主要是企业或单位的公关行为,要的是一种热闹的声势影响,以传播自己的组织形象;或是亲友间借庆典之名义相聚欢叙。国家的重大庆典仪式和迎宾仪式,往往要铺红地毯,检阅三军仪仗队,鸣放礼炮。而民间的婚丧仪式也有自成体系、自具特色的过程和相配套的器具。此外,我国的酒宴十分盛行,几乎每事必酒,因此,各种不同规格的酒宴礼仪形式既是传统文化延续至今的礼俗,也是最常见的礼仪惯例。

上述四类礼仪并非单一地使用,也不可能单一地使用,它们总是在礼仪活动中被综合使用的,人们握手、拥抱、寒暄、献花、赴宴……都是以礼仪活动本身的效果作为出发点,什么礼仪能最好地体现礼仪活动的目的,达到最理想的效果,就决定采取怎样的礼仪手段。

## 三、秘书礼仪的原则

礼仪是社会文化的一种表现,是沟通人与人之间关系的重要手段之一,更是社会中人与人之间的一种行为规范和关系润滑剂。秘书礼仪则是秘书在工作和社会交往中为了表示对交往对象的尊重和友好而共同遵守的行为规范和准则,是做好秘书工作的前提条件。秘书工作面宽量大,礼仪工作又往往混杂于日常工作中,因此秘书人员的礼仪工作必须遵循以下三个原则。

### (一)平等原则

平等是秘书礼仪的第一原则。一方面,礼仪活动中注重"礼尚往来"。例如,一方对另一方表现出的礼仪应有对等的反应,表现为回答对方的致敬或致礼,答谢对方的宴请,及时对对方的来访进行回访,等等;另一方面,在礼仪活动中,要注重平衡。例如,按国际惯例,在国际会议上,各国代表的位次,不是按国家的大小、强弱状况来排序,而是按会议所用文字的国名的字母顺序来排列的。在签订条约或协定时,应遵守"轮换制",即每个缔约国在其保存的一份文本上名列首位,由它的代表在这份文本上首先签字。这种平衡的做法体现的就是平等原则。

### (二)规范适度原则

秘书工作是现代社会文明交往的客观需要,因此,秘书在工作中的礼仪要合乎规范,切合场景,表现适度。任何一种礼仪行为都有一定的规则,体现一定的文明,有些不成文的国际惯例也是礼仪的基本要求。例如,交往中要为各方的内部情况保密,交往各方要在公平的基础上竞争,不得向自己现有客户的竞争对手提供服务,等等,这些都是礼仪的规范,只有以真诚的态度规范礼仪,才能达到礼仪的目的。礼仪的目的是为亲密的合作伙伴架起沟通的桥梁,所以礼仪的表现应该从容、不失态、不失格,彬彬有礼,热情大方,因具体情况的不同使用相应的礼仪。

### (三) 尚美原则

尚美原则要求既要有生气勃勃的精神面貌、亲切的微笑、稳重大方的举止,还要有行为主体的精神境界、气度胸襟、洞察力和判断力。礼仪以仪表和环境给人愉悦,又以热情和真诚给人精神力量,并以宽厚和容忍给人心灵的安慰。通过这些,礼仪的交际功能、润滑功能才能得以充分体现,礼仪的行为规范功能才有广泛的意义。秘书人员的工作头绪多,牵扯面广,只有认识和真正把握礼仪的原则,自觉主动地提高礼仪修养,调节自己的行为,提升自己的品位,才能把秘书工作做得更好。

# 技能训练

**训练项目一:情景分析与讨论**

**情景材料一**

一次某市召开工作会议,与会人员450人。为了把会议开好,市委发出通知,要求各单位把与会人员名单提前上报,以便编组和做好相关的准备工作。会议秘书处接待组是刘仁华科长负责,他按领导要求,按编印的名单一一安排好住宿并写好住房卡,领来房门钥匙。报到的那天,与会人员到报到处报到并拿到住房卡和钥匙即住进房间,既不排队,也不拥挤,井井有条,与会人员赞扬,领导满意。会议接待人员正感到安慰时,突然有一位女同志到报到处大厅说:"怎么搞的?安排男同志在我那间房住?"引起在场的人哄堂大笑。这位女同志恼羞成怒地说:"住房名单已印好,会后归档,我跳到黄河也洗不清。"接着又去找秘书处领导。会议秘书处领导很快就把刘科长叫去,当面批评,调整住房,答应重印名单,这才平息了这场风波。

原来,具体负责综合编印上报的与会人员名单的秘书处小李粗心大意,把名单中括号内的"女"字漏掉了,造成了错误,使本来已做得很好的接待工作前功尽弃。

**实训要求**

根据情景材料,分析并讨论会议秘书处工作人员的做法是否符合秘书办公礼仪的要求,如果不符合,其过失在哪里。

**情景材料二**

康健油脂公司前台接待只有许秘书一人。一次,一个外地公司营业部的李经理来到办公室,求见公司谢总经理。这本是有约在先的安排,但正在赶写文件的许秘书头也未抬,用一只手接过李经理的名片放在桌上,以手示意让对方坐下。不知过了多久,电话铃响了,是公司谢总经理询问预约的李经理到了没有。这时,许秘书看见一张名片放在自己面前,才记起刚才的事。原来,李经理见许秘书接名片的动作无礼,对人冷淡,便悄悄离开了。后来，李经理打电话告诉谢总经理他已同另外的公司做成了生意，并隐隐道出了许秘书的作为。谢总经理非常恼火，下决心辞退了许秘书。

**实训要求**

根据情景材料，分析并讨论许秘书的做法是否符合接待礼仪的要求，如果不符合，其过失在哪里。

**情景材料三**

某公司举行新项目开工剪彩仪式，请来了张市长和当地各界名流等嘉宾参加，请他们坐在主席台上。仪式开始时，主持人宣布："请张市长下台剪彩！"却见张市长端坐着没动；主持人很奇怪，重复了一遍："请张市长下台剪彩！"张市长还是端坐着没动，脸上还露出一丝恼怒。主持人又宣布了一遍："请张市长剪彩！"张市长才很不情愿地勉强起来去剪彩。

**实训要求**

根据情景材料，请按照秘书礼仪标准分析并讨论该主持人在剪彩仪式中的失礼之处，并说明理由。

**训练项目二：演示模拟**

1. 通过视频演示基本礼仪活动，培养学生的学习兴趣。
2. 通过视频演示中国古代祭祀礼仪，组织学生分组按角色模拟中国古代祭祀礼仪。

# 相关知识链接

### 中国古代礼仪常识

中国古代有五礼之说，祭祀之事为吉礼，冠婚之事为嘉礼，宾客之事为宾礼，军旅之事为军礼，丧葬之事为凶礼。民俗界认为礼仪包括生、冠、婚、丧四种人生礼仪。实际上礼仪可分为政治与生活两大类。政治类礼仪包括祭天、祭地、宗庙之祭，祭先师先圣、尊师乡饮酒礼，相见礼、军礼等。生活类礼仪的起源，按荀子的说法有"三本"，即"天地生之本"、"先祖者类之本"、"君师者治之本"。在礼仪中，丧礼的产生最早。丧礼于死者是安抚其鬼魂，于生者则成为分长幼尊卑、尽孝正人伦的礼仪。

### 秘书的起源与定义

"秘书"一词经历了长期的历史演变过程，在不同的国家、不同的社会制度、不同的历史时期，所指的内容是不同的。

在我国古代，"秘书"一词有三方面的含义：一指宫禁里藏书。如班固的《汉书》中多次提到的"御史掌秘书"、"刘歆校秘书"，这里的秘书显然都是指图书典籍。二是指谶纬图箓。即用隐语来予决吉凶，对未来作出预言的谶纬图箓等书。《说文》："秘书说曰：日月为易。"段玉裁注："秘书"谓"纬书"。三指古代官名。自汉以来，历代封建王朝曾设有秘书监、秘书令、秘书郎等职，掌握官员向皇帝奏事的奏章函牍，皇帝宣布命令的宣示以及宫禁的图书工作。这样，"秘书"一词由指物逐渐演化为指人。《文献通考》载:"后汉图书在东观,桓帝延熹二年,始置秘书监一人,掌典图书、古今文字、考合异同、属太常。"

我国近现代设秘书始于孙中山。在我国社会主义制度下,"秘书"是一种社会职务名称,是为领导中枢和领导者提供综合性、辅助性服务的公务人员。我国的一些单位里大都设有秘书处、秘书科或办公厅、办公室,在这些机构内往往设若干秘书工作人员,其职责是在党政机关、部队、社会团体或企业、事业单位协助领导综合分析情况,研究政策,协调关系,办理文书、档案、人们来信来访、会务工作及其他日常行政事务和特别事项。

在西方一些国家,政府机构或企业以及各行各业也有秘书一类的工作人员,他们的工作也是辅佐性和服务性的,主要负责草拟打印文件和接待来访等事宜。在欧美某些国家里,高级的秘书相当于行政首长,如国防秘书就是国防部长,外交秘书就是外交部长。英美的文官委员会,给秘书设置了不同层次的级别和职称,如高级文书官,助理级文书官,一等秘书、二等秘书、三等秘书等。

# 第二章 秘书个人礼仪

个人礼仪是一切礼仪的起点,与他人交往,给人留下第一印象的是外表和举止。良好的容貌、得体的装扮、优雅的举止不仅可以体现一个人的文化修养,而且可以反映其审美情趣。文雅的仪表、举止,不仅能赢得他人的信赖,给人留下良好的印象,而且能够提高与人交往的能力。秘书人员在工作中应加强个人礼仪修养,要使自己在着装、化妆、佩饰、仪容、举止等方面符合礼仪规范,做到内强素质,外塑形象。

## 第一节 秘书仪容礼仪

### 一、秘书仪容礼仪概述

仪容是指人的容貌和外观,包括一个人的头部和肢体,如头发、脸庞、眼睛、鼻子、嘴、耳朵、手臂、腿和脚,其重点是人的面貌。固然我们常说人的容貌是遗传的,是天生的,但是经过后天的美化,仪容可以实现美的效果。

在工作中,秘书的仪容会受到对方的特别关注,好的仪容会使人感到愉悦,让人产生愉快的心情,形成良好的第一印象,为进一步交往打下良好的基础。

#### (一)仪容美的要求

1. 仪容自然美

仪容自然美是指仪容的先天条件好,天生丽质。尽管以相貌取人不合情理,但先天美丽的仪容,无疑会令人赏心悦目,感觉愉快。五官端正的面容、婀娜的身姿、白净的肌肤都是大自然赋予人类的宝贵天赋之美。这种天赋之美是不能选择的,有的甚至是不能改变的。不管仪容的自然条件如何,都应该学会扬长避短,要爱护珍惜自己美的部分,使它魅力四射;对于不足的地方,也不要灰心丧气,可以通过合适的修饰来弥补自己的不足。对于自然美要有一个平常心态,毕竟在人们的生活中找不到一个十全十美的人。

2. 仪容修饰美

仪容修饰美是指依照规范与个人条件,对仪容施行必要的修饰,扬长避短,设计、塑造出美好的个人形象,在人际交往中尽量令自己显得有备而来,自尊自爱。俗话说"三分长相,七分打扮",这就说明修饰在仪容美的塑造过程中所起的重要作用。

3. 仪容内在美

仪容内在美是指通过努力学习,不断提高个人的文化、艺术素养和思想、道德水准,培养出自己高雅的气质与美好的心灵,使自己秀外慧中,表里如一。

真正意义上的仪容美,应当是上述三个方面的高度统一,忽略其中任何一个方面,都会使仪容美失于偏颇。

在这三者之间,仪容的内在美是最高的境界,仪容的自然美是人们的心愿,而仪容的修饰美则是仪容礼仪关注的重点。要做到仪容修饰美,自然要注意修饰仪容。修饰仪容的基本原则是美观、整洁、卫生、得体。

**(二)仪容美的基本要素**

仪容美的基本要素是发美、貌美、肌肤美,主要要求是整洁干净。

美好的仪容一定能让人感觉到其五官构成彼此和谐并富于表情;发质发型会使人英俊潇洒,端庄秀丽,容光焕发;肌肤美令个体充满生命的活力,给人健康自然、鲜明和谐、富有个性的深刻印象。但每个人的仪容是天生的,容貌如何不是重要的,关键是心灵的问题。从心理学方面讲每一个人都应该接纳自己,接纳别人。

**(三)仪容修饰原则**

仪容修饰要注意五项原则。

1. 仪容要干净

要勤洗澡、勤洗脸,脖颈、手应干干净净,并经常注意去除眼角、口角及鼻孔的分泌物。要勤换衣服,消除身体异味,有狐臭的要搽药品或及早治疗。

2. 仪容应当整洁

整洁,即整齐洁净、清爽。要使仪容整洁,重在持之以恒,这一点,与自我形象的优劣关系极大。

3. 仪容应当卫生

讲究卫生,是公民的义务,注意口腔卫生,早晚刷牙,饭后漱口,不能当着客人面嚼口香糖;指甲要常剪,头发按时理,不得蓬头垢面,体味熏人,这是每个人都应当自觉做好的。

4. 仪容应当简洁、朴素

仪容既要修饰,又忌讳标新立异,简洁、朴素最好。

5. 仪容应当端庄大方

仪容端庄大方,不仅会给人美感,而且易于使自己赢得他人的信任。相比之下,将仪容修饰得花里胡哨、轻浮怪诞,是得不偿失的。

## 二、秘书仪容修饰规范

在人际交往中,每个人仪容之中最易被他人所关注的地方,通常首推其面部仪容。秘书人员在自己的工作岗位上服务于人时,必须高度重视自己面部的修饰。按照仪容礼仪的要求进行个人面部仪容修饰时,秘书人员应当遵守的总的指导性规则是达到洁净、卫生、自然。

面部仪容不仅指一个人的长相,还包括得体自然的面部修饰。一个人的仪容,受到两大要素的制约:一是本人的先天条件,二是本人的日常维护与修饰。每个人的先天条件在仪容方面固然十分重要,然而,即使先天条件十分优越的人,也不能忽视对仪容的日常修饰和维护。事实上,日常修饰和维护对于一个人展示美好的仪容起非常重要的作用。秘书礼仪要求全体秘书行业的从业人员在自己的工作岗位上必须按照本行业的规范,对自己的仪容进行必要的修饰和维护。

在人际交往中,每个人的仪容之中最易受人关注的就是面部仪容。秘书人员在工作时,必须首先高度重视面部仪容的修饰。面部仪容的修饰,除了应当以洁净、卫生、自然为重点外,还应特别重视重要部位的局部修饰。仪容修饰的重要部分是头发修饰、面部修饰、手臂修饰、化妆修饰。

**(一)头发修饰**

仪容整洁最基本的要求是拥有整洁干净的头发。头发的修饰是最重要的,头发位于人体的"制高点",所以更容易引起别人的注意。打量一个人,首先看到的是这个人的头发。在今天,头发的功能不仅仅是表现人的性别,更重要的是反映一个人的道德修养、审美水平、知识层次以及行为规范。人们常常可以通过一个人的发型判断出其职业、身份、受教育程度、生活状况及卫生习惯,也可以推测出其对工作、生活的态度。

头发修饰要注意的就是整洁、规范、长度适当,发型要适合自己。头发要勤于梳洗,不要临阵磨枪,也不能疏于"管理",更不能"放任自流"。如果有重要的交际应酬,应于事前认真洗发、理发、护发。这些都应该在"幕后"操作,不可当众"演示"。

头发长度根据不同的场合有不同的要求。男秘书不宜留鬓角、发帘,发长最好不要超过7厘米。后面的头发不要碰到衬衣的领子,否则既不好看,又容易弄脏衣领。男女理光头都是不合适的。在工作场合,发型要适合本公司、本企业及国家机关的特点,一般要求庄重,不能过于时尚,更不应该弄成"前卫"、怪异的发型。女秘书在重要的场合头发不宜过肩,必要时应束发、盘发。

完美形象从头开始,我们要求秘书在仪容修饰中首先要了解自己头发的发质,做好头发的护养,其次要注意发型的选择。

1. 头发的护养

(1)洗发

一般来说,中性皮肤的人,冬天可间隔4天左右,夏天可间隔3天左右洗一次,油性皮肤和干性皮肤的人,要分别缩短或延长1~2天,夏季即使每天洗发也基本没什么问题,需要注意的是必须选用性质温和的洗发水,如含有氨基酸、蛋白质等活性剂的洗发水。

洗发前应先把头发梳顺,再用温水洗发。水在36℃左右最适宜,过烫的水容易使头发受损伤而变得松脆易折断,而水温过低,去油腻的效果就不好;洗发水应选择适合自己发质的,一般略带酸性的较好,将洗发水按摩至起泡后才涂在头发上,不要直接倒在头发上;不要用力抓头皮,要用手指的指腹按摩头皮;要确保彻底冲洗干净,不然会伤害发质;洗发后冲水的时间应该是洗发时间的两倍,否则洗发水中的碱性成分残留在头皮和头发上,会损伤头发并产生头皮屑。

(2)梳发及按摩

梳发是保持美发不可缺少的日常修饰活动之一。梳发可以去掉头发上的浮皮和脏东西,并给头发以适度的刺激,以促进血液循环,使头发柔软而有光泽。使用的梳子应从实用的目的出发进行选择。正确的梳拢办法是,首先从梳开散乱的毛梢开始,用梳子轻贴头皮,慢慢旋转着梳拢。用力要均匀,如果用力过猛,会刺伤头皮。先从前额的发际向后梳,再沿头后部发际从后向前梳。然后,从左、右耳的上部分别向各自相反的方向进行梳理,最后让头发向头的四周披散开来梳理。

按摩头皮能刺激毛细血管与毛囊,有助于头皮脂的分泌调节,并对油性和干性皮肤有治疗功效。按摩时,两手的手指张开,用手指在头皮上轻轻揉动。按照头皮血液自然流向心脏的方向,按前额发际、两鬓、头后部发际的顺序进行。按摩可以促进油脂分泌,因此,油性头发按摩时用力轻些,干性头发可稍重些。

（3）护发

干性发质。专家一致认为,除了遗传因素,干枯的头发是长时间缺乏护理和化学品残留的后遗症。当然,精神压力、内分泌的变化以及饮食的平衡与否等也会对发质产生或多或少的影响。选用一种配方特别温和的完全不含或只含少量洗涤剂却能有效地补充水分的洗发水是很重要的。洗发不需过于频繁,当然不要忘记使用护发素。为防止发丝内的水分流失,应尽量避免使用电吹风以及其他以电力操作的卷发器具。如果必须使用,最好事先在头发上涂一层护发品。饮食方面,多吃新鲜水果、蔬菜无疑对身体大有好处。身体健康者的头发有足够的养分可以摄取,自然柔亮可人。

油性发质。皮脂腺分泌过多的天然油脂是形成油性发质的根本原因。要改变这种情况,需要的是一种性质温和的洗发水,并经常清洗头发。强力的洗发水不但对头发无益,反而会令油脂分泌更加活跃。由于头皮已经分泌足够的油脂,护发素只要涂在距离发根数寸的发梢即可。油性发质比较适合染发,染发剂或多或少地会令头发变得干燥,而较多的油脂正好可以起到中和作用。

纤细发质。如果头发过于纤细柔软,应该寻找一种能渗入发茎的洗发水,使头发充盈起来。美发造型时,最好使用能营造丰厚发式的喷雾产品。染发也颇适合这种发质的头发,因为染发会让发茎逐渐膨胀,由此产生更强的质感。

头发开叉。建议用柔软的发刷从头皮梳向发端,将头皮的天然油脂带到发端,而平日尽量用阔齿的发梳来梳理头发,同时不要忘记在每次洗发后使用护发素,以避免加剧头发的开叉。另外,切忌用毛巾大力绞擦,脆弱的发丝需要的是温柔的摩擦。

头皮屑过多。宜立刻医治,以免头皮屑堵塞头皮毛孔,妨碍毛发的生长,或破坏毛囊组织,演变为皮肤病。头皮屑过多的人,应避免过度用力地梳头,切忌用手过度地抓搔。因为过度用力地刺激,会把贴在头皮的一部分鳞片弄脱落,露出伤口而滋生细菌,形成恶性循环。应注意饮食,避免摄入过量的糖、淀粉和脂肪。宜多吃一些新鲜蔬菜、水果及瘦肉、鱼等。应经常定期洗头,保持头皮与头发的清洁。有许多治疗头皮屑的药膏、药水、药粉都很有效,还有不少专用去头屑的洗发剂。如果在洗发的水中放入一匙杀菌剂或醋,也很有效。焦躁不安的人头皮屑也会增多,因此,经常保持愉悦的精神状态,对减少头皮屑也很重要。

脱发。脱发的种类很多,按脱发的诱因来划分,有精神性脱发、营养性脱发、药物性脱发、生理性脱发等。为避免脱发,应注意以下几点。

第一,消除精神紧张,保持精神愉快。人的精神状态不稳定,焦虑不安,大脑长时间处于紧张、烦恼或用脑过度状态,均可导致头部血液循环不良,从而使头发营养供应不足,导致头发脱落。

第二,多吃有益于滋养头发的食物,即富含维生素、矿物质和低脂肪的食物。如各种新鲜水果、蔬菜、蛋黄、瘦肉、牛奶等。适当吃黑豆、黑芝麻、核桃等,以补充氨基酸、钙、铁等微量元素。头发的生长需要体内良好的营养成分,当体内缺乏某些营养和氨基酸时,就会影响新发的生长。

第三,忌用尼龙梳子梳头,因为用尼龙梳子梳头容易起静电反应,头皮与头发产生离合作用,促使毛发脱落。所以,应选用木梳子梳头。

第四,定期洗头。长时间不洗头会影响毛囊的呼吸,从而会出现脱发或加重脱发。

第五,不要经常烫发、染发,尽量避免用化学合成药品滋润头发,因为由化学原料制成的染发剂、烫发剂、护发剂,对皮肤和毛发都存在不同程度刺激作用。

2. 发型的选择

发型与服饰一样,具有装扮和美化的价值,它不仅体现人的审美观念和性格情趣,而且反映丰富多彩的人类文化和时代面貌以及职业特色。

男秘书的发型要求是干净整洁,要注意经常修饰、修理。具体标准为,前不覆额,侧不掩耳,后不及领,面不留须。也就是说,头发不应该过长,前部的头发不要遮住眉毛,侧部的头发不要盖住耳朵,后部的头发不要长过西装衬衫领子的上部,头发不要过厚,鬓角不要过长。

女秘书发型要求是在工作岗位上头发长度不宜超过肩部,更不允许将自己的一头秀发随意披散开来,那样做尽管会让自己"女人味"倍增,却是职场交往中所不允许的。不是说女秘书在工作中绝对不可以留披肩发,而是建议最好对其稍加处理。例如,暂时将其挽起来或者束起来。也就是说,女秘书应根据自己的职业特点慎重选择自己的发型。具体标准为,首先,选择发型要与自己的脸形相协调。发型对于人的容貌有极强的修饰作用,甚至可以"改变"人的容貌,不同的脸形适合不同的发型,所以要根据自己的脸形选择发型,这是发型修饰的关键。发型的好坏,关键在于对人的脸形是否合适。例如,鹅蛋脸更适合采用中分、左右均衡的发型,这样可增强端庄的美感。圆脸形应避免后掠式或齐耳的内卷发型,可采用轻柔的大波浪,将头发分层削剪,使两颊旁的头发贴紧,使之盖住脸颊;或将头前部和顶部的头发吹高,给人以蓬松感。方脸形要尽量用发型缩小脸部的宽度,颊两侧的头发要尽量垂直,以产生紧凑伏贴感,使头部形态显得清秀一些。长脸形额头较高的,可把头发梳平些,流海稍长,齐眉或将眉盖住,以减短脸的长度。其次,发型要与体形相协调。发型的选择是否得当,会对体形的整体美产生极大的影响。一般来说,苗条的姑娘,宜选择较长的发型,如果发型过短,就更显瘦长;体形矮胖的人,则以较短的发型为佳。年轻女秘书选择发型较自由,但不宜梳理复杂的发型,以便突出自然风韵之美;中年女秘书不宜留长发,以强调丽质端庄。最后,发型要与服饰协调。头发为人体之冠,为体现服饰的整体美,发型必须根据服饰的变化而改变。例如,穿礼服或制服时女秘书可以选择盘发或短发,不要留怪异的发型,刘海不要长过眉毛,以显得端庄、秀丽、文雅;着轻便装时,可选择各式适合自己脸形的轻盈发式。总之,选择发型,应根据自己的特点,扬长避短,显美藏拙,而不要生搬硬套。

秘书人员在平时应养成好习惯,塑造良好的自身形象,就会给人一种整体的美感。不仅会得到领导的赏识,而且能赢得客户的好评。

**(二)面部修饰**

面部修饰的基本要求是洁净。面部修饰首先要做到"面必洁",即要勤于洗脸,使之干净清爽,不可有汗渍、油污、泪痕及其他不洁之物。洗脸仅仅在每天早上洗一次是不够的。午休、用餐、出汗、劳动等之后,都需要立刻洗脸。除了洗脸,不同部位的面容修饰也有不同的要求。

1. 眼睛

眼睛是心灵的窗口,也是人际交往中被他人注视最多的地方,所以是修饰的重要部位。眼睛周围一定要清洁,眼中不能有眼屎,也不能有红血丝。得了红眼病的人,应该主动回避社交活动,免得让人提心吊胆,近之难受,避之不恭。

2. 眉毛

眉毛位于两眼之上,它可以修饰眼睛。如果感到眉形刻板不雅观,可以进行必要的修饰,但不提倡文眉,更不允许剃去所有的眉毛。韩国女人看起来漂亮温柔,她们的秘诀是不用眉笔画眉毛,而用眉粉修饰。

3. 耳朵

耳朵虽然位于面部的两侧,但在他人的视线注意之内。在洗澡、洗脸、洗头时,不要忘了洗耳朵,必要时还要清除耳朵中的分泌物。不可在他人面前挖耳朵。还应该注意耳朵中的耳毛,如果别人往侧面一站,看见耳毛随风飘动,那是多么不雅观的事。

4. 鼻子

平时应该保持鼻腔清洁,感冒时不能到处撩鼻涕,不要在别人面前挖鼻孔。长了鼻毛应该及时进行修剪,但不能当众用手去拔。

5. 嘴巴

嘴巴是发声之所,也是进食之处,理所当然应多作修饰,并细心照顾。要养成每天定时刷牙和饭后刷牙的习惯,以除去口腔异味;要经常采用漱口水、洗牙等方式保护牙齿;在接待、应酬之前不要抽烟、饮酒,不要吃葱、蒜、韭菜之类气味刺鼻的食物,免得让周围的人难受。

6. 胡子

男性假如不是出于宗教信仰或民族习惯,最好不要留胡子。在社交场合,男性假如胡子不理,尤其是在面对女性的时候,会给对方留下非常不好的印象,而且以这样的形象抛头露面也是很失礼的。

男秘书在进行商务活动的时候,每天要进行剃须修面以保持面部清洁;别让脸上总是过于油腻。多数男人的脸比较容易油腻,且易生出粉刺,因此要特别注重面部的清洁。不妨选用男性洗面奶及吸油面纸等,每日早晚各清理一次,这样既清洁又护肤。另外,男秘书在商务活动当中经常会接触到香烟、酒等有刺激性气味的物品,要随时保持口气的清新。

**(三)手臂修饰**

手臂被称为人的第二张脸,无论在工作中还是在社交活动中均是使用最频繁的身体部位。它对个人整体形象的塑造具有重要意义。

1. 手掌

在日常生活中,手是接触他人或他物最多的身体器官,出于卫生、健康的需要,要经常洗手。洗手后,要用一些护肤品,保持手部皮肤的细嫩光滑。

指甲是最容易藏污纳垢的地方,所以要经常修剪指甲,大体上每周应该修剪一次,指甲的长度不应该长过指尖。长指甲不利于健康,不便于劳动,也容易伤害到别人。

2. 手臂

按照社交礼节的要求,在非常正式的政务、学术、外交、商务场合,手臂是不可以暴露在衣物之外的,尤其是肩部;在非正式的场合则没有严格的要求。另外,还应该留意手臂的汗毛。有些人手臂的汗毛特别重,应做适当的处理,最好的方法就是进行脱毛。对于爱美的女性要留意在穿无袖衫的时候,一定要将腋下的汗毛处理干净,如果被人看到是很失礼的。

(四) 化妆修饰

对秘书来讲,化妆的意义不仅是为了突出、表现个人,更重要的是为了塑造本单位、本部门的鲜明形象;鉴于此,秘书必须遵守有关的化妆规范及礼仪。

1. 化妆规范

(1) 化妆上岗

男秘书工作妆:美发定型,清洁面部和手部。

女秘书工作妆:恰到好处地强化面颊、眉眼与唇部。

(2) 淡妆上岗

工作妆以淡为宜,目的在于美化,不要过分突出商务人员的性别特征,不过分引人注目。不要过量使用浓香型化妆品。

2. 化妆禁忌

一忌浓妆艳抹,二忌当众化妆。

3. 化妆应注意的几个原则

(1) 美化

化妆要使人变得更加美丽,因此在化妆时要注意修饰得法,不要一味追求个性,寻求新奇,任意化妆。

(2) 自然

秘书不是要上台表演,也不是去电视台做节目,所以没有必要化舞台妆。有的人认为,既然化了妆就要让人知道。例如,有的人拿起香水在身上狂喷,把自己搞得像蚊香一样。香水涂得太多,人家会怀疑有狐臭。香水应该适当地喷一点,一两米范围内大家觉得有芬芳味就可以了。

"清水出芙蓉,天然去雕饰",化妆一定要自然,化妆之后,要让人看不出化了妆,这才是得体的化妆。

(3) 协调

化妆使用的化妆品最好是成系列的,不要洗头用茉莉香波,香水用合成香型的,洗面奶用黄瓜味的。这几种香味混在一起,成什么味?没准成了菜园子香型了。

化妆时各个部位都要协调。例如,涂手指甲,有的人喜欢一个指甲一个颜色,五颜六色,这种涂法不协调,不好看。化妆还要与当时穿的衣服协调。一个女士会不会化妆,看她的唇彩颜色就知道了。如果穿的衬衣是粉红色,围巾是粉红色,唇彩也是粉红色,这样就很协调。如果反差太大,则既不协调又不好看。化妆要协调,协调才和谐,和谐就是美。

(4) 回避

化妆应在生活活动空间或无人之处进行,或是在专用的化妆间进行。若当众进行化妆,则有表演或吸引异性之嫌,弄不好还会让人觉得身份可疑。还应该注意不要在异性面前化妆,哪怕是自己最亲密的人也要回避,要知道距离产生美。

4. 不同脸形的化妆技巧

脸部化妆一方面要突出面部五官最美的部分,使自己更加美丽。另一方面就是要掩饰或矫正缺陷或不足的地方。我们前面说过,人有两种美,一种是自然美,另一种是修饰美。不管是哪一种美,都要恰当地使用化妆品,通过一定的艺术处理,才能达到美丽的效果。下面从适度矫正的角度介绍几种脸形的化妆技巧。

(1) 椭圆脸形化妆

椭圆脸形可谓公认的理想脸形,化妆时要保持其自然形状,突出其可爱之处,没必要通过化妆去改变脸形。胭脂应涂在脸部颧骨的最高处,再向上向外揉化开;除嘴唇唇形有缺陷外,唇膏尽量按唇形自然涂抹;可顺着眼睛的轮廓将眉修成弧形,眉头应与内眼角对齐,眉梢可稍长于外眼角。在化妆时应找出自己脸部最动人、最美丽的部位,重点修饰,以免给人印象平平。

(2) 长脸形化妆

长脸形的人化妆应达到的效果是,增加面部的宽度。若双颊下陷或者额部窄小,应在双颊和额头涂浅色调的粉底,造成光影,使之丰满一些。粉底的涂擦应注意离鼻子稍远些,这样在视觉上就拉宽了面部。眉毛应修成弧形,切不可有棱有角。眉毛的位置不宜太高,不要高翘。

(3) 圆脸形化妆

圆脸形给人可爱、玲珑之感,若要修饰为椭圆形并不十分困难。胭脂,可从颧骨起涂至下颌部,注意不能简单地在颧骨突出部位涂成圆形。唇膏,可在上嘴唇涂成浅浅的弓形,不能涂成圆形的小嘴状,以免有圆上加圆之感。粉底,可用来在两颊造阴影,使圆脸显得瘦一点。选用暗色调粉底,沿额头处向下窄窄地涂抹,至颧骨部可加宽涂抹的面积,造成脸部亮度自颧骨以下逐步集中于鼻子、嘴唇、下巴附近部位。眉毛,可修成自然的弧形,可作少许弯曲,不可太平直或有棱角,也不可过于弯曲。

(4) 方脸形化妆

方脸形的人以双颊骨突出为特点,因而在化妆时,要设法加以掩饰,增加柔和感。胭脂,宜涂抹得与眼部平行,切忌涂在颧骨最突出处。可抹在颧骨稍下处并往外揉开。粉底可用暗色调在颧骨最宽处造成阴影,令其方正感减弱。下颚部宜用大面积的暗色调粉底造阴影,以改变面部轮廓。唇膏,可多涂一些,强调柔和感。眉毛,应修得稍宽一些,眉形可稍带弯曲,不宜有角。

（5）三角脸形化妆

三角脸形的特点是额部较窄而两腮较阔，整个脸部呈上窄下宽状。化妆时应将下部宽角"削"去，把脸形变为椭圆形。粉底，可在两腮部位用较深色调的粉底涂抹；胭脂，可由外眼角处起向下涂抹，令脸部的上半部分拉宽一些；眉毛宜保持自然状态，不可太平直或太弯曲。

（6）倒三角脸形化妆

倒三角脸形的特点是额部较宽大而两腮较窄小，呈上阔下窄状。人们常说的"瓜子脸"、"心形脸"即这种脸形。其化妆的诀窍与三角脸形相似，而需要修饰的部分正好相反。可用较深色调的粉底涂在较宽的额头两侧，而用较浅的粉底涂抹在两腮及下巴处，形成掩饰上部、突出下部的效果。胭脂应涂在颧骨最突出处，然后向上、向外揉开；唇膏宜用稍亮些的，以加强柔和感，唇形宜稍宽厚些；眉毛应顺着眼部轮廓修成自然的眉形，眉毛不可上翘，描眉时从眉心到眉尾由深变浅。

# 技能训练

**训练项目：情景分析与讨论**

**情景材料一**

某大型国有企业要面向社会招聘文秘人员，前来报名的人络绎不绝。其中几个女孩心想，大型国有企业的秘书应当有时尚的装扮，而且应都是漂亮的女孩。于是，这几个女孩就到美容院将自己浓墨重彩地打扮了一番，好像电视剧里的韩日明星。她们高高兴兴地来到报名地点，谁知工作人员连报名的机会都不给她们就让她们走了。看着别的姑娘一个个报上了名，她们几个很纳闷："这是为什么？"

**实训要求**

1. 工作人员为什么不让这几个姑娘报名？
2. 女秘书的漂亮究竟有什么含义？
3. 如果你要去应聘，该怎么打扮自己？

**情景材料二**

杨江天的口头表达能力不错，人既朴实又勤快，在业务人员中学历又最高，领导对他抱有很大期望。可是他做销售代表半年多了，业绩总是没有得到提升。到底问题出在哪儿？原来，他是个不修边幅的人，喜欢留长指甲，指甲里经常藏很多东西。脖子上的白衣领常常有一圈黑色的痕迹。他喜欢吃大葱、大蒜之类的刺激性食物。

**实训要求**

分析并讨论杨江天业绩上不去的原因。

**相关知识链接**

**怎样使用香水**

香水越来越成为国际交往中每个人的随身必备品,是否正确使用香水也成为礼仪素养的一种标志。在恰当的时间通过恰当的手法使用恰当的香水是一个人具备较高礼仪修养的表现之一,也是拉近人与人交往距离的技巧之一。

香水的香型可分为植物香型和动物香型;其中植物香型又分为花香型、木香型、果香型,这些香水大多比较清淡;而动物香型又分为皮草香型、麝香香型,这些香水大多较浓郁。

香水的香味在不同的时段有不同的味道,根据持续时间可分为三个时段。香水喷洒之后,头半小时左右的时段为香水的头香段或叫前味段,这段时间的香水味道浓烈、具有较强的刺激性,较差的香水还能闻出明显的酒精味。半小时后,香水的味道开始变得柔和,进入香水的香体段或叫中味段,中味段过后进入香水的后味段或叫尾香段。这一时段香水的本味开始消失,但余香还在。越好的香水,尾香段持续的时间就越长,最好的香精香水甚至可以在一周以后,还能发出丝丝幽香。

由于香水具有前味段、中味段及后味段三个不同时段,在使用香水时一般应注意提前半小时涂抹,避免前味段的刺激香味引起他人的不适。同时要注意参加国际活动时,不宜抹浓香型香水,但在出席正式晚宴或其他夜间娱乐活动时,可以视情况涂抹浓香型香水。另外,在人多的地方,又以涂抹淡香型香水为宜。

香水的使用基本有两种方法,即涂抹和喷洒。

在使用时,如果用涂抹的方法,一般应将香水涂抹在耳后、脖颈、手腕等有脉搏跳动之处,这样可以用脉搏的微热帮助香水持续地散发。有时,为了让香水的余香更持久,可以涂抹在腰部等处。将香水抹在脚踝则可以让香味飘散出来时更自然。

如果使用喷洒的方法,应将香水喷洒在外衣的腋下、衣服内衬部位、裙摆里侧、裤管底口内侧等处。这样,一来可以防止香水一下子就挥发消失,保证香水可以持续散发。二来可以让香味飘散更自然,迷人。

以上两种方法中,之所以将香水涂抹或喷洒在暗处,除了防止香水过快挥发以外,也考虑到要避免阳光紫外线作用而留下色素沉淀。如同选用护肤品一样,选择香水应参考自己的性格、身份及出席活动的场合。另外,不要将不同牌子的香水混用。

# 第二节 秘书仪表礼仪

## 一、秘书仪表礼仪概述

仪表,即人的外表,包括容貌、举止、姿态、风度等。一个人的仪表不但可以体现其文化修养,也可以反映其审美品位。穿着得体,不仅能给人留下良好的印象,赢得他人的信赖,而且还能够提高与人交往的能力。相反,穿着不当,举止不雅,往往会降低自己的身份,损害个人的形象。由此可见,仪表是一门艺术,它既要讲究协调、色彩,又要注意场合、身份。

由于工作的特殊性,秘书人员往往代表组织的形象,个人着装礼仪方面的修养往往决定秘书人员给人的第一印象。从心理学角度讲,第一印象在以后的商务活动中影响很大,它所形成的心理定势常常很难改变。秘书的着装,不仅影响其在领导和社会公众心目中的形象,而且直接影响其工作业绩。因此,秘书的着装礼仪是一种文化、一门艺术、一门学问,在工作与日常交往中应给予高度的重视。

## 二、秘书着装的基本原则

### (一) 整洁原则

整洁原则是指整齐干净的原则,这是服饰装扮的一个最基本原则。一个穿着整洁的人总能给人以积极向上的感觉,并且也表示出对交往对方的尊重和对社交活动的重视。整洁原则并不意味着时髦和高档,只要保持服饰的干净合体、整齐有致即可。

### (二) 个性原则

个性原则是指社交场合树立个人形象的要求。不同的人由于年龄、性格、职业、文化素养等各方面的不同,自然就会形成各自不同的气质,我们在选择服装进行服饰打扮时,不仅要符合个人的气质,而且突出自己美好气质的一面,因此,必须深入了解自我,正确认识自我,选择自己合适的服饰,这样,可以让服装尽显自己的风采。要使打扮富有个性,还要注意两点:首先,不要盲目赶时髦,因为最时髦的东西往往是最没有生命力的。其次,要穿出自己的个性,不要盲目模仿别人。例如,看人家穿水桶裤好看,就马上跟风,而不考虑自己的综合因素。

### (三) 和谐原则

和谐原则是指协调得体的原则。着装时不仅要与自身体形相协调,还要与着装者的年龄、肤色相配。服饰本是一种艺术,能掩盖体形的某些不足。我们要借助服饰来创造出一种美妙身材的错觉。不论高矮胖瘦,年轻的还是年长的,只要根据自己的特点,用心地去选择适合自己的服饰,总能创造出服饰的神韵。

### (四) 着装的TPO原则

T.P.O分别是英语 Time、Place、Occasion 三个单词的缩写字头,着装的 TPO 原则指着装应兼顾时间、地点、场合的原则。该原则于1963年由日本男用时装协会提出,之后便迅速传播,现已成为世界服装界公认的着装审美原则之一。它要求人们的服饰应力求和谐,以和谐为美。着装要与时间、季节相吻合,符合时令;要与所处场合、环境及不同国家、区域、民族的不同习俗相吻合,符合着装人的身份;要根据不同的交往目的、交往对象选择服饰,给人留下良好的印象。根据TPO原则,着装时应注意以下几个问题。

1. 着装应与自身条件相适应

着装首先应该与自己的年龄、身份、体形、肤色、性格和谐统一。年长者,身份地位高者,选择服装款式不宜太新潮,款式简单而面料质地要讲究些才能与身份年龄相吻合。青少年着装则着重体现青春气息、朴素、整洁为宜,清新、活泼最好,"青春自有三分俏",若以过分的服饰破坏了青春朝气,实在得不偿失。形体条件对服装款式的选择也有很大影响。

身材矮胖、颈粗、圆脸形者,宜穿深色"V"型低领或大"U"型领套装,浅色高领服装则不合适。而身材瘦长、颈细长、长脸形者宜穿浅色、高领或圆形领服装。方脸形者则宜穿小圆领或双翻领服装。身材匀称,形体条件好,肤色也好的人,着装范围则较广,可谓"浓妆淡抹总相宜"。

2. 着装应与场合、环境相适应

正式社交场合,着装宜庄重大方,不宜过于浮华。参加晚会或喜庆场合,服饰则可明亮、艳丽些。节假日休闲时间着装应随意、轻便些,西装革履则显得拘谨而不适宜。家庭生活中,着休闲装、便装更益于与家人沟通感情,营造轻松、愉悦、温馨的氛围。但不能穿睡衣、拖鞋到大街上去购物或散步,那是不雅和失礼的。

3. 着装应与职业、场合、交往目的、对象相协调

着装要与职业、场合、交往目的、对象相协调,这是不可忽视的原则。工作时间着装应遵循端庄、整洁、稳重、美观、和谐的原则,这样能给人以愉悦感和庄重感。一个单位职工的着装和精神面貌便能体现这个单位的工作作风和发展前景。现在越来越多的组织、企业、机关、学校开始重视统一着装,这是很有积极意义的举措,它不仅给着装者一分自豪,同时又多一分自觉和约束,成为一个组织、一个单位的标志和象征。着装应与交往对象、目的相协调。与外宾、少数民族人员相处,更要特别尊重他们的习俗、禁忌。

总之,着装的最基本的原则是体现和谐美,上下装呼应和谐,饰物与服装色彩和谐,与身份、年龄、职业、肤色、体形和谐,与时令、季节环境和谐,等等。

### 三、服装搭配技巧

#### (一) 服装的色彩搭配

服装美是色彩美、质料美和款式美三者完美统一的体现,色、质、形三者相互衬托,相互依存,构成了服装美统一的整体。而在生活中,色彩美是最引人注目的,因为色彩对人的视觉刺激最敏感,最迅速,会给人留下很深的印象。

不同的色彩有不同的象征意义。

**暖色调**:红色象征热烈、活泼、兴奋、富有激情;黄色象征明快、鼓舞、希望、富有朝气;橙色象征开朗、欣喜、活跃。

**冷色调**:黑色象征沉稳、庄重、冷漠、富有神秘感;蓝色象征深远、沉静、安详、清爽、自信而幽远。

**中间色**:黄绿色象征安详、活泼、幼嫩;红紫色象征明艳、夺目。紫色象征华丽、高贵。

**过渡色**:粉色象征活泼、年轻、明丽而娇美;白色象征朴素、高雅、明亮、纯洁;淡绿色象征生命、鲜嫩、愉快和青春,等等。

服装的色彩是着装成功的重要因素。服装配色以整体协调为基本准则。全身着装颜色搭配最好不超过三种,而且以一种颜色为主色调,颜色太多则显得乱而无序,不协调。灰、黑、白三种颜色在服装配色中占有重要位置,几乎可以和任何颜色相配并且都很合适。服装色彩搭配有三种方法可供参考。

第一种,同色搭配。由色彩相近或相同、明度有层次变化的色彩相互搭配造成一种统一和谐的效果。例如,墨绿配浅绿、咖啡配米色等。在同色搭配时,宜掌握上淡下深、上明

下暗。这样整体上就有一种稳重踏实之感。

第二种,相似色搭配。色彩学把色彩中大约九十度以内的邻近色称为相似色。例如,蓝与绿、红与橙都是相似色。相似色搭配时,两种色的明度、纯度要错开。例如,深一点的蓝色和浅一点的绿色配在一起比较合适。

第三种,主色搭配。选一种起主导作用的基调和颜色,相配于各种颜色,造成一种互相陪衬,相映成趣之效。采用这种配色方法,应首先确定整体服饰的基调,其次选择与基调一致的主色,最后再选出多种辅色。主色调搭配如选色不当,容易造成混乱不堪,有损整体形象,因此使用的时候要慎重。

(二)服色要与自身年龄、体形、肤色、性格职业等相配

1. 服色与年龄

不论年轻人还是年长者都有权力打扮自己。但是在打扮时要注意,不同年龄的人有不同的着装要求。年轻人的着装可鲜艳、活泼和随意些,这样可以充分体现年轻人朝气蓬勃的青春美;而中老年人的着装则要注意庄重、雅致、含蓄,体现其成熟和端庄,充分表现出成熟之美。但无论何种年龄段,只要着装与年龄相协调,就可以显示出独特的韵味。

2. 服色与体形

不同的体形服色应有所区别。

对于身材高大的人而言,在服装选择与搭配上宜选择深色、单色为好,太亮、太淡、太花的色彩都有一种扩张感,会使着装者显得更高更大。

对于较矮的人而言,服色宜稍淡、明快、柔和些为好,上下色彩一致可以造成修长之感。

对于较胖的人而言,在服色的选择上,应以冷色调为好,过于强烈的色调就显得更胖。

对于偏瘦的人而言,服色选择应以明亮、柔和为好,太深、太暗的色彩反而显得瘦弱。

3. 服色与肤色

肤色影响服饰配套的效果,也影响服装及饰物的色彩。但反过来,服饰的色彩同样作用于人的肤色而使肤色发生变化。一般认为有以下几种情况。

肤色发黄或略黑而且皮肤粗糙的人,在选择服色时应慎重。服色过深,会加深肤色偏黑的感觉,使肤色毫无生气;反之,也不宜用过浅的服色,服色过浅,会反衬出肤色的黝黑,同样会令人显得暗淡无光。这种肤色的人最适宜选用的是与肤色对比不强的粉色或蓝绿色。最忌色泽明亮的黄、橙、蓝、紫或色调极暗的褐色、黑紫、黑色等。

肤色略带灰黄的人,则不宜选用米黄色、土黄色、灰色的服色,否则会显得精神不振或无精打采。

肤色发红,则应配用稍冷或浅色的服色,但不宜使用浅绿色和蓝绿色。

4. 服色与性格

不同的性格需要由不同的服色来表现,只有选择与性格相符的服色才会给人带来舒适与愉快。性格内向的人,一般喜欢选择较为沉着的颜色,如青、灰、蓝、黑等;性格外向的人,一般以选用暖色或色彩纯度高的服色为佳,如浅红、橙、黄、玫瑰红等。

5. 服色与职业

不同的职业有不同的着装要求。例如,法官的服色一般为黑色,以显示庄重、威严;银

行职员的服色一般选用深色,这会给客户以牢靠、信任的感觉。

### 四、秘书着装规范

秘书人员的穿着也应与职业场所相符合,女秘书服饰的色彩不宜过于夺目,应尽量考虑与办公室色调、气氛相和谐。服饰应舒适方便,以适应整日的工作强度。坦露、花哨、反光的服饰是办公室所忌用的。女秘书在较为正式的场合,应选择女性正式的职业套装(如图2-1);制式皮鞋、肉色高筒丝袜、盘发。套装颜色应以冷色调为主,上衣内穿浅色衬衣,衬衣下摆扎入裙(裤)腰内。套装穿着要合体,袖长及腕,裙长过膝,裤长应至脚面。与套装配套的鞋子应为皮鞋,颜色以黑色、棕色为宜,高度以平跟为适当。较为宽松的职业环境,可选择造型感稳定、线条感明快、富有质感和挺感的服饰。服装的质地应尽可能讲究,不易皱褶。裙子一般要求长度应齐膝,而长裙则适用于一切场合。较正规的工作场合可考虑穿西服套裙。在交际场合,穿裙子一定要穿长丝袜,而且袜口切忌在裙摆之下。男秘书在正式场合一般以西装为主。一套完整的西装包括上衣、西裤、衬衫、领带、腰带、袜子和皮鞋。着西装时务必整洁、笔挺。正式场合应穿统一面料、统一颜色的套装,颜色一般为深冷色调为宜。内穿单色衬衫,打领带,穿深色皮鞋。三件套的西装在正式场合不能脱外套。按照惯例,西装里不穿毛背心和毛衣,在我国最多只加一件"V"字形领毛衣,以保持西装线条美。

图2-1 女性正式的职业套装

#### (一)男士西服穿着礼仪

1. 男士礼服

一般运动服和软料外衣不适合较正式社交场合。适合正式场合的男士服装主要有三大类:西装、民族服装(中山装)、夹克装。三类服装一般都可在社交场合使用,但更通用的礼服是西服。在略微庄重的场合尤其以全套西服为好。颜色一般为深冷色调为宜。全身上下一色说明带有更加官方、更加正式的意图。

运动服、牛仔装、沙滩装、休闲毛衣等,在其他场合可随意穿,但正式场合是不被允许的。然而,假日、休闲的日子服装要求则正好相反,要尽可能地着便装和休闲装。如果假日和休闲时仍西装革履,反而违反了服装礼仪。对此在国外有这样一句话:"假日里打领带是典型的土包子。"

礼服在国外分晨礼服、小礼服、晚礼服(燕尾服)。

晨礼服:通常上装为灰色或黑色,剑领,后摆为圆弧形,衣长与膝齐,胸前仅有一个扣,配白色衬衫,系灰色、驼色领带;下装为深灰色黑条裤,一般用背带,穿黑袜子、黑皮鞋;可戴黑礼帽。晨礼服是白天穿的正式礼服,适合参加各种典礼、婚礼及星期日上教堂做礼拜时穿。

小礼服:又称无尾礼服,也称晚间便礼服(如图2-2)。这是晚间集会最常用的礼服,其上衣与普通西服相同,通常为黑色或深蓝色的短上衣(在东南亚及其他热带国家和夏日避暑地,也有着白色上衣的),衣领为圆领或剑领,并镶缎面,与白衬衫、黑领结、黑皮鞋、黑袜子搭配,一般不戴帽子和手套。裤子颜色与上衣相同,多为黑色,并饰有缎带,裤脚不卷起,使用背带。小礼服是晚上6点钟以后穿的服装,适用于较正式的晚宴、晚会、音乐会、观看歌舞剧等场合。

图2-2 晚间便礼服

图2-3 晚间正式礼服

晚礼服:也称燕尾服,西式礼服的一种。深色高级衣料制成;前身较短,后身较长,而下端张开像燕子尾巴;翻领上镶缎面;裤腿外侧有丝带;通常系白色领结;配黑色皮鞋,黑丝袜;戴白手套。燕尾服是晚间正式礼服(如图2-3),用于隆重庄严的场合,适用于参加婚礼晚宴、观歌舞剧、授勋仪式、授奖仪式、舞会、招待会、递交国书等活动。

近年来,各国穿晨礼服、晚礼服的情况越来越少,大有穿普通西服可以参加所有活动的趋势。一些稍正式的活动,男性只要穿颜色偏深的西服便无可非议。

2. 男士西装分类

男士西装在款式上有欧式、英式、美式和日式。欧式西装领型狭长,腰身中等。袖笼与垫肩较高,上衣呈倒梯形,多为双排扣;英式西装的外观和欧式西装相仿,但其垫肩较薄,后背开叉,穿起来比较有绅士风度;美式西装的领型比较宽大,它垫肩适当,腰部略收,两侧开叉,多为单排三粒扣;日式西装的外观略呈"H"型,它领型较窄较短,垫肩不高,后部多不开叉,一般为单排两粒扣。欧式西装洒脱大气,英式西装剪裁得体,美式西装宽大飘逸,日式西装贴身凝重。相比较而言,英式与日式西装似乎更适合中国人穿。上衣一般不应过长或过短,西装的裤子以筒裤为正统,西装的背心大都和上衣裤子是同质同色的,而且以"V"字形领为佳。

3. 西装穿着规范

(1) 西装上下装颜色应一致。在搭配上,西装、衬衣、领带中应有两样为素色。

(2) 穿西装一定要穿皮鞋,且要上油擦亮,皮鞋的颜色要与西装相配套。穿皮鞋还要配上合适的袜子,使其在西装与皮鞋之间起到一种过渡作用。

(3) 配西装的衬衣颜色应与西装颜色协调,不能是同一色。白色衬衣配各种颜色的西装效果都不错。正式场合男士不宜穿色彩鲜艳的格子或花色衬衣。衬衣袖口应长出西装袖口1～2厘米。衬衫领子要挺括;衬衫下摆要塞在裤腰内;系好领扣和袖扣;衬衫里面的内衣领扣和袖扣不能外露。如果西装本身是有条纹的,应搭配纯色的衬衫;如果西装是纯色,则衬衫可以有简单的条纹或图案。穿西装在正式庄重场合必须打领带,其他场合不一定都要打领带。打领带时衬衣领口扣子必须系好,不打领带时衬衣领口扣子应解开。正装衬衫以无胸袋为佳。如果着有胸袋的衬衫要尽量少往胸袋内放东西。男秘书在自己的办公室里,可以暂脱下西装上衣,直接穿着长袖衬衫、打着领带,但不能以此形象外出办事,否则就有失体统。

(4) 西装纽扣有单排扣(如图2-4)、双排扣(如图2-5)之分,纽扣系法有讲究,双排扣西装应把扣子都扣好。单排扣西装,一粒扣的,系上端庄,敞开潇洒;两粒扣的,只系上边一粒扣是洋气、正统,只系下边一粒是牛气、流气,全扣上是土气,都不系敞开是潇洒、帅气,全扣和只扣第二粒不合规范;三粒扣的,系上边两粒或只系中间一粒都合规范。

图2-4 单排扣

图2-5 双排扣

(5) 西装的上衣口袋和裤子口袋里不宜放太多的东西。穿西装,内衣不要穿太多,春秋季节只配一件衬衣最好,冬季衬衣里面也不要穿棉衫,可在衬衣外面穿一件羊毛衫。穿得过分臃肿会破坏西装的整体线条美。

(6) 领带的颜色、图案应与西装相协调,系领带时领结要饱满,与衬衫领口要吻合紧;领带的长度以触及皮带扣为宜,领带夹戴在衬衣第四、第五粒扣之间。

(7) 西装袖口的商标牌应摘掉,否则不符合西装穿着规范,高雅场合会贻笑大方。

(8) 注意西装的保养。保养存放的方式对西装的造型和寿命影响很大。高档西装要吊挂在通风处并经常晾晒,注意防虫与防潮。有皱折时可挂在浴后的浴室里,利用蒸气使皱折展开,然后再挂在通风处。

(9) 穿着西装的"三个三"要求:① 三色原则。全身不要超过三个色系,颜色要尽量少,但西装、衬衣、领带、鞋袜不要完全一样,那样会显得呆板。② 三一定律。鞋、腰带、公文包一个颜色。皮鞋的款式为黑色系带的,显得比较庄重。③ 三大禁忌。一是不要穿白色的袜子、尼龙袜子,袜子与鞋浑然一色最好看;二是打领带不穿夹克;三是西装袖子上的商标要拆除。

### 五、佩饰礼仪

佩饰对于人们的穿着打扮,尤其对服装而言,只起辅助、烘托、陪衬、美化的作用。从审美角度来看,佩饰与服装、化妆一起被列为人们装饰、美化自身的三大方法,比起服装,它更具有装饰、美化形象的功能。所以有人将它当作服饰之中聚焦他人视觉的亮点,起到画龙点睛的作用。

下面介绍一些常用佩饰的佩戴方法。

#### (一) 首饰

1. 戒指

国际上较为通行的戒指佩戴规范是戴在左手上,拇指不戴戒指;戴在食指上,表示无偶求爱;戴在中指上,表示已在恋爱;戴在无名指上,表示已订婚或结婚;中指和无名指上同时戴,表示已婚并且夫妻感情很好;戴在小指上,表示奉行独身主义。戒指就质地而言,有金、银、钻石、珍珠等。

在中国,男戴右手,女戴左手。一般手上只戴一枚戒指,但也有这种情况,即有些女性左右手无名指上都有一枚戒指,而往往左手是钻戒,右手是嵌宝戒,大凡这种戴法的,左手那枚是结婚信物,右手那枚是婆婆的传家宝,因为右手代表男方,所以就戴在右手无名指上,表示这是男方长辈给媳妇的传家宝。

2. 项链

项链是戴于颈部的环形首饰,可装饰人的颈项、胸部,男女均可戴。佩戴项链应选择和服装相配的造型和质地,同时也要充分考虑自身的体形容貌。细小的项链只有与无领连衣裙相配才显得清秀;矮胖的圆脸形者则适合佩戴长项链;脖子细长的应佩戴贴颈的大珠短项链。不同质地和造型的项链,会产生截然不同的视觉效果和审美感受。金项链给人娇贵富丽的感觉;洁白透亮的珍珠项链给人清新脱俗之感;雕成花球状的不透明象牙白或骨质白项链给人高雅的感觉;钻石项链无论什么款式都会给人雍容华贵的感觉。与项链配套的项链坠,在选择时,要使二者整体上协调一致,在正式场合不要选用过分怪异或令人误解的图形或文字,也不要同时使用两个或两个以上的坠子。

3. 耳环

耳环是女性的重要饰品,由于它显露在人体的重要部位,直接刺激他人的注意力,选择耳环主要考虑自己的脸形、头形、发式、服饰等方面的因素,长脸形,特别是下颌较尖的脸形应佩戴面积较大的扣式耳环,以使脸部显得圆润丰满;脸形较宽的方脸形,宜佩戴面积较小的耳环。耳环常见的种类有钻石、金、银、珍珠等,耳环的形状有圆形、方形、三角形、菱形等,且大小不一,色泽较多。

4. 手镯

佩戴手镯,强调的是手腕和手臂的美丽,如果两者不美应该慎戴。男士一般不戴手镯。手镯可以只戴一个,也可以同时戴两个。戴一个时,通常戴于左手,戴两个时,可一手戴一个或都戴在左手上。不要在一只手上戴多个手镯。

5. 手链

男女均可戴,一只手上仅限戴一条,戴在手腕上,不能与手表同戴在一个手腕上。

### (二) 饰品

1. 胸针

胸针是别在胸前的饰物,多为女士所用。穿西装时,应别在左侧领上;穿无领上衣时,别在左侧胸前。高度应在自上往下的第一粒与第二粒纽扣之间。

2. 胸花

胸花是指女性胸、肩、腰、头等部位的各种花饰。最常见的是将胸花佩戴于左胸部位,也可按服饰设计要求和服饰整体效果将其佩带于肩部、腰部、前胸。佩戴时,花茎向下,使之与自然开放的姿态相同。个子矮小者选小一点儿的花,佩戴得稍高一点儿,个子高者选大一点儿的花,佩戴位置可稍低一点。

3. 帽子

帽子可正戴,也可歪戴。正戴显得庄重、严肃,可使脸形更加丰满、端庄。歪戴则显得活泼、妩媚,显出清瘦、俏皮。参加各种活动及作客,进入室内都应脱帽。女士的传统礼帽,作为服饰的一部分则允许在室内戴。

4. 围巾

围巾不仅御寒,而且还能使服装增色。围巾的配色方法为:色深的衣服宜配鲜艳围巾,浅色衣服宜配素色围巾;穿红色绒衣的女士,配黑色透明围巾,会显得明眸皓齿,皮肤白皙;穿藏青色服装的中老年人,配一条淡素色围巾,会显得精神焕发。

5. 提包

女性小型提包是女性日间出席正式场合时使用的重要饰物,可以在动态中显示出独特的魅力。挂肩型提包,是女性出席半正式或非正式社交场合的既美观又实用的装饰品。

6. 墨镜

墨镜也叫太阳镜,原本是用来抵挡阳光,保护眼睛的,现已成为一种装饰脸部饰品了。戴上墨镜,会添几分神秘感和魅力,给人以严肃、神气、深沉之感。礼仪规范对墨镜的要求是,在参加室内活动时,不要戴墨镜;在室外,遇有礼仪性活动,也不应戴墨镜。有眼疾须戴墨镜时,应向主人或客人说明并致歉意。在与人握手、说话时,应将墨镜摘下。

### (三) 领带

男士穿西服时最引人注目的,通常不是西装本身,而是领带。因此,领带被称为"西装的灵魂"。一位只有一身西装的男士,只要经常更换不同的领带,往往也能给人耳目一新的感觉。也可以说,它是男士最重要的佩饰。穿西服,特别是穿西服套装时,不打领带往往会使西服黯然失色。

日常所用的领带,通常长约 130～150 厘米。领带打好后,外侧应略长于内侧,下端正好触及皮带扣的上端。领带的佩饰领带夹的正确位置是在衬衫从上往下数第四与第五粒扣之间。领带针的正确配戴方法为：图案一端处于领带之外，细链一端要避免外露，别在衬衫从上往下数第三粒纽扣处的领带正中央，别把领带针当领针使用。

领带的色彩有单色、多色之分。单色领带适用于公务活动和隆重的社交场合，并以蓝、灰、黑、棕、白、深红色为佳。多色领带一般不应超过三种色彩，可用于各类场合。色彩过于艳丽的领带，只有在非正式的社交、休闲场合使用。

## 技能训练

**训练项目一：单项选择**

1. 正式交往场合秘书的仪表仪容要给人（　　）的感觉。
   A. 随意、整齐、干净　　　B. 漂亮、美观、时髦　　　C. 端庄、大方、美观

2. 应尽量避免的服饰色彩搭配方法是（　　）。
   A. 红色配茶色　　B. 橙配黄　　C. 红配绿　　D. 蓝配绿

3. 能与西装相配的衬衫很多，最常见的是（　　）衬衫。
   A. 蓝色　　B. 白色　　C. 浅色　　D. 深色

4. 衬衫袖子的长度一般应（　　）。
   A. 与西服袖子同长　　　B. 长出西服袖子二寸
   C. 长出西服袖子1～2厘米　　D. 略短于西服袖子

5. 穿着西装，纽扣的扣法很有讲究，穿（　　）西装，不管在什么场合，一般都要将扣子全部扣上，否则会被认为轻浮不稳重。
   A. 两粒扣　　B. 三粒扣　　C. 单排扣　　D. 双排扣

6. 一般情况下，男士不宜佩带的饰物是（　　）。
   A. 戒指　　B. 项链　　C. 耳环

7. 在公共场所，女士着装时应注意（　　）不能外露，更不能外穿。
   A. 袜子　　B. 短裙　　C. 内衣

8. 西装袖口外的商标及纯羊毛标记（　　）。
   A. 不能拆下　　B. 一定要拆下　　C. 可拆可不拆

9. 女士穿着西式套裙时，最佳搭配的鞋式为（　　）。
   A. 高跟皮鞋　　B. 平跟皮鞋　　C. 凉鞋

10. 商界男士所穿皮鞋的款式应是（　　）。
    A. 系带皮鞋　　B. 无带皮鞋　　C. 盖式皮鞋　　D. 拉锁皮鞋

**训练项目二：情景分析与讨论**

**情景材料一**

某国的一个考察团到南京某中型公司考察投资事宜。为了确保考察顺利进行，使外商乐于投资，公司领导高度重视，亲自挑选了其公司最靓丽的三位女秘书负责接待工作。领导特别叮嘱她们，对方是外国人，着装要考虑他们的国情，以示对外商的重视。几位秘

书连忙商量穿什么衣服,最后一致决定统一着装,穿紧身上衣、黑色皮裙、黑色皮靴……

**实训要求**

女秘书的错误在哪里?她们应该怎样打扮?

**情景材料二**

许一同是一家大型国有企业的总经理。有一次,他获悉有一家著名德国企业的董事长正在本市进行访问,并有寻求合作伙伴的意向。他于是想尽办法,请有关部门为双方牵线搭桥。让许总经理欣喜若狂的是,对方也有兴趣同他的企业进行合作,而且希望尽快与他见面。到了双方会面的那一天,为了给对方留下精明能干、时尚新潮的好印象,根据自己对时尚的理解,他对自己的形象刻意地进行一番修饰:上穿夹克衫,下穿牛仔裤,头戴棒球帽,足蹬旅游鞋。

然而事与愿违,许总经理自我感觉良好的这一身时髦"行头",却偏偏坏了他的大事。

**实训要求**

许总经理的错误在哪里?他应当怎样打扮自己?

# 相关知识链接

## 商务男士衣着礼仪14条

1. 确保鞋和腰带是一个颜色。
2. 学着打领带,不要戴简易领带。
3. 袜子和裤子的颜色要搭配,不要穿着"花花公子"商标的白袜子再穿黑皮鞋。
4. 走路不要拖脚。
5. 不要把皮鞋穿成拖鞋,不要钉金属鞋掌。
6. 一位商务男士应该选择一双皮质好的皮鞋,鞋底也是全真皮的。
7. 在国际五星级酒店内不要拖鞋,百老汇表演、歌剧院或者音乐会上也不要这样。
8. 遵守所有餐厅、酒店或其他场所的穿衣规定。
9. 穿凉鞋的时候要穿袜子。一款好的手表从来都是一位男士负责任和时髦的象征,要戴金属质地的手表。
10. 不要把条纹和格纹穿在一起。
11. 除非在运动,否则不要穿运动袜。
12. 运动的时候要穿适宜的运动服。
13. 鞋子要时常保持擦亮和休整的状态,如果后跟或前面破损了,马上修好它。也可以给新买的鞋底钉上皮掌。
14. 一个软皮包或者做工精致的钱夹会成为商务男士的好朋友。

# 第三节 秘书仪态礼仪

## 一、仪态礼仪概述

### (一) 仪态的概念

仪态是指人在行为中的姿势和风度。姿势是指身体所呈现的样子,如站立、行走、就座、眼神、手势、面部表情等。风度则属于内在气质的外化。仪态属于人的行为美学范畴,它既依赖于人的内在气质的支撑,又取决于个人是否接受过规范和严格的体态训练。仪态的美丑,往往还是鉴别一个人高雅、粗俗、严谨还是轻浮的标准之一。

仪态在社交活动中有特殊的作用。潇洒的风度、优雅的举止,常常令人赞叹不已,给人留下深刻的印象,受到尊重。在与人交往中,可以通过一个人的仪态来判断其品格、学识、能力以及其他方面的修养程度。仪态美是一种综合的美、完善的美,是仪态礼仪所要求的。这种美应是身体各部分器官相互协调的整体表现,同时包括一个人内在素质与仪表特点的和谐。容貌秀美,身材婀娜,是仪态美的基础条件,但有这些条件并不等于仪态美。与容貌美和身材美相比,仪态美是一种深层次的美。容貌美只属于那些幸运的人,而仪态美往往属于那些出色的人,因而仪态美更富有永恒的魅力。

### (二) 仪态的特征

1. 仪态是一种无声的语言

在日常交往中,人们能通过语言交流信息,但在说话的同时,面部表情、身体的姿态、手势和动作也在传递信息。对方在接受信息时,不仅"听其言",而且也在"观其行"。仪态语言是一种极其丰富、极其复杂的语言。据研究者估计,世界上至少有70多万种可以用来表达思想意义的态势动作,这个数远远超过当今世界上最完整的任何一部词典所收录的词汇总量。信息的传递与反馈,从表面上看,主要是嘴、耳、眼的运用。事实上,表情、姿态等所起的作用却远远超过自然语言交流的本身。仪态是一种很广泛、很实用的语言,往往比有声语言更富有魅力,可以收到"此处无声胜有声"的效果。

2. 仪态是内在素质的真实表露

仪态在表情达意方面也许不像有声语言那么明确和完善,但它在表露人的性格、气质、态度、心理活动等方面却更真实可靠。一个人所说的话可能是真实的,也可能是虚假的,语言可以言不由衷,而人的仪态却总是真实的。也许你嘴上在说着欢迎客人到来的话,可你的表情、手势、动作却流露出了你的厌倦、无奈,这才是你真实的态度。在社会交往中,仪态还是一种无形的"名片",也许你没有随身带档案、介绍信,但人们却可以通过你的一举一动、一笑一颦,判断出你的身份、地位、学识、能力,并因此影响对你信任的程度、交往的深度等。只有那些受过良好教育并且在各方面都很出色的人,才可能举止得体、风度优雅。相比之下,穿着时髦、浓妆艳抹、矫揉造作、刻意表现出来的那种美要肤浅得多。

### 3. 仪态的习惯性

仪态是人们在成长和交往的过程中逐步形成的,因而具有习惯性的特点。首先,仪态的习惯性是指人们对某一动作理解的习惯性。它一方面表现出某些动作表情达意的一致性。例如,人们总是用笑容来表现欢乐、友好、喜欢等感情;另一方面,也表现出同一动作由于地域和文化环境的不同而具有不同的含义。例如,点头在中国和西方国家表示肯定,而在印度、土耳其等国却表示否定。其次,仪态的习惯性是指每个人的仪态都是在成长过程和生活环境中长期形成的,这种习惯性并不都是先天的,也可以通过后天的生活和训练形成,一旦形成,就很难改变。人们的仪容美会随着时间的流逝而失色,而仪态美却能够随着年龄的增长而增添几分成熟、稳重、深刻的美。

总之,仪态美是一种更完善、更深刻的美,它不是可以通过外表的修饰打扮得到的,也不是单纯的动作、表情的模仿可以体现的。它有赖于内在素质的提高、自身修养的加强,有赖于性格、情操的陶冶和能力、学识的允实。仪态美是长期培养磨炼的结果,只有那些热爱生活、积极进取、自信、自尊、自爱、卓有才华的人才会拥有真正的仪态美。

## 二、各种仪态的规范要求

姿态是仪态礼仪的重要内容。姿态美是一种极富魅力和感染力的美,它能使人在动静之中展现出气质、修养、品格和内在的美。从某种意义上说,一个人的各种姿态,更引人注目,形象效应更显著。姿态举止往往胜于言语,真实地表现人的情操。端正秀雅的姿态,从行为上展示一个人内在的持重、聪慧与活力,可谓"此时无声胜有声"。如果一个人容貌俊秀,衣着华贵,但没有相应的姿态美,便给人一种虚浮粗浅感。姿态主要包括站、行、坐、卧几个方面。"站如松,坐如钟,行如风,卧如弓",也就是说坐、立、行方面,应当坐有坐相,站有站态,走有走姿,这是古人提出的姿态范式,今天仍可供我们借鉴。

### (一)站姿

1. 基本站姿(如图 2-6)要求

头正。双目平视,嘴唇微闭,下颌微收,面部平和自然。

肩平。稍向下沉,身体有向上的感觉,呼吸自然。

躯挺。胸部挺起、腹部往里收,腰部平直,臂部向内向上收紧。

臂垂或两手相握。双臂放松,自然下垂于体侧,中指对准裤缝,手指自然弯曲,或两手相握于胸前。

腿并。双腿并拢立直,两膝、两脚跟靠紧,脚尖分开呈 60 度,身体重心放在两脚中间。

女秘书在正式场合站立时,双脚要成"V"字形。两膝、两脚后跟尽量靠拢;或一只脚略前,一只脚略后,前脚的脚后跟稍稍向后脚的脚背靠拢,后面腿的膝盖向前面腿靠拢。这些站姿是规范的,但要避免僵直硬化,肌肉不能太紧张,可以适宜地变换姿态,追求动感美。在站立时,不要弓腰驼背或挺肚后仰,也不要东倒西歪地将身体倚在其他物体上,两手不要插在裤袋里或叉在腰间,也不要抱臂于胸前。正确的站姿要注意以下几点。

图 2-6 基本站姿

(1) 三类脚位

第一类,两脚前后直立式。前脚后跟紧靠后脚脚心弯曲部分直立。

第二类,两脚平行直立式。两脚基本平行,脚尖略微向外站立。

第三类,两脚前后分腿站立式。前脚朝前迈半步,脚尖朝前或稍往外撇,前脚后脚跟与后脚的后脚跟在同一条竖线上,后脚脚尖平行朝外站立,重心最好落在前脚。

(2) 五类手位

第一类,平行侧放式。将双手侧放在两腿外侧,手掌平伸,中指指尖紧贴裤缝中线,最适合于两脚平行直立式脚位。

第二类,两手腹前交叉式。一掌平抚前腹,另一手轻握该掌手腕部分;两掌可以交换位置;此时,脚位最好是两脚前后直立式或平行直立式。

第三类,两手胸前相握式。两手于胸前扣握,左右手均可在上,三种脚位都可采取这种手位。

第四类,两手万福式。两手相扣或两掌相抚,放于身体一侧,形似古人道万福状。哪只脚在前则将手放于哪一侧,肘部要上抬,两手相扣或两掌相抚均应在平面位置,此种手位最适合于两脚前后直立式和两脚前后分腿站立式。

第五类,两手后背放。两手自然向后,在后背自然相握,此种手位可以适用于两脚平行直立式。

男秘书一般在任何场合都不宜斜靠门边或墙站立。两腿交叉站立也是十分不雅的,这是一种轻浮的举动,极不严肃;同时这种交叉腿的动作,也是一种防卫性信号。有时一只脚踝紧靠在另一条腿上,而以脚尖或脚掌触地,也会给对方一种缺乏自信、紧张的感觉,至少是不够大方。所以如果去谋职,千万不要有这种动作。既然出去工作,就要表现自己的能力和信心,因而应采用开放式姿态——两脚分开,两腿成正步或一前一后,抬头挺胸,眼睛看着对方,给人以坦率、自信的感觉或印象。

男秘书在正式场合标准站姿有以下两种。

(1) 肃立

身体立直,双手置于身体两侧,双腿自然并拢,脚跟靠紧,脚掌分开呈"V"字形;面部表情严肃、庄重、自然。参加升降国旗仪式或庄重严肃的场合,参加遗体告别仪式等应该用肃立站姿。

(2) 直立

身体立直,右手搭在左手上,自然贴在腹部(前搭手式),或两手背后相搭在臀部(后背手式),两腿并拢,脚跟靠紧,脚掌分开呈"V"字形,也可以两脚平行,比肩宽略窄些。

2. 禁忌的站姿

站立时一定要防止探脖、塌腰、耸肩,双手不要放在衣兜里,腿脚不要不自主地抖动,身体不要靠在门上,两眼不要左顾右盼,以免给人形成不良印象。

(二) 坐姿

坐是举止的重要内容之一,无论是伏案学习、参加会议,还是会客交谈、娱乐休息都离不开坐姿。坐姿,作为一种举止,有美与丑、优雅与粗俗之分。坐姿要求是"坐如钟",指人的坐姿像座钟般端直,当然这里的端直指上体的端直。优美的坐姿让人觉得安详、舒适、端正、舒展大方。

1. 基本坐姿要求

（1）入座时要轻、稳、缓。走到座位前，转身后轻稳地坐下。入座时，若是裙装，应用手将裙子稍稍拢一下，不要坐下后再拉拽衣裙，那样不优雅。正式场合一般从椅子的左边入座，离座时也要从椅子左边离开，这是一种礼貌。女士入座尤其要娴雅、文静、柔美。如果椅子位置不合适，需要挪动椅子的位置，应当先把椅子移至欲就座处，然后入座。而坐在椅子上移动位置，是违反社交礼仪的。如果长时间端坐，可双腿交叉重叠，但要注意将上面的腿向回收，脚尖向下。

（2）神态从容自如，嘴唇微闭，下颌微收，面容平和自然。

（3）双肩平正放松，两臂自然弯曲，放在腿上，亦可放在椅子或是沙发扶手上，以自然得体为宜，掌心向下。

（4）坐在椅子上，要直腰，挺胸，上体自然挺直。

（5）双膝自然并拢，双腿正放或侧放，双脚并拢，或交叠，或成小"V"字形。男士两膝间可分开一拳左右的距离，脚态可取小八字步，或稍分开以显自然洒脱之美，但不可尽情叉开腿脚，那样会显得粗俗和傲慢。

（6）坐在椅子上，应至少坐满椅子的2/3，宽座沙发则至少坐1/2。落座后至少10分钟左右不要靠椅背。时间久了，可轻靠椅背。

（7）谈话时应根据交谈者方位，将上体、双膝侧转向交谈者，上身仍保持挺直，不要出现自卑、恭维、讨好的姿态。讲究礼仪要尊重别人，但不能失去自尊。

（8）离座时，要自然稳当，右脚向后收半步，然后站起。

2. 坐姿标准

（1）标准式：双腿并拢，小腿垂直于地面，上体挺直，坐正，两脚略向前伸，两手分别放在双膝上。（如图2-7）

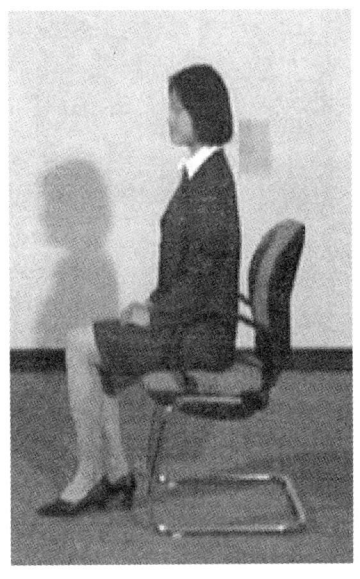

图2-7 标准式

(2)前伸式:在标准坐姿的基础上,两小腿向前伸出一脚的距离,脚尖不要翘起。

(3)前交叉式:在前伸式坐姿的基础上,右脚后缩,与左脚交叉,两脚尖着地。(如图2—8)

图2-8　前交叉式

(4)屈直式:右脚前伸,左小腿屈回,大腿靠紧,两脚前脚掌着地,并在一直线上。

(5)后点式:两小腿后屈,脚尖着地,双膝并拢。

(6)侧点式:两小腿向左斜出,两膝并拢,右脚跟靠拢左脚内侧,右脚掌着地,左脚尖着地,头和身躯向右斜。注意大腿小腿要成直角,小腿要充分伸直,尽量显示小腿长度。(如图2—9)

图2-9　侧点式

(7)侧挂式:在侧点式基础上,右小腿后屈,脚面绷直,脚掌内侧着地,左脚提起,用脚面贴住右踝,膝和小腿并拢,上身右转。(如图2—10)

图 2-10 侧挂式

(8) 重叠式:重叠式也叫"二郎腿"或"标准式架腿"。在标准式坐姿的基础上,两腿向前,一条腿提起,腿窝放在另一条腿的膝关节上边。要注意上边的腿向里收,贴住另一条腿,脚尖向下。

3. 坐姿禁忌

在正式场合坐姿切忌以下几种情形:两膝分开,两脚呈八字形;两脚尖朝内,脚跟朝外;在椅子上前俯后仰,或把腿架在椅子或沙发扶手上,架在茶几上;两腿交叠而坐时,悬空的脚尖向上,上下抖动或摆动;与人谈话时,将上身往前倾或以手支撑着下巴。

(三) 走姿

1. 基本走姿要求

(1) 头正。双目平视,收颔,表情自然平和。

(2) 肩平。两肩平稳,防止上下前后摇摆。双臂前后自然摆动,前后摆幅在30～40度,两手自然弯曲,在摆动中离开双腿不超过一拳的距离。

(3) 躯挺。上身挺直,收腹立腰,重心稍前倾。

(4) 步位直。两脚尖略开,脚跟先着地,两脚内侧落地,走出的轨迹要在一条直线上。

(5) 步幅适当。行走中两脚落地的距离大约为一个脚长,即前脚的脚跟与后脚的脚尖相距一个脚的长度为宜,不过不同的性别,不同的身高,不同的着装,都会有些差异。

(6) 步速平稳。行进的速度应当保持均匀、平稳,不要忽快忽慢,在正常情况下,步速应自然舒缓,这样显得成熟、自信。

对女秘书走姿的要求是:款款轻盈,表情自然放松,走出柔和之美。穿西装或长裤,步子可略大。穿短裙、高跟鞋步幅要小、频率稍快。走路两脚踩地要近似一条直线,穿高跟鞋时两脚跟落在一条直线上(近似模特的猫步)。走路时脚跟先落地,只有跑步才脚尖先落地。脚掌平落是毛病。(如图 2-11)

图 2-11 女秘书走姿

对男秘书走姿的要求是：步伐矫健、稳重、刚毅、洒脱、豪迈，好似雄壮的"进行曲"，气势磅礴，具有阳刚之美，步伐频率每分钟约100步。走路时要将双腿并拢，身体挺直，下巴微向内收，眼睛平视，双手自然垂于身体两侧，随脚步微微前后摆动。双脚尽量走在同一条直线上，脚尖应对正前方，切莫呈内八字或外八字，步伐大小以自己足部长度为准，速度不快不慢，与女士同行，男士步子应与女士保持一致。（如图2-12）

图 2-12 男秘书走姿

2. 走姿标准

（1）双目向前平视，微收下颌，面容平和自然，不左顾右盼，不回头张望，不盯住行人乱打量。

（2）双肩平稳，肩峰稍后张，大臂带动小臂自然前后摆动，肩勿摇晃；前摆时，手不要超衣扣垂直线，肘关节微屈约30度，掌心向内，勿甩小臂，后摆时勿甩手腕。

(3) 上身自然挺拔,头正、挺胸、收腹、立腰,重心稍向前倾。

(4) 注意步位。女士行走时,假设下方有条直线,则应走一字步走姿,即两腿交替迈步,两脚交替踏在直线上(一字步走姿)。

(5) 步幅适当。步幅约 20 厘米。或者说前脚的脚跟与后脚尖相距约为一脚长。步幅与服饰也有关。例如,女士穿裙装(特别是穿旗袍、西服裙、礼服和穿高跟鞋)时步幅应小些,穿长裤时步幅可大些。

(6) 注意步态。女士步伐轻盈、玲珑、娴静,具有阴柔秀雅之美,步伐频率约每分钟 90 步。

(7) 注意步韵。跨出的步子应是全部脚掌着地,膝和脚腕不可过于僵直,应该富有弹性,膝盖要尽量绷直,双臂应自然轻松摆动,使步伐因有韵律节奏感而显优美柔韧。

3. 走姿禁忌

(1) 不大甩双臂,不左摇右摆。

(2) 不昂头或东张西望,不左顾右盼。

(3) 不落脚太重,不出声。

(4) 不三五成群、左右拥挤,不影响别人行路。切忌顺拐和八字脚。

(5) 不可把手插进衣服口袋里,尤其不可插在裤袋里。

(四) 蹲姿

1. 基本蹲姿要求

站在所取物品的旁边,蹲下屈膝去拿,而不要低头,也不要弓背,要慢慢地使腰部向下;两腿合力支撑身体,掌握好身体的重心,臀部向下。一脚在前,一脚在后,两腿向下蹲,前脚全着地,小腿基本垂直于地面,后脚跟提起,脚掌着地,臀部向下。两腿并紧,穿旗袍或短裙时需更加留意,以免尴尬。

若用右手捡东西,可以先走到东西的左边,右脚向后退半步后再蹲下来。脊背保持挺直,臀部一定要蹲下来,避免弯腰翘臀的姿势。特别是穿裙子时,如果不注意,背后的上衣自然上提,露出臀部皮肉和内衣很不雅观。即使穿着长裤,两腿也要展开平衡下蹲,撅起臀部的姿态也不美观。

保持正确的蹲姿需要注意三要点:迅速、美观、大方。下蹲时一定不要有弯腰、臀部向后撅起的动作;切忌两腿叉开,要两腿展开平衡下蹲,下蹲时切忌露出内衣裤等不雅的动作,以免影响姿态美。因此,当要捡落在地上的东西或拿取低处物品的时候,不可有只弯上身、翘臀部的动作,而是需要首先走到被捡或拿的东西旁边,再使用正确的蹲姿,将东西拿起。

2. 蹲姿标准

(1) 高低式蹲姿:下蹲时,双腿不并排在一起,而是左脚在前,右脚稍后。左脚应完全着地,小腿基本上垂直于地面;右脚则应脚掌着地,脚跟提起。此刻右膝低于左膝,右膝内侧可靠于左小腿的内侧,形成左膝高右膝低的姿态。臀部向下,基本上用右腿支撑身体。男女都可用此姿势。(如图 2—13)

图2-13 高低式蹲姿

(2) 交叉式蹲姿：下蹲时，左脚在前，右脚在后，左小腿垂直于地面，全脚着地，左腿在上，右腿在下，二者交叉重叠；右膝由后下方伸向左侧，右脚跟抬起，并且脚掌着地；两脚前后靠近，合力支撑身体；上身略向前倾，臀部朝下。它的特点是造型优美典雅。其特征是蹲下后以腿交叉在一起。这种蹲姿一般用于女士。（如图2-14）

图2-14 交叉式蹲姿

（五）手势

手势是人们交往时不可缺少的动作，是最有表现力的一种体态语言，俗话说"心有所思，手有所指"。手的魅力并不亚于眼睛，甚至可以说手就是人的第二双眼睛。手势表现的含义非常丰富，表达的感情也非常微妙复杂。例如，招手致意，挥手告别，拍手称赞，拱手致谢，举手赞同，摆手拒绝；手抚是爱，手指是怒，手搂是亲，手捧是敬，手遮是羞，等等。手势的含义，或是发出信息，或是表示好恶，表达感情。能够恰当地运用手势表情达意，会为交际形象增辉。

1. 手势运用原则

（1）文雅自然，拘束低劣的手势有损于交际者的形象。

（2）要协调一致，即手势与身体协调，手势与语言协调，手势与感情协调。

（3）要因人而异，不可千篇一律地对每个人都做一样的手势。

2. 手势的使用区域

手势的使用区域有上、中、下三个区域。肩部以上称为上区，多用来表示理想、希望、激昂等情感，表达积极肯定的思想；肩部至腰部称为中区，多表示比较平静的思想，一般不带有浓厚的感情色彩；腰部以下称为下区，多表示不屑、厌烦、反对、失望等，表达消极否定的思想。

3. 手势的类型

按照所表达的意思不同，手势一般可分为以下四种。

（1）情意性手势

情意性手势是伴随着说话人的情绪起伏发出的，常常用来表达或强调说话人的某种思想感情、情绪、意向或态度。例如，高兴时拍手称快，悲痛时捶打胸脯，愤怒时挥舞拳头，悔恨时敲打前额，犹豫时抚摸鼻子，着急时双手相搓，而用手摸后脑勺则表示尴尬、为难或不好意思，双手叉腰表示挑战、示威、自豪，双手摊开表示真诚、坦然或无可奈何，扬起巴掌猛力往下砍或往外推，常常表示坚决果断的态度、决心或强调某一说辞。情意手势是说话人内在情感和态度的自然流露，往往和表露出来的情绪紧密结合，鲜明突出，生动具体，能给听者留下深刻的印象。

（2）指示性手势

指示性手势是用来指示具体对象的手势动作。例如，用手指指自己的胸口，表示谈论的是自己或跟自己有关的事情；伸出一只手指向某一座位，是示意对方在该处就座。指示性手势还可以用来指点对方、他人、某一事物或方向，可以表示数目、指示谈论中的某一话题或观点等。指示性手势可以增强谈话内容的明确性和真切性，便于及时掌握听者的注意力。

（3）形象性手势

形象性手势是比画事物形象特征的，也叫作模拟手势。例如，抬起手臂比画张三的高矮，伸出拇指、食指构成一个圆圈比画鸡蛋的大小，抡起胳膊侧身往后模仿骑马。模拟手势在一定程度上能使听者如见其人，如临其境，由于它往往还带有一点夸张意味，因而极富有感染力。

（4）象征性手势

象征性手势是表示抽象意念的一类手势动作。这种手势往往具有特定的内涵，使用十分普遍。例如，第二次世界大战期间，英国首相丘吉尔推广的一种象征胜利的"V"字形手势（伸出右手的食指和中指构成"V"字形状，其余手指屈拢），19世纪初风行于美国然后在欧洲被普遍采用的表示良好、顺利、赞赏等意思的"OK"手势，都属于此类。又如，在我国举起握成拳头的右手宣誓表示庄严、忠诚和坚定；少先队员们将右手举过头顶象征人民的利益高于一切；跷起大拇指表示称赞、夸奖；翘起小指表示贬斥、蔑视。象征性手势能给谈话制造特定的气氛和情境，从而加强语言的表达效果。

4. 秘书常用仪态礼仪手势

(1) 指引手势：指引手势的仪态礼仪规范标准：手掌自然伸直，掌心向上，手指并拢，拇指自然稍微分开，手腕伸直，使手与小臂成一直线，肘关节自然弯曲，大小臂的弯曲以140度为宜。在出手时，要讲究柔美、流畅，做到欲左先右。避免僵硬死板、缺乏韵味。同时配合眼神、表情和其他姿态，使手势更显协调大方。

(2) 横摆式：在表示"请进"、"请"时常用横摆式。做法是：五指并拢，手掌自然伸直，手心向上，肘微弯曲，腕低于肘。开始作手势应从腹部之前抬起，以肘为轴向一旁摆出，到腰部并与身体正面成45度时停止。头部和上身微向伸出手的一侧倾斜。另一手下垂或背在背后，目视宾客，面带微笑，表现出对宾客的尊重、欢迎。

(3) 曲臂式：如果需要向宾客作左"请"的手势时，可以用曲臂式。做法是：右手五指并拢，手掌抻直，从身体右侧由下而上抬起，以肩关节为轴，到腰的高度再由身前向左方摆去，摆到距身体15厘米的位置时停止。目视来宾，面带微笑。（如图2—15）

2—15 曲臂式

(4) 双臂横摆式：当来宾较多时，表示"请"可以动作大一些，采用双臂横摆式。做法是：两臂从身体两侧向前上方抬起，两肘微曲，向两侧摆出。（如图2—16）

图2—16 双臂横摆式

（5）斜摆式：请客人落座时，手势应摆向座位的地方。做法是：手要先从身体的一侧抬起，到高于腰部后，再向下摆去，使大小臂基本成一斜线。（如图2－17）

图2－17　斜摆式

（6）直臂式：需要给宾客指方向时，用直臂式。做法是：手指并拢，掌伸直，屈肘从身前抬起，向指引的方向摆去，摆到肩的高度时停止，肘关节基本伸直。注意指引方向，不可用一个手指指示，这样显得不礼貌。（如图2－18）

图2－18　直臂式

（7）递物品手势：递物品手势应以双手为宜，不方便双手并用时，要采用右手，以左手递物品的手势通常被视为无礼；将有文字的物品递交他人时，须使之正面面对对方；将带尖、带刃或其他易伤人的物品递于他人时，切勿以尖、刃直指对方。

（8）展示物品手势：展示物品手势有两种：一是将物品举至高于双眼之处，这适用于被人围观时采用；二是将物品举至上不高过眼部，下不低于胸部的区域，这适用于让他人看清展示之物。

5. 使用手势应该注意的事项

（1）在交往中，手势不宜过多，动作不宜过大，切忌"指手画脚"或"手舞足蹈"。

（2）打招呼、致意、告别、欢呼、鼓掌属于手势范围，应该注意其力度的大小、速度的快慢、时间的长短等不可超过一定的度。鼓掌是表示欢迎、祝贺、赞许、致谢等的礼貌举止。在正式社交场合，观看文艺演出，重要人物出现，听报告，听演讲，等等，都用热烈鼓掌表示钦佩、祝贺。鼓掌的标准动作应该是用右手掌轻拍左手掌的掌心,鼓掌时不应戴手套,宜自然,切忌为了掌声大而使劲鼓掌。鼓掌要热烈,但不要"忘形",一旦"忘形",鼓掌的意义就发生了质的变化而成"喝倒彩"、"鼓倒掌",有起哄之嫌,这样是失礼的。注意鼓掌尽量不要用语言配合,那是无修养的表现。

(3) 在任何情况下都不要用大拇指指自己的鼻尖和用手指指他人。谈到自己时应用手掌轻按自己的左胸,那样会显得端庄、大方、可信。用手指指他人的手势是不礼貌的。

(4) 一般认为,掌心向上的手势有诚恳、尊重他人的含义;掌心向下的手势意味着不够坦率、缺乏诚意等。攥紧拳头暗示进攻和自卫,也表示愤怒。伸出手指,是要引起他人的注意,含有教训人的意味。因此,在介绍某人、为某人引路指示方向、请人做某事时,应该掌心向上,以肘关节为轴,上身稍向前倾,以示尊敬。这种手势被认为是诚恳、恭敬、有礼貌的。

(5) 有些手势在使用时应注意区域和各国的不同习惯,不可乱用。因为各地习俗迥异,相同的手势表达的意思不仅可能有所不同,而且可能大相径庭。例如,在某些国家竖起大拇指,其余四指蜷曲表示称赞夸奖,但在澳大利亚竖起大拇指,尤其是横向伸出大拇指是一种污辱。由此不难看出,每种文化都有自己的"手势语言",千姿百态的手势语言,饱含人类无比丰富的情感。它虽然不像有声语言那样实用,但在人际交往中能起到有声语言无法替代的作用。

(6) 日常生活中某些不雅的行为举止会令人极为反感,严重影响交际风度和自我形象,应该十分注意。例如,当众搔头皮、掏耳朵、抠鼻孔、剔牙、咬指甲、剜眼屎、搓泥垢等,餐桌上更应避免。参加交际活动前不要吃葱、蒜、韭菜等异味食品,如果已经吃过这类食品应该漱口,含茶叶、口香糖、口香液以除异味。咳嗽、打喷嚏时,请用手帕或餐巾纸捂住嘴转向一侧,避免发出声。口中有痰请吐在手纸里、手帕中,手中的废物请扔进垃圾箱,特别是拜访别人时,这些简单的礼仪要求都是必须遵守的,否则,将是一位不受欢迎的人。

**(六) 表情**

表情是人内心的情感在面部、声音或身体姿态上的表现。当客观事物以物体的、语言的、行为的方式刺激大脑时,人就会产生各种内在反应,即情感,这些情感会通过相应的表情呈现出来,表现在人的面部、身体、姿态、声音上。人们常说的"情动之于心,形之于外,传之于声"就是这个意思。人的面部表情是复杂的。古人说:"人身之有面,犹室之有门,人未入室,先见大门。"现代心理学家总结出一个公式:感情的表达＝言语(7%)＋声音(38%)＋表情(55%)。例如,打电话时并看不到打电话的人,但表情却影响传过来的声音,没有哪一个人能以愤怒的表情说出优美、和蔼、动听的问候语。可见表情在人与人之间的感情沟通中占有相当重要的地位。健康的表情留给人们的印象是深刻的,它是优雅风度的重要组成部分,这里着重介绍面部表情中的眼神和微笑。

1. 眼神

眼睛是人体传递信息最有效的器官,它能表达出人们最细微、最精妙的内心情感,喜、怒、哀、乐都会从目光的微妙变化中反映出来。从一个人的眼睛中,往往能看到其整个内心世界。良好的交际形象,目光是坦然、亲切、和蔼、有神的。

(1) 眼神的基本规范

① 注视的时间

使用眼神时必须根据所看到的对象和场合把握好注视的时间。一般情况下,在与他人交谈时眼睛有50%的时间注视对方眼部,另外50%的时间应注视对方眼部以外部位,自始至终地注视对方的眼睛是不礼貌的。在社交场合与朋友会面或被介绍认识时,可注视对方稍久一些,这既表示自信,又表示对对方的尊重;无意间与别人的目光相遇时不要将自己的目光马上移开,应自然对视1~2秒钟后再慢慢移开;当与异性第一次见面时,注视的时间一般不超过4秒钟,否则会引起对方的误会;主人送别客人时要一直注视着客人,等客人走出一段路不再回头张望时,才能转移目送客人的视线,以示尊重。

② 注视的区域

使用眼神时将目光注视在对方哪些区域,要根据所要传达的信息、使用的场合、注视的对象、希望营造什么样的气氛而定。用目光注视对方,应自然、稳重、柔和,既不能死盯对方某部位,又不能不停地上下打量对方,一般来讲目光的注视的区域可以分为三个:第一个区域是公事注视区域,这一区域范围主要是指对方两眼以上的额头部位,注视这一区域会使被注视者产生受尊重的感觉,它主要使用于商务谈判、下级拜见上级、晚辈拜见长辈和异性之间的第一次见面。第二个区域是社交注视区域,这一区域范围主要是指对方两眼以下、下颌以上所形成的倒三角区域。注视这一区域能让谈话者感到轻松、自然,容易形成平等感,能够比较自由地让他们的观点、见解发表出来,创造良好的社交氛围,它主要使用于茶话会、舞会、酒会、联欢会以及其他一般社交场合。第三个区域是亲密注视区域,这一区域范围主要是指对方眼睛、嘴部和胸部,注视这一区域能够激发感情,表达爱意,它主要使用在恋人之间、至爱亲朋之间。(如图2-19)

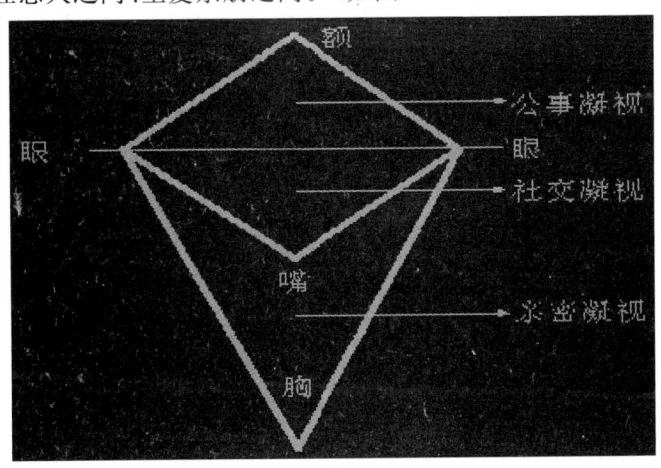

图2-19 注视的区域

(2) 禁忌的眼神

与人交谈时切忌直视对方眼睛,这种目光带有挑衅和侮辱的性质;还应避免使用左顾右盼、低眉偷看,冷漠、傲慢、狡诈、轻视等眼神。当双方缄默不语时,不要再看着对方,以免加剧因无话题本来就显得冷漠、不安的尴尬状态;当别人说错了话或显得拘谨时,应马上转移视线,以免对方把投向他的目光误认为是嘲笑和讽刺;紧缩双眉、目光无神或不敢

正视对方,会被对方认为是无能的表现,可能会导致对自己的不利结果。(如图2-20)

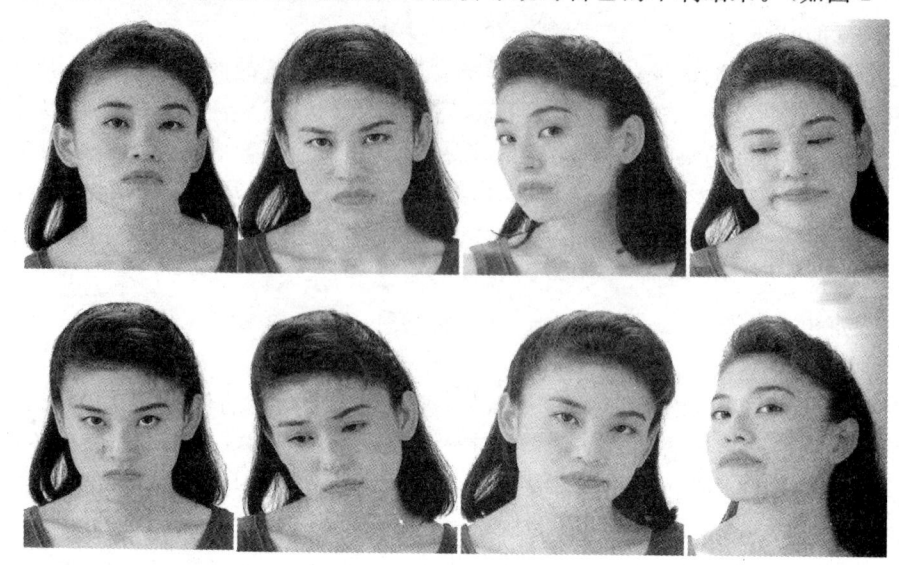

图2-20 禁忌的眼神

2. 微笑

微笑是社交场合最富有吸引力的面部表情。微笑体现人际关系中友善、诚信、谦恭、和蔼、融洽等最为美好的感情因素,具有一种天然的吸引力,能使人相悦、相亲、相近。在人际交往中,微笑能强化有声语言的沟通功能,增强交际效果。因此,在商务活动中一定要善于用真诚的微笑表达对他人的尊重与理解,善于用微笑也容易获得别人对自己的尊重与理解。微笑可以和有声语言及行动相配合,起互补作用,能沟通人们的心灵,架起友谊的桥梁,给人以美好的享受。

(1) 微笑的基本规范一般要注意四个结合

第一,口眼结合。要口到、眼到、神色到,笑眼传神,微笑才能扣人心弦。

第二,笑与神、情、气质相结合。这里讲的"神",就是要笑得入神,笑出自己的神情、神色、神态,做到情绪饱满,神采奕奕;"情",就是要笑出感情,笑得亲切、甜美,反映美好的心灵;"气质",就是要笑出谦逊、稳重、大方、得体的良好气质。

第三,与语言相结合。语言和微笑都是传播信息的重要方式,只有注意微笑与美好语言相结合,声情并茂,相得益彰,微笑才能发挥出其应有的特殊功能。

第四,笑与仪表、举止相结合。以笑助姿,以笑促姿,形成完整、统一、和谐的美。尽管微笑有其独特的魅力和作用,但若不是发自内心的真诚的微笑,那将是对微笑的亵渎,有礼貌的微笑应是自然的坦诚的,是内心真实情感的表露。否则强颜欢笑,假意奉承,那样的微笑则可能演变为皮笑肉不笑、苦笑。

(2) 微笑的禁忌

在正式场合笑的时候,严禁下述几种笑出现。

假笑。笑得虚假,皮笑肉不笑。

冷笑。含有怒意、讽刺、不满、无可奈何、不屑一顾、不以为然等容易使人产生敌意的笑。

怪笑。笑得怪里怪气，令人心里发麻，多含有恐吓、嘲讽之意。

媚笑。有意讨好别人的、并非发自内心的、具有一定的功利性的笑。

怯笑。害羞、怯场，不敢与他人交流视线，甚至面红耳赤的笑。

窃笑。偷偷地洋洋自得或幸灾乐祸的笑。

狞笑。面容凶恶，多表示愤怒、惊慌、吓唬他人的笑。

## 案例分析

### 案例

某高校老师带领文秘专业的学生前往一大集团公司参观，老总是该老师的大学同学。老总亲自接待不说，还非常客气。工作人员为每位同学倒水，席间有位女生表示自己只喝可乐。学生们在有空调的大会议室坐着，大多坦然接受服务。没有半分客气。当老总办完事情回来后，不断向学生表示歉意，竟然没有人应声，且这些学生神情漠然。当工作人员送来笔记本，老总亲自双手递送时，学生们大都伸着手随意接过，没有起身，也没有致谢。从头到尾只有一名叫苏子涵的女同学，起身双手接过工作人员递过来的茶和老总递来的笔记本，并面带微笑真诚地说："谢谢，辛苦了！"

最后，只有这位同学收到了这家公司的录用通知。有同学很疑惑甚至不服：她的成绩并没有我好，凭什么让她去而不让我去？老师叹气说："我给你们创造了机会，是你们自己失去了。"

### 分析

什么原因使这些同学失去机会？这些同学的哪些行为不合乎礼仪？

## 相关知识链接

### 各国不同的手势

#### 一、"OK"手势

"OK"手势在美国和英国经常使用，一般用来征求对方意见或回答对方所征求的意见，表示"同意"、"赞扬"、"允诺"、"顺利"和"了不起"。在中国，这个手势表示数目"0"和"3"。在法国，表示"零"和"一钱不值"。在泰国，表示"没有问题"。在印度，表示"对"、"正确"。在荷兰，表示"正在顺利进行"、"微妙"。在斯里兰卡，表示言谈礼仪"完整"、"圆满"和"别生气"。在日本、韩国、缅甸，表示"金钱"。在菲律宾，表示"想得到钱"或"没有钱"。在印度尼西亚，表示"一无所有"、"一事无成"、"啥也干不了"。在突尼斯，表示"无用"、"傻瓜"。在希腊、独联体国家，这个手势被认为是很不礼貌的举止。另外，有些国家用这一手势来表示"圆"、"洞"等。

#### 二、"V"字形手势

在欧洲绝大多数国家，"V"字形手势表示"胜利"，"V"是英语单词Victory（胜利）的第一个字母。不过，做这一手势时务必记住把手心朝外、手背朝内，在英国尤其要注意这点，因为在欧洲大多数国家，做手背朝外、手心朝内的"V"字形手势是表示让人"走开",在英国则指伤风败俗的事。在中国,"V"字形手势表示数目"2"、"第二"或"剪刀"。在非洲国家,"V"字形手势一般表示"两件事"或"两个东西"。

### 三、伸出食指和小指

在欧洲大多数国家,人们向前平伸胳膊,再伸出食指和小指做成牛角状,用来表示要保护自己不受妖魔鬼怪的侵害。在非洲一些国家,这种手势若指向某人,则意味着要让那人倒霉。在拉丁美洲许多国家,把伸出食指和小指的手竖起来,则表示"交好运"。但在意大利,这一手势表示自己的老婆有了外遇。

### 四、中指和食指交叉相叠

在中国,中指和食指交叉相叠表示数目"10"和"加号";在香港,这一手势则表示"关系密切"。在英国、美国、法国、墨西哥、新加坡、菲律宾、马来西亚,这一手势表示"祝愿"、"祈祷幸运"。在澳大利亚,表示"期待"、"期盼"。在斯里兰卡,表示"曲折"和"邪恶"。在印度,表示"结束"、"完成"。在荷兰,表示"发誓"、"赌咒"或指"对方撒谎"。在尼日利亚,表示"东西或数字相加"。

### 五、屈伸手指

在拉丁美洲、英国、美国、意大利、西班牙、葡萄牙、突尼斯以及亚洲、非洲部分国家或地区,人们伸出下臂,稍微抬起,手心向上屈伸手指,表示"让人走过来"。但这一手势在中国是用作招呼动物或幼儿的。中国人招呼人的手势是:将手臂前伸,手心向下,摆动所有手指。然而这一手势在英、美等国又是招呼动物的。

### 六、摆手

在欧洲,人们见面时习惯用"摆摆手"来打招呼。其具体做法是:向前伸出胳膊,手心向外,但胳膊不动,只是用手指上下摆动。如果欧洲人前后摆动整只手,则表示"不"、"不对"、"不同意"、"没有"。但是美国人打招呼时总是摆整只手。在世界许多地方,摆手表示让人走开。在希腊和尼日利亚,在别人脸前摆动整只手意味着极大的侮辱,距离越近,侮辱性越大。在秘鲁,前后摆动整只手则表示"到这儿来"。

### 七、搓手

在欧美国家,摩搓双掌,表示"完成了所做的事"。在非洲,人们常用"搓手"这一手势来表明自己与某件事毫不相干,没有关联,其具体搓法是,用左手手心搓右手手背,从手腕一直搓到手指尖。

### 八、双手拇指相绕

在英美等国,双手拇指不停地有规律地相绕,表示"无事可做"、"闲极无聊"之意。

# 第三章 秘书办公、接待礼仪

秘书是一种特殊的社会角色。对于直接为领导服务、代表单位和组织形象的秘书人员来说,增强礼仪观念、提高礼仪素养显得尤其重要。办公、接待是秘书工作的重要内容,办公、接待礼仪也是秘书人员应掌握的基本礼仪。秘书办公礼仪主要有秘书办公人际关系遵循的原则、秘书办公人际关系礼仪、办公环境礼仪、使用电脑的礼仪、使用传真的礼仪、介绍的礼仪、握手的礼仪、使用名片的礼仪;秘书接待礼仪主要有日常接待礼仪、团体接待礼仪和涉外接待礼仪等。

## 第一节 办公礼仪的基本要求

办公礼仪是秘书人员礼仪的核心内容,是每一名秘书都应优先掌握的最重要的礼仪规范。办公礼仪的基本要求主要体现在以下几个方面。

### 一、尊重为本

礼仪是一个人内在素养的外在表现。不论是学习还是运用秘书礼仪,关键是要懂得尊重为本,时时、处处、事事尊重所有的人。首先,尊重自己的领导。秘书是领导的参谋和助手,是在工作中和领导接触最多的人。只有尊重领导,才能在工作中和领导保持良好的关系,提高工作效率。其次,尊重其他的交往对象,这应当是一种自觉的、由衷的行为,包含自己的德才学识和气度雅量,绝不是装出来的。再则,尊重自己,必须严于律己,自尊自爱。如果一个人对自己都不尊重,就不可能尊重别人。对秘书人员而言,尊重上级意味着服从,尊重同事是一种本分,尊重下级是一种美德,尊重所有人是一种教养。

尊重他人表现在一些细节上。例如,在遇到领导批评时,不要逞一时之快、一时之勇;在办公室里不论是对上司、同事们还是对来访的客人都要讲礼貌;对女同事要尊重,不能同她们拉拉扯扯,打打闹闹,在工作中要讲男女平等。

### 二、表达得体

"你的语言是他人判断你的重要依据之一"。俗话说"一句话说得让人跳,一句话说得让人笑",文明、得体的语言既是个人素养的体现,又是建立良好人际关系的润滑剂。表达得体主要体现在以下几个方面。

## （一）语言文明

语言文明，在此主要是要求秘书人员在选择、使用语言时，要以文明为先，以体现自身的良好文化修养，其具体要求有三。

### 1. 讲普通话

我国是一个地域广大的多民族国家，一般而言，各民族都有使用和发展自己语言文字的自由，但是秘书经常要和各方面的人员沟通，为了沟通方便、畅通，避免因讲方言、土语等造成的尴尬、歧义，应该尽量讲普通话；另外，《中华人民共和国宪法》规定："国家推广全国通用的普通话。"秘书人员在这一点应该身体力行。在职场中使用普通话，不但反映其较高的文明程度，而且有助于团队的建设和凝聚。因此，除面对外国友人、少数民族人士或不懂普通话的人员之外，秘书人员最好都要讲普通话，尽量不讲方言、土语。

### 2. 用词文雅

用词体现人的文化修养和道德修养。从某种角度上来说秘书是单位的形象和门面，因此，在日常交谈中，秘书人员要努力做到用词文雅，避免粗俗。用词文雅，并不是要求秘书在交谈时咬文嚼字，脱离群众，而是重点要求其自觉回避使用不雅之词。即不允许秘书在日常交谈中，尤其是在公务性交谈中动辄讲脏话，讲粗话，更不能讲黑话，讲黄话，讲怪话。

### 3. 注意语气

语气，即人们讲话时的口气。它直接表现讲话者的心态，是语言的有机组成部分之一。有的人说话，对方愿意、容易接受，有的人说话，对方却不愿意、不容易接受，大部分原因是由语气造成的。同一句话，因为语气不同，效果就会不同。秘书所处的地位敏感、身份特殊，因此说话更应该注意语气，这是做人最基本的礼貌问题。秘书人员在工作时间与人交谈时，尤其要检点自己的语气，令其显出亲切、热情、和蔼、友善、耐心。虽然有时候大家的意见不能统一，但是有意见可以保留。在任何情况下，都绝不允许语气傲慢、狂妄、急躁、生硬。

## （二）语言礼貌

表达得体的另一表现就是语言礼貌，这是秘书人员所应具备的基本礼仪修养。语言礼貌就是要求秘书人员在工作交谈中主动使用约定俗成的礼貌用语，以显示对交往对象的尊重友好。一般而言，秘书人员所使用的基本礼貌用语主要有以下六种。

### 1. 问候语

问候语的代表性用语是"你好"、"××好"。不论是遇到领导还是同事，不论是接待来宾还是接听电话，秘书人员均应主动问候他人，否则便会显得傲慢无礼，目中无人。

### 2. 感谢语

感谢语的代表性用语是"谢谢"、"非常感谢"。使用感谢语，意在向交往对象表达本人的感激之意。不论是获得帮助、得到支持，还是得到善意、赢得理解时，亦还是婉拒他人时，秘书人员均应使用感谢语向对方主动致谢。

### 3. 请托语

请托语的代表性用语是"请"。要求他人帮助、托付他人代劳，或者恳求他人协助时，都应该真诚地使用这一专用语表示自己的感激之情。缺少了它，便会给人以命令之感或让人觉得不懂感恩,使人难于接受。

4. 道歉语

道歉语的代表性用语是"抱歉"或"对不起"。在工作中,由于某种原因而带给他人不便,或妨碍、打扰对方,或者未能充分满足对方的需求时,秘书人员一般应及时运用此语向交往对象表示自己由衷的歉意,以求得到对方的谅解。

5. 道别语

道别语的代表性用语是"再见"。与他人告别时,主动运用此语,既是一种交际惯例,又是对交往对象的尊重,同时表示一种惜别之意。

6. 称呼语

称呼语的代表性用语是"先生"、"女士"。在办公时间,不论是对待客人还是领导、同事,称呼都要正式。要用其职务或"先生"、"女士"来称呼,不要称呼外号或同他们在大庭广众之下开玩笑。

### 三、仪表高雅

#### (一)服饰得体

学会用服饰装扮自己是秘书人员改善自我形象,增强自信心,在公务活动中被人接受,受人欢迎的重要手段。秘书人员在选择服饰时应做到庄重得体,高雅脱俗。得体的服饰可以增强秘书人员的自信心。一方面应以其朴素大方取胜,另一方面则应要求其文明得体。具体来说,主要应注意以下五忌。

1. 忌过分裸露

对于秘书人员来说,在工作中,服饰庄重的主要表现就是着装不应过分暴露自己的躯体。应该做到不露胸、不露肩、不露腰、不露背、不露腿等五不露,这是对秘书人员着装的基本要求。此外,应注意不使内衣外露。

2. 忌过分炫耀

服饰庄重的另一表现就是着装符合自己的身份,符合特定的场合。秘书人员在工作之中所佩戴的饰物,应当简洁。简洁是当今服饰发展的大方向,服饰越简洁、越流畅,其美学效果就越好。秘书人员工作比较繁重,如果服饰过于烦琐,不但不利于工作上轻装上阵,而且会让人当作"花瓶"、"摆设"看待。所以尽量不要在工作场合佩戴高档的珠宝首饰,也不宜佩戴过多数量的首饰,不然便有张扬招摇之嫌。

3. 忌过分透明

服饰庄重的另一表现就是秘书人员在正式场合的着装不允许过于单薄透明。尤其不允许内衣透露在外,甚至令人一目了然,这样容易给人一种挑逗或暗示之感,在任何时候秘书人员都是应该禁止的。

4. 忌过分紧身

选择过分紧身的服装,意在显示着装者的身材,而秘书人员在工作之中选择服装应该是合身的而不是紧身的。

5. 忌过分短小

不论社会流行什么,秘书人员的衣着都不应以短小见长。在任何正规场合,背心、短裤、超短裙、露脐装等过分短小的服装都难登大雅之堂。

### （二）服饰素雅

秘书人员在工作中所选择的服饰一定要合乎身份，素雅大方。切不可令其有悖于常规的审美标准，进而有损这一职业或单位的名声。

1. 色彩少

秘书人员在工作场合所选择的服饰，其色彩宜少不宜多，其图案宜简不宜繁。一般来说，正规场合，全身着装不多于三种颜色，切勿使服装色彩过于鲜艳抢眼或图案繁杂不堪。

2. 款式雅

秘书人员的服饰，款式应素雅庄重，不要过于前卫、招摇，否则与秘书人员自身的身份不符。

3. 质地好

在条件许可的情况下，秘书人员的服饰应尽量选用质地精良的面料。例如，正装一般应选用纯毛、纯棉或高比例含毛、含棉面料，而忌用低档劣质的面料。

4. 做工精

秘书人员的服饰不一定选择名牌货、高档货，但应选择做工精良的。若做工欠佳，必定会有损于秘书人员的整体形象或单位的形象。

5. 搭配准

搭配准在此特指秘书人员的服饰应注重搭配之道。从某种意义上讲，一个人的服饰之美关键在于和谐，而服饰的和谐则主要依赖于精心的搭配。

### （三）服饰整洁

服饰整洁是对常人的基本要求，每一名秘书人员自然也不可对此掉以轻心。秘书人员的服饰整洁具体应注意以下几方面。

1. 忌残破

秘书人员的服饰一旦出现残破，应及时对其修补或更换。听任自己衣着褴褛、服饰残损，甚至以此为荣，是缺乏理智的表现。

2. 忌肮脏

在任何情况下，秘书人员都没有理由听任本人的服饰肮脏不堪。具体而言，既不应令其存在异物，又不应令其存在异味。

3. 忌折皱

一般来说，秘书人员的衣着以平整为美。若其出现众多的折皱，应及时更换，或熨烫平整之后再穿，否则便难有服饰整洁可言。

4. 忌乱穿、乱戴

秘书人员在穿衣服、戴首饰时，必须遵守其既有的规范性做法。不能随心所欲地将其乱穿、乱戴。

### （四）注意细节

作为秘书人员，仪表方面更应注意细节。例如，佩戴首饰要适当，不可满身珠光宝气，发型要整齐规范，不可太新潮；不要在鞋跟上钉铁掌，以免在办公室走动时发出扰人的声响；没有外人在场时，可将西装脱下，上身穿长袖衬衫办公，脱下的西装应整齐地挂在衣帽架上,或平整地搭在自己的坐椅背上;在办公室不要打领结,领结只适合社交、娱乐场合;也不要在穿西装时围上一条丝巾,这会被认为是很轻浮的;穿吊带裤时,不要轻易脱掉外衣,吊带与腰带是不可以同时使用的。

### 四、举止规范

讲不讲待人接物的规矩,既能反映秘书人员自身素质的高低,又能体现一个单位的管理是否完善。作为秘书,举止规范主要注意以下方面。

#### (一) 举止庄重大方

秘书人员在办公时,要注意行为举止庄重、自然、大方、有风度。走路时要身体挺直,速度适当,步子稳重,给人以正派、积极、自信的印象。切不可大步流星,慌里慌张,让人感到毛手毛脚,不可信任。坐姿要端正优美,女秘书坐下时要注意双膝并拢,不要趴在桌上,让人感到懒洋洋的,更不要把脚跷到桌上,这是很不文明的表现。

#### (二) 不要在办公室吸烟或化妆

秘书人员尽量不要在办公室吸烟,更不要当众表演自己擅长的化妆术。如果很想吸烟或需要化妆,则应该去专用的吸烟室或化妆间。若附近没有这类场所,可以借助于洗手间。

#### (三) 上下班要准时

不要迟到或早退,工作时间要以全部精力干好工作,不准在工作岗位上吃零食,刮胡子,看小说,打瞌睡。不要把个人的私事带到办公室里去干,不要利用办公设备干私活,如复印资料、转录音带、通私人电话等。也不要在办公室里织毛衣,写家信,会亲朋好友。此外,带自己的亲友来办公室参观,或让他们来共享写字间的办公用品,也是不合适的。

#### (四) 去其他办公室拜访同样要注意礼貌

去其他办公室拜访一般需要事先联系,准时赴约。进入别人的办公室之前,要轻轻地敲门,得到允许方可入内。开门、关门的动作要轻,不要发出声响。不能用脚踹门,更不能用脚关门。

### 五、忠于职守

每个从业人员都应该以德为先,做有职业道德之人。忠于职守是遵守职业道德、爱岗敬业的主要表现形式。每一名秘书人员平时在实际工作中都必须以忠于职守为天职。没有忠于职守,便难言其爱岗敬业。具体而言,秘书人员忠于职守,需要在以下三个主要方面得以体现。

#### (一) 具有岗位意识

所谓具有岗位意识,主要是要求秘书人员既热爱本职工作,又严守工作岗位。秘书人员在工作岗位上不可一心二用,更不可脱岗,而是要干一行爱一行,全心全意地做好本职工作。

#### (二) 具有责任意识

责任意识是岗位意识的自然引申,它指的是秘书人员在实际工作中应具有高度的责任心,遇事不但要区分职责,而且要尽职尽责,主动负责,不允许敷衍了事,得过且过,缺乏基本的工作责任心。

#### （三）具有时间意识

具有时间意识是秘书人员岗位意识与责任意识的直接体现。其具体含义是，要求秘书人员在实际工作中要做到心到身到，自觉遵守法定的作息时间，每天准时上下班，不迟到，不早退，不旷工、怠工、磨洋工。

### 六、钻研业务

秘书人员的爱岗敬业，不仅表现为干一行爱一行，而且表现为干一行通一行。因此，秘书人员在实际工作中一定要努力钻研业务，努力精通业务，以便适应时代发展的需要，更好地为人民群众服务。秘书人员钻研业务，当前应特别强调以下三点。

#### （一）精通专业技能

秘书人员要做好本职工作，首先要精通自己所应掌握的专业技能，在工作中能达到得心应手的地步。

#### （二）掌握现代知识

随着时代的发展，秘书人员在精通专业技术的同时，还要开阔视野，努力学习现代科学技术的基本知识，并特别注意对外语、法律与计算机知识的学习。

#### （三）重视知识更新

古人云"学无止境"，现代科学技术的一大特征便是知识更新加速。因此，在钻研业务的同时，秘书人员还须注意知识更新，努力学习新知识、新技术，避免落伍。

### 七、爱护办公环境

#### （一）保持办公室干净卫生

作为秘书人员要注意保持办公室干净卫生，每天提前到办公室打扫卫生，开窗换气。

#### （二）办公物品摆放合理

办公物品要分类摆放，做到整齐合理，美观大方，便于利用。办公桌上的物品摆放不宜过多，电话机的摆放以便于接打为原则。要经常整理办公桌，保持干净整洁，这也是一种礼貌。

#### （三）墙面上的张贴物、挂件整齐有序

办公室的墙面上可以张贴公司的标志和公司通讯录，但不能张贴自己喜欢的明星照片，张贴物和挂件不宜多，应保持整齐、美观、有序。

#### （四）尽量不要在办公室用餐

办公室顾名思义是办公的场所，不是就餐的场所，所以尽量避免在办公室用餐。如果必须在办公室用餐，则要合理安排用餐的时间及空间，以不影响工作和他人为前提。此外，使用过的一次性餐具，应及时扔掉，不要长时间摆在桌子或茶几上。如果突然有事情来不及处理，也要礼貌地请同事代劳。如果茶水想过一会儿再喝，最好把它藏在不被人注意的地方。容易被忽略的是饮料罐，只要是开了口的，长时间摆在桌上有损办公室雅观，所以也应及时清理。

## 案例分析

**案例**

新力公司是一家产品具有高科技含量的大型保健品公司。2004年冬天，一家香港大客商到新力公司商谈投资合作事宜。公司上下对此非常重视，早早地做出了各种安排。公司总经理特意安排专门的时间，静候贵客。

香港客商进入公司大门后，迎候在门厅的公司总经理秘书程功马上热情地与客商握手。可能是知道事情的重要性，反倒有些紧张，竟然对客商说："我们总经理在那边（指会客室），他叫你过去。"香港客商一听，当即非常生气地说："他叫我去，我就一定要去？我又不是他的下属，凭什么叫我？你们现在就是这样对待合作者的，那以后还了得？合作应当是关系平等的。"于是这位客商当即转身，一边走一边说："贵公司如果有合作诚意，叫你们总经理去我入住的宾馆谈吧。"说完拂袖而去。

事后，总经理不得不登门道歉，经过一番相当大的努力，才重新争取到了双方合作的机会。

**分析**

这件事暴露了新力公司文秘人员在待人接物、举止、语言表达方面存在的一些问题。假使案例中的秘书不是说"叫"而是说"请"，情况又会如何呢？由此可见，公司加强对管理人员的礼仪训练和要求是非常必要的，尤其是办公礼仪，它关乎单位的形象和工作的成败，应该予以重点培训。

## 技能训练

**训练项目一：秘书交流**

新来的秘书魏爽对秘书办公礼仪的要求不太明白，为了避免犯错误，他虚心地向秘书程功请教秘书的办公礼仪有哪些。

请代程功回答。

**训练项目二：情景分析与讨论**

**情景材料**

秘书王琳今天来得比往日都早，她准备利用公司许总出差之际为许总归来后创造一个舒适温馨的工作环境。

她打开窗帘，打开空调，调节好办公室的温度、湿度。之后将窗台、办公桌、电脑……凡目光可及的地方都仔细地擦拭；饮水机里的水不多了，应该和送水公司联系一下，储备的办公日用品也应该再补充；应该再去买点书法绘画之类的物品装饰一下墙面……她想好好美化这里的办公环境，不仅给许总，而且给来访公司的客人一个良好的印象。

**实训要求**

根据情景材料，分析并讨论王琳的做法是否符合秘书办公礼仪的要求。

## 相关知识链接

### 办公室女性职员的仪表要求

1. 发型文雅、庄重,梳理整齐,长发要用发夹夹好,不扎马尾辫;
2. 化淡妆,面带微笑;
3. 着正规套装,大方、得体;
4. 指甲不宜过长,并保持清洁。涂指甲油时须自然色;
5. 裙子长度适宜;
6. 肤色丝袜,无破洞;
7. 鞋子光亮、清洁;
8. 全身着装三种颜色以内。

### 办公室男性职员的仪表要求

1. 短发、清洁、整齐,不要太新潮;
2. 精神饱满,面带微笑;
3. 每天刮胡须,饭后刷牙;
4. 白色或单色衬衫,领口、袖口无污迹;
5. 领带紧贴领口,系得美观大方(注意颜色、长短、领带夹);
6. 西装平整、清洁(注意扣子、商标);
7. 西装口袋不放物品;
8. 西裤平整,有裤线;
9. 短指甲,保持清洁;
10. 皮鞋光亮,深色袜子;
11. 全身着装三种颜色以内。

# 第二节 办公礼仪规范

办公礼仪规范在此是指秘书人员在工作岗位上处理日常事务时所应遵循的基本礼仪。办公室是秘书人员最基本的工作场所,也是体现秘书礼仪素养的综合舞台。遵循良好的礼仪规范,养成良好的礼仪习惯,对于营造良好的工作氛围、和谐的人际关系及提高工作效率均具有重要的作用。秘书办公礼仪主要包括秘书办公人际关系遵循的原则、秘书办公人际关系礼仪、办公环境礼仪、使用电脑的礼仪、使用传真的礼仪以及介绍的礼仪、握手的礼仪、使用名片的礼仪等。

## 一、秘书办公人际关系遵循的原则

### (一)平等

人际交往中,平等是建立良好人际关系的前提。人际交往中着重是人格的平等,即尊重他人的人身权利、自尊心、感情,尊重他人的隐私权。秘书人员处在上司身边,接触的人员比较多,在人际交往中更应当注意在对人的态度上要一视同仁,不能看人下菜碟,否则不利于个人形象,更不利于组织形象。

### (二) 宽容

宽容指心胸宽广,忍耐力强,不计较个人利益得失。"海纳百川,有容乃大"。秘书在办公人际交往中要严于律己,宽以待人,以德报怨,得理让人;要能正确对待逆耳之言,哪怕是对自己的误解、曲解,也应该宽容,而不是斤斤计较。

### (三) 尊重

尊重能够引发人的信任、坦诚等情感,缩短交往的心理距离。秘书人员在人际交往中应当注意在人格上和态度上尊重他人,尊重他人的生活习惯,不损伤他人的人格和名誉,否则就可能导致办公人际关系的紧张。

### (四) 诚信

在秘书工作中诚信有重要的价值。它实际上是单位或个人的无形资产,反映了单位或个人行为的规律性和稳定性。秘书人员在人际交往中应当做到真诚坦荡,而不是当面一套,背后一套;应当做到讲信誉,遵守诺言,而不是言而无信,言行不一。秘书人员在人际交往中诚而有信,就能发挥出自身能力,得到他人或组织的支持、鼓励,能更好地表现自身价值。

### (五) 慎独

秘书人员在八小时内外都要遵章守纪,尤其是在工作时间,一定要坚持道德操守,防止误入歧途。老子言:"慎终如始,则无败事。"怎样"慎独"?一是要慎"浮躁",淡泊明志,宁静致远,戒骄戒躁,惯于自省;二是要慎"私欲",私欲膨胀,利欲熏心,就难免出问题。秘书人员因为经常接触国家机密、单位秘密或者领导的个人隐私,怀有各种目的的人首先希望突破秘书的防线进而突破领导的防线,所以秘书人员一定要慎独,使怀有不良目的的人无懈可击,无缝可钻。

## 二、秘书办公人际关系礼仪

处理人际关系是一门学问。"世事洞明皆学问,人情练达即文章"。秘书人际关系的具体内容就是和别人相处,这也是人际关系理论最终要解决的重要问题。一个秘书如果很善于交际,使人很容易接近,也就容易被人信赖,那么办事的成功率就比较高。

### (一) 与上司交往的礼仪

1. 摆正自己的位置

秘书人员自始至终要把自己置于辅助和服务的地位,摆正自己的位置,什么时候都不能越权越位,这是由秘书人员的职业角色决定的,也是秘书人员与上司交往,处理与上司关系的大前提。不论是有意为之,还是无心之失,任何越权越位的行为都会从根本上动摇秘书人员与上司之间的和谐基础。摆正自己的位置可以从以下几方面加以注意。

第一,多听少说。做秘书的,天天跟着领导,知道的东西很多,也比一般员工知道得早,所以千万不可像个大喇叭,在领导没交代、没说之前就把要说的东西全说出了,更不可泄露国家机密、单位秘密和领导隐私。

第二,为人低调。虽然这是一个提倡张扬个性的时代,但是作为秘书,不能太张扬。个性太突出,只会给自己添麻烦。有一位强人这么说过:"在上司面前你要把自己当傻子。"尽管这话说得有些过,但是无非也是想表达不要在上司面前过分展示你的能力,不要拿这种无谓的聪明来让上司感觉到你的威胁和抵触,这会让领导觉得你不可控,从而对你产生芥蒂,影响对你的看法。

### 2. 服从上司的领导

秘书是领导的参谋和助手,所以应该恪守本分,服从领导的决定。即使领导有的决定未必正确,也不要直接否定其原来的想法。提建议时,尽可能谨慎一些。对于整体工作的意见,即使不同意,也不可直接否定,可用一些侧面的办法来让他接受自己的建议,间接否定其原来的观点。受到上司批评时,如果确实有不公平的地方,可找机会解释一下,但切忌纠缠不休,点到即止则可。尤其是不要在公共场合与上司发生争执,无论自己对上司的意见多大,都必须克制自己。有这样一件事:秘书小安性格直爽,只要是自己认可的,一定会力争到底,有一次他跟上司就因一件事争了起来,上司坚持让小安按他的说法去做,而小安却认为做不了,争到两人面红耳赤,谁也说服不了谁,后来小安还在网上找资料,最后确认是领导错了,当时领导跟他说:"嗯,你的做法值得赞扬,不错,继续努力!"但是背地里却跟别人说这家伙太犟了,工作态度不行,其后也一直不怎么喜欢小安。实际上,小安已经挑战了领导的权威,这类事大多数领导都会心存芥蒂的。

### 3. 维护上司的权威

秘书人员在任何情况下都不能破坏上司的权威,不能散布有损上司权威的言论,不能做出有损上司权威的行为。那么,如何维护上司的权威呢?

第一,和上司的口径保持一致。不论是在单位内部还是外部,秘书的口径都应和上司保持一致,绝对不能散布有损上司权威的言论。

第二,要多请示汇报。聪明的下属,总是善于在关键的地方,恰到好处地向领导请示汇报,征求他的意见和看法,把领导的意志融入正专注的事情。这是下属主动争取领导的好办法,也是下属做好工作的重要保证。这样既体现了自己对领导的重视,也体现了自己工作的严谨、细心。

第三,换位思考。上司要与各方面的人打交道,处理各种各样的矛盾,也有自己的喜怒哀乐和不得已的苦衷,因此,有时上司在人前人后会有复杂的感情和情绪变化,秘书人员看在眼里但不能外传。秘书人员要多站在上司的角度换位思考,设身处地替上司着想或分忧。

### 4. 了解上司的关心对象

如果从上司所关心的对象来分,可以把上司分为重工作、重组织和重关心人三种类型。重工作和重组织的上司在谈话中也较多地谈到单位的工作,在这种上司面前,秘书就得尽量表现出自己对待工作、事业的热情、积极性、良好的专业素质与专业能力。重关心人的上司一般希望单位内上下级关系融洽,团结协作,那么秘书必须给上司一个具有合作精神、尊重他人尤其是尊重老板、不计较个人得失、宽以待人的良好印象。重关心人的上司往往喜欢较详细地询问秘书个人的生活情况,并对自己在下属心目中的形象十分看重,这给秘书的判断提供了重要线索。

有这样一个故事:有位公司职员向秘书 H 借一本法律书,但不巧得很,秘书 H 那里也没有这本书。那位职员非常着急,因为他急着用那本书。秘书 H 想了想说:"这样吧,你到 E 经理那里看看,他学识渊博,博览群书,没准他那里会有。"那位职员来到 E 经理那里向他说明来意,E 经理就问是谁告诉他的。那位职员说,秘书 H 说的。E 经理笑道:"我是学企业管理的,他怎么会想到我有法律书?"那位职员于是将秘书 H 的话说了一遍。听了那位职员的回答,E 经理感到由衷的高兴,从那以后,他与秘书 H 的关系更加融洽了,虽然秘书 H 并不明白其中的原因。

秘书 H 无意中的一句话,实际上是对 E 经理的赞美:学识渊博,博览群书。这是秘书 H 对他才能的认可和称道。私下里的一句真心话,比平时面对面的一万句奉承话更有效,这也符合我们常说的一句话"要知心腹事,且听背后言",真实感情的流露,往往是在私下。

秘书 H 就是抓住 E 经理的类型特点,即比较注重别人的看法,从而巧妙地利用私下的机会,将自己对上司的崇敬心理传给上司,高明而又不露痕迹,当然会有奇效。

5. 保持适当的距离

秘书人员处在上司身边,与上司的关系密切,但这是由秘书人员的价值决定的,并非单纯的私人感情。所以,秘书人员要认清这种关系,适当地保持和上司的距离。适当的距离有助于主辅关系的进一步融洽。例如,与上级聊天时,可去多了解上司工作中的性格、作风和习惯,但对其个人生活中的事情则不必过多了解,更不可窥视上司家庭秘密、个人隐私。另外,在职场中不管之前与上司的关系如何,不管上司多么平易近人,也要保持与上司的距离,不可与上司称兄道弟。

6. 不议论上司的隐私

"静坐常思自己过,闲谈莫论他人非。"每个人都有隐私,上司也不例外。隐私常与个人的名誉密切相关。秘书和上司接触的机会比较多,了解到的上司隐私也比较多,要时时小心,守口如瓶。背后议论上司的隐私,不仅会损害上司的形象,而且会引起双方关系的紧张,甚至恶化。办公室是一个小社会,要保持这个小社会的和谐,秘书人员应切记,背后议论他人的隐私是一种不光彩的行为,也是办公室人际交往的大忌。

### (二) 与同事交往的礼仪

1. 尊重同事

尊重能引发他人的信任、坦诚等情感。相互尊重是与人友好相处的基础,同事之间更是如此。秘书人员在与同事相处时应该注意在人格和态度上尊重他人,要以诚待人,在办公室里与人相处要友善,说话态度要和气,要让人觉得有亲切感,不要因为是领导的秘书就用命令的口吻与别人说话。更不能用手指指着对方,这样会让人觉得没有礼貌,让人有受到侮辱的感觉。虽然有时候大家的意见不能统一,但是有意见可以保留,一些原则性并不很强的问题,也往往没必要争得你死我活。例如,在与有些客户谈判时,如果一味好辩逞强,不仅和客户没结果,也会让同事们敬而远之,久而久之,不知不觉地就成了不受欢迎的人。

2. 关心同事

在日常生活和工作中,看到同事遇到小问题或困难,遇到苦恼和不幸,要真诚地予以帮助,解决,安慰或表示同情,以己所能予以帮助。人有困难,通常会首先选择亲朋好友帮助,但作为同事,应主动问讯,对力所能及的事应尽力帮忙,这样会增进双方之间的感情,使关系更加融洽。

3. 赞美同事

每个人都希望获得别人的肯定,并以之确认自己的重要性,因此,内心都非常渴望他人的赞赏。赞美对方的行为,往往会收到意想不到的效果。所以,秘书人员在交往中,不要吝啬赞美和鼓励,表达对他人的欣赏,只要这种赞美是真诚的、健康的、发自内心的。无私的、适当的赞美,既可以给对方带来快乐,赢得对方的好感,又能得到对方真诚的理解和热情的支持与帮助,有利于做好本职工作。

4. 宽待同事

与同事相处,不能以己所长比他人所短,从而轻视或诋毁他人。每个人都会有这样或那样的弱点或缺点,"金无足赤,人无完人",要宽容地对待同事的缺点、弱点,以善意的态度给以充分的谅解。尤其当他人不慎触犯自己的框框时,宽容的心态最能体现人品,赢得尊重。

5. 时时感恩

"一个篱笆三个桩,一个好汉三个帮。"秘书人员的工作离不开同事们的配合,对于他人的帮助、赞美和善意的批评,都要发自内心地说声"谢谢"。

6. 克制情绪

同事之间在工作中难免出现意见不一致的情况,此时如果情绪激动,言辞不当,就很容易发生争执,闹得不欢而散,以致使彼此的心理蒙上阴影,形成日后相处的障碍。为了避免出现这种情况,秘书人员应当注意克制自己的过激情绪。当与他人发生冲突,情绪激动时,自己应该保持冷静的态度。如果在自己与同事的交往中因为不慎伤害了对方,则应当及时道歉。

## 三、办公环境礼仪

工作习惯及所营造的办公环境将显示一个人所属的类型。布置办公环境时当然也可以按照自己的性格来安排办公环境,但是如果认真考虑了办公桌的摆设、工作柜的排列、办公室的清洁及房间管理的责任,无疑将会提高自己在别人心目中的地位,为自己工作的开展创造出一个良好的人际关系氛围。

### (一)办公的直接工作空间布置

办公的直接工作空间主要包括办公桌、椅子、书架、文具、书籍等。放置这些设备或物品的时候,要考虑本人的工作需求、效率以及领导的工作习惯及对办公环境的希望。

1. 办公桌

办公桌大小要适当,要能够放置常用的办公用品并有空余的位置进行工作。

2. 办公椅

办公椅应有靠背,坐着舒适。用旋转椅可以调节方位,既方便工作,又可以延缓疲劳的过程。

3. 照明

办公时,合适的光线十分重要,亮度不足容易引起眼睛疲劳、头疼、困乏甚至使工作出错。特别是在做校对等精准的工作时,足够的亮度更加重要,自然采光最理想。用手写字时,亮光应来自左方;打字时,光线应来自两边。

4. 计算机等自动化办公设备

以计算机为代表的自动化办公设备是现代办公设备的重要组成部分。这些自动化办公设备一般应有自己的独立存放空间,与设备有关的资料和参考书等也都应放置好。如果办公室的其他人员也需要使用这些设备时,放置时既要考虑方便他人使用,又要考虑不妨碍自己的工作。

(二)办公桌的环境及礼仪

1. 办公桌的布置应整齐、好用、美观

办公桌的布置也会显示出一个人的礼仪修养。办公桌上应尽可能少放东西,桌上所放的东西应以够用为度。办公桌上的主要物品有以下几种。

电话。如果电话不是安装在便于使用的地方,例如,习惯使用左手的人,而电话却安装在右边,就应该请求改变位置。

参考书。应该放在桌子上面或者伸手可以拿到的抽屉里。可以购买或者制作一种能够转动的桌面,以便在很小的空间里摆放各种各样的书。

办公桌表面。秘书们可能喜欢给自己的办公桌表面盖上玻璃板或者蒙上一块塑料布,但为了眼睛的健康,办公桌表面最好不要蒙盖这些反射光线的东西。

文具用品盒。这个用品盒可以用来存放纸张,还可以准备一个敞开的文件夹来存放需要翻译的速记资料、等待经理签署的文件、已经阅读的文件、处理完毕的计划或者其他材料等。

办公桌的抽屉。办公桌的抽屉内物品的摆放也是十分重要的。办公桌的抽屉里,可以排列有序地放好信封、公文纸、订书机、复写纸、胶水、涂改液等。胶带纸或其他胶质材料能把抽屉内的物件粘在一起,应妥善放置。印泥盒应倒置放好,使印泥上层浸透墨水。办公桌上通常会有一个带锁的抽屉,可以用来存放私人物品和有保密要求的东西。要经常整理抽屉,及时清除没有价值的东西,以使内部井井有条。

2. 保持办公桌的整洁有序

办公室的桌椅及其他办公设施,都需要保持干净、整洁、井井有条,这既是对工作环境的要求,又是对自己和他人的尊重。

从办公桌的状态可以看到当事人的状态,会整理自己桌面的人,工作起来肯定也是干净爽快。他们为了更有效地完成工作,桌面上只摆放目前正在进行的工作资料;在休息前应做好下一项工作的准备;因为用餐或去洗手间等暂时离开座位时,应将文件覆盖起来;下班后的桌面上只能摆放计算机,而文件或资料应该收放在抽屉或文件柜中。

在武昌一家商贸公司的墙壁上有这样一条提示语:"下班前5分钟,整理好你的办公桌,清清爽爽回家。"该公司副总经理李烽说,办公桌、电脑都很容易成为堆积过量资料的地方,每天只用下班前5分钟的时间进行简单整理,往往能取得事半功倍的效果,至少能为第二天的工作做好准备。

随着办公室改革的推进,有的公司已抛弃了个人的专用办公桌,而是用共享的大型办公桌,为了下一个使用者,对共享的办公桌应更加爱惜。

### (三) 办公礼仪禁忌

1. 过分注重自我形象

办公桌上摆着化妆品、镜子和靓照,还不时忙里偷闲地照照镜子,补补妆,这不仅给人工作能力低下的感觉,而且在众目睽睽之下不加掩饰地做这些事情实在有伤大雅。

2. 使用公共设施缺乏公共观念

单位里的一切公共设施都是为了方便大家,以提高工作效率,打电话也好,传真、复印也好,都要注意爱惜保护这些设备,别在办公室里用办公电话、电脑和好友聊天,以免影响他人工作。

3. 零食、香烟不离口

女孩子大都爱吃零食,但是工作时要把馋虫藏好,尤其在有旁人或接打电话时,嘴里千万不可嚼东西。以吸烟为享受的男士在公共场合也应注意尊重他人,不要随意污染环境。

4. 形象不得体

坐在办公室里,浓妆艳抹、环佩叮当、香气逼人、暴露过多,或衣着不整、品味低俗,都属禁忌之列。工作时,语言、举止要尽量保持得体大方,谈吐文雅。无论对上司、下属还是同级,都应该不卑不亢,以礼相待,友好相处。

5. 高声喧哗,旁若无人

高声喧哗是粗俗的表现,有什么话慢慢讲,别人也一样会重视。其实,自己的文质彬彬,可以教会别人同自己一起维持文明的环境。

6. 随便挪用他人东西

未经许可随意挪用他人东西,事后又不打招呼的做法,是没有教养的。用后不放回原处,甚至经常忘记归还的,就更低一档。

## 四、使用电脑的礼仪

目前,随着办公自动化的程度越来越高,电脑已成为文秘人员必不可少的办公用具。使用电脑,也不只是开机、关机、上网那么简单,电脑礼仪也会体现一个人的素质和教养,文秘人员使用电脑应注意以下几点。

### (一) 保持洁净和安全

虽然是单位的电脑,但也要倍加爱护,平时要擦拭干净,不要把白色电脑用成黑色了还没擦过;擦拭显示屏时,注意不要为了干净,用湿抹布一擦了之,从而损害屏幕;不用时正常关机,不要丢下就走;外接插件时,要正常退出,避免导致数据丢失、电脑崩溃等故障。

### (二) 注意信息保密

正因为电脑是重要的办公用具,所以文秘人员的电脑里记录和保存了太多的机密、秘密,稍有不慎,就可能失密、泄密,给单位甚至国家造成重大损失,所以文秘人员一定要注意电脑的保密。电脑保密的措施很多。例如,要给电脑设置开机密码;重要信息要及时拷贝另存;离开办公室要关闭电脑;如果正在利用电脑办公,来了外人应及时关闭电脑或显示屏;及时更新杀毒软件,等等。尤其要注意办公电脑一定要设置开机密码,而且密码难度越高越安全。例如,我们熟悉的《丑女无敌》中,秘书林无敌为其电脑设置了难度较大的密码,令竞争对手盗取有关信息时大伤脑筋。

**(三)不从事和工作无关的活动**

很多单位不允许员工在单位电脑上打游戏、网上聊天,但仍有人利用领导不在时私自偷玩,或用单位的内部网络"笑傲江湖",从网站上下载图片,这些都是违反劳动纪律的,秘书人员应坚决杜绝类似活动,因为秘书人员代表的是单位的形象。还有的人公私不分,拿个U盘,一会儿将个人电脑资料复制到公司电脑上,一会儿又将公司电脑资料复制到个人电脑上,这种现象也是不允许的。

## 五、使用传真的礼仪

目前,在商务交往中,经常需要将某些重要的文件、资料、图表即刻送达身在异地的交往对象手中,传统的邮寄书信的联络方式,已难以满足这一方面的需求。在此背景之下,传真便应运而生,并且迅速走红于商界。

**(一)使用传真的注意事项**

1. 必须合法使用

国家规定,任何单位或个人在使用自备的传真设备时,均须严格按照电信部门的有关要求,认真履行必要的使用手续,否则即为非法之举。

2. 必须正确使用

使用传真设备必须在具体的操作上力求标准而规范。不然,也会令其效果受到一定程度的影响。

本单位所使用的传真设备,应当安排专人负责。无人在场而又有必要时,应当使传真机处于自动接收状态。为了不影响工作,单位的传真机尽量不要同办公电话采用同一条线路。

本单位所使用的传真机号码,应当正确无误地告诉重要的交往对象。一般而言,在商用名片上,传真号码是必不可少的一项重要内容。对于主要交往对象的传真号码,必须认真地记好。为了保证万无一失,在有必要向对方发送传真前,最好先向对方通报一下,这样做既提醒了对方,又不至于发错传真。

发送传真时,必须按规定的程序操作,某些文件不能用传真发送,如多于10页的文件、私人信息、机密信息、负面信息,不能用传真提交个人简历。

**(二)使用传真的礼仪**

秘书人员在使用传真时,应注意以下礼仪。

1. 发送前要通报

发送传真前,应当先用电话拨通对方,确认对方传真机是否处于自动待机状态,确认对方传真号码,并告诉对方,自己将发送传真的是什么资料,然后在5分钟之内把传真发送出去。

2. 表达应有礼貌

在发送传真时,一般不可缺少必要的问候语与致谢语。发送文件、书信、资料时,更要谨记这一条。即使发送法律文件、建议书或其他资料，也要写上几句热情、有礼貌的话语，让对方感到温暖和亲切，觉得你既懂得礼节又富有人情味。

3. 书写要规范

传真文件的书写应当简明扼要，尽可能缩小所发传真文件的图文区。传真文件应当书写在 A4 型纸上，使用深色墨水，字迹清楚，不要小于 4 号字，以确保传送的清晰度。书写要规范，遵循书信礼仪，如称呼、敬语、签字等都不可缺少。

在发送传真时，应当检查是否注明了本公司的名称、发送人姓名、发送时间以及自己的联络电话。同样，应当为对方写明接收传真人员的姓名、所在公司部门等信息。

4. 首页要保留

正式的传真应该有首页，上面注明传送者与接收者双方所在单位及部门的名称、姓名、日期、本传真的事由及总页数等信息。这样做可以使对方一目了然。即使是非正式传真件，也应在所发资料上标注页码，让对方很清楚地知道共有几页传真。

5. 收后要回复

人们在使用传真设备时，最看重的是它的时效性。因此在收到他人的传真后，应当在第一时间采用适当的方式告知对方，以免对方惦念不已。需要办理或转交、转送他人发来的传真时，千万不可拖延时间，耽误对方的要事。

6. 及时收好原件

使用完毕，不要忘记将原件拿走，否则容易丢失原稿，或走漏信息，给自己带来不便或给单位带来损失。

7. 及时更新传真纸

如果遇到传真纸用完时，应及时更换新传真纸。如果遇到传真机出故障，应及时找出原因，先处理好再离开，如果不懂修理，就请别人帮忙。不要把问题留给下一个使用者。

## 六、介绍的礼仪

介绍是秘书工作过程中常有的环节，是人与人相识的最基本形式。秘书人员要熟悉并遵守相应的礼仪规范。

（一）自我介绍

及时的自我介绍在迎接客人时是非常必要的。自我介绍的内容主要包括问候语、所在组织的名称、自己的姓名与身份。例如，你好！我是天地公司总经理秘书，我叫高山。

（二）为他人作介绍

秘书在工作中，常常要对主客双方进行介绍。

1. 介绍顺序

将男性介绍给女性；

将年轻者介绍给年长者；

将职位低的介绍给职位高的；

将客人介绍给主人；

将晚到者介绍给早到者。

2. 介绍内容及方法

介绍人先注视并称呼更被尊重的一方,同时伸出右手,手指自然并拢并抬至齐胸高指向被介绍者。例如,张总,这位是华康公司技术部的李新经理;李经理,这位就是我们公司的张洁总经理。

在作具体介绍时,手势动作应文雅,仪态应端庄,表情应自然。

3. 介绍的注意事项

(1) 介绍时应给尊者优先了解他人情况的权力。

(2) 被介绍双方应保持站立姿态,相距一臂左右,面带微笑注视对方,握手或点头致意,互致问候。

## 七、握手的礼仪

握手的礼仪是商务交往过程中最常见、使用最普遍的见面礼节方式,握手可以体现一个人的情感和意向。在应该握手的场合如果拒绝或忽视别人伸过来的手,意味着自己的失礼。

(一) 握手的场合

介绍相识时。当被介绍给他人相识时,应该马上向对方伸手或趋前相握,以表示愿意认识。

久别重逢时。与自己久别重逢的老朋友或同事相见时应该握手,以表示自己的问候、关切和思念之情。

社交场合突然遇到熟人时。在社交场合突然遇到了自己的熟人,如果双方方便,应前去握手表示问候和欣喜之情。

迎接客人到来时。当所邀请的客人如约而至或不速之客自己说明身份、来意时,应同他们握手,表示欢迎。

拜访辞别时。在拜访友人、同事或上司之后,辞别时应握手。

送别客人时。邀请客人参加活动或前来赴宴,在同客人告别时,作为主人应同所有客人握手。

与有喜事的熟人见面时,当获知自己的友人或熟人得奖或其他喜事后,如普升新职、喜结良缘、比赛获奖等,与之见面时应主动握手,以示祝贺。

别人向自己祝贺、赠礼时。当有人向自己赠送礼品或表示祝贺时,应与其握手以表示感谢。

拜托别人时。当拜托别人帮自己做某件事时,应握手表示感谢和企盼之情。

别人为自己提供帮助时。当别人为自己(包括亲友)提供某种帮助时,应握手致谢。

参加追悼会告别时。当参加友人、同事或其家属的追悼会,离别时应与死者的主要亲属握手。

(二) 握手的次序

如果需要和多人握手,握手时要讲究先后次序,由尊而卑,即先年长者后年幼者,先长辈再晚辈,先老师后学生,先女士后男士,先已婚者后未婚者,先上级后下级。

握手的主动权掌握在尊者手里。职位高者、年长者、主人、女性先伸手;这时,职位低者、年轻人、客人、男性则应该马上伸手相握。

### （三）握手的方法

握手时,距对方约一步远,上身稍向前倾,两足立正,伸出右手,四指并拢,虎口相交,拇指张开下滑,向受礼者握手。握手时双方互相注视,微笑,问候,致意,不要看第三者或显得心不在焉。

除了关系亲近的人可以长久地把手握在一起外,一般握两三下就行。不要太用力,但漫不经心地用手指尖"蜻蜓点水"式去点一下也是无礼的。一般要将时间控制在三五秒钟以内。如果要表示自己的真诚和热烈,也可较长时间握手,并上下摇晃几下。

握手时两手一碰就分开,时间过短,好像在走过场,又像是对对方怀有戒意。而时间过久,特别是拉住异性或初次见面者的手长久不放,显得有些虚情假意,甚至会被怀疑为"想占便宜"。

多人相见时不可交叉握手;握手时应该摘掉手套、墨镜,女士可以例外。

### （四）握手的禁忌

1. 贸然伸手

遇到上级、长者、贵宾、女士时,自己先伸出手是失礼的。

2. 目光游移

握手时精神不集中,四处顾盼,心不在焉,是无礼的。

3. 长时间不放手

周围的人很多,而只顾与一人握手,忽视或冷淡别人,或者影响对方抽出手来与别人相握,也是失礼的。

4. 交叉握手

当两人正握手时,跑上去与正握手的人相握,是失礼的。

5. 敷衍了事,漫不经心地应酬对方

握手时如果敷衍了事,会让人感到不受尊重,是很失礼的行为。

6. 该先伸手时不伸手

上级遇到下级,年长者遇到年轻者,女士遇到男士,在需要握手致意的场合,前者不主动先伸出手,是失礼的。

7. 伸手时慢慢腾腾

对方伸出手后,自己伸手时应快,不应慢慢腾腾。

8. 握手后用手帕擦手

握手后用手帕擦手是失礼的。

## 八、使用名片的礼仪

使用名片是现代人交际的重要手段,名片的使用也有礼仪。宾主相见时互相交换名片,是商务接待活动中相互介绍和建立联系的一个重要方式,名片礼仪是商务从业人员必须掌握的礼仪规范。

## (一) 名片的种类及式样(如表3-1)

表3-1 名片的种类及式样

| 种类 | 运用场合 | 内容 | 整体要求 | 式样 |
|---|---|---|---|---|
| 公务名片 | 公务活动 | 单位、部门、姓名、职务或职称、地址、电话等联络方式 | 头衔不宜太多,名字字号最大,颜色素雅 | 宏宇公司行政部<br>**李 嘉** 经理<br>地址:上海市静安区西康路×号<br>邮编:200040 电话:(021)×××× |
| 社交名片 | 社交场合 | 根据个人爱好,一般只印名字、电话 | 显示个人喜好、品位,纸张、颜色、图案、字体均可自行设计 | 美食爱好者 爵士发烧友<br>**李 海**<br>电话:××××××××× |
| 注意:名片应置于名片盒或名片夹中,不可直接放在衣袋或钱包中,以免折损。女性可以把名片夹放在手提包内,男性可放在西服上衣内侧口袋里或公文包内 ||||| 

## (二) 递接名片的礼仪

宾主在自我介绍或被他人介绍之后,便可递上名片,便于双方了解。告辞之前互递名片,以便于日后多联络,体现双方积极的诚意。

1. 递名片

一般应是来访者、男性、身份低者先向被访者、女性、身份高者递名片。

递名片时应该保持站立姿态,手的位置应与胸部齐高,要将名片上的字正面朝向对方,双手恭敬地递上,并说"这是我的名片,请多关照"。

如果对方也同时拿出名片,来访者、男性、身份低者应该使自己的名片低于对方的,以示尊敬。

如对方不止一人,应按职位从高到低或按位置从近到远递上。

2. 接名片

应双手接对方递过来的名片。

收下名片后,应轻声地读一遍对方的姓名或职称,然后真诚地说一声"谢谢"。如果遇认不准的字,应恭敬地向对方请教。

收到名片后,不要将名片随便放在裤袋中,如果正在办公室交谈,可放在桌子上,注意不要将文件压在上面;如果是多人会谈,也可按对方座次摆放于自己面前,以便对号入座,加深印象。

## 案例分析

**案例**

上班不久,高经理看到魏爽比较踏实,就意味深长地对他说:"我很欣赏你,你是个人才,是我的心腹。你就是我在职员们那里的耳朵和眼睛,我需要你及时向我汇报其他职员的工作情况和他们私下聊的一些事情。"听了这话,魏爽有些不知如何是好,该如何处理好自己与上司、同事的关系呢?

**分析**

办公人际关系是现代职场的一种特殊角色关系,每个人都有自己的角色位置,都应该明白自己所处的角色,按照角色规范办事,但职场又是复杂的,对于秘书人员来讲,要面对上司、同事、客户等较为复杂的办公人际关系。秘书人员注意从礼仪角度来规范自身的角色,有助于处理好办公人际关系。

## 技能训练

**训练项目一:选择**

1. 如果正在利用电脑办公,忽然来了外人,秘书人员应(　　)。
   A. 切断电源　　　　　B. 把电脑屏幕转过去
   C. 让来人等一会儿　　D. 及时关闭电脑或显示屏
2. 接名片时应(　　)。
   A. 双手去接　　　　　B. 单手去接
   C. 接过后应轻声地读一遍对方的姓名或职称,然后说"谢谢"
   D. 将接过的名片随便放在裤袋中
3. 下面哪些文件不宜用单位传真发送(　　)。
   A. 多于10页的文件　　B. 私人信息
   C. 机密信息　　　　　D. 负面信息

**训练项目二:秘书交流**

新力公司要举办秘书礼仪培训活动,秘书魏爽与程功相遇。魏爽说,程秘书,向您请教秘书如何与领导和同事相处。

请代程功回答。

**训练项目三:情景分析与讨论**

**情景材料**

李××是某师范学院教务处秘书,她和学院12个系的教学秘书不仅工作配合到位,而且建立了良好的私人友谊。这天,她拿起办公室电话打给地理科学系,告知其秘书小吴:"赶快过来取学院《关于提高教师课时费的决定》和《大学英语四、六级考试报名的通知》等文件和材料。"之后,她又询问小吴的孩子感冒是否好了,"还打不打点滴?""晚上咳嗽得还厉害吗?""爱吃什么？我给他买一些……"接着她一直握着话筒,查询其他各系电话号码,通知相关事项。其中通知到中文系时是副主任接的电话,副主任向李秘书询问教务处长在否,他想就近期普通话测试工作站中存在的问题和处长尽快商议解决的办法。李秘书说:"处长在,但他现在正和外校同志就联合办学事宜进行会谈呢,等会谈结束我请他给您打电话联系好吗？"其后,她在办公室坐等各系秘书前来领取文件和相关教学资料。

**实训要求**

根据情景材料提供的信息,请按照使用的电话礼仪标准判断李秘书在办公室打电话过程中的正确之处和失礼之处,并说明理由。

**训练项目四:情景模拟**

夏先生是某公司新聘任的营销经理,公司给他专门安排了一间办公室。夏先生在考虑该如何布置他的新办公室,平常该注意哪些办公环境礼仪,该如何与新同事相处。

**实训要求**

教师简要介绍布置办公室的活动场景及实训任务。把全班同学分成每4人一组进行模拟。

# 相关知识链接

### 如何在办公室保持清醒

夏日炎炎,你终于从拥挤的公交车或地铁脱身,来到自己舒适、恒温的办公室中,可以松一口气,做每日的工作了。可是常常在工作时,一阵倦意袭来,也许是昨夜笙歌,也许是几天来的连续加班,也许是……无论如何,在办公室不能"昏迷",必须保持清醒。

在浦东一家移动通讯公司工作的夏小姐对此深有体会,她说:"我知道精神状态很重要,但有时还是免不了犯困。除了今后注意晚上不要工作得太晚,朋友间的娱乐有点节制和早点休息之外,还有一些小办法,也不妨试一试。"

**一、利用茶或咖啡**

昏头昏脑时,最简单的办法便是给自己泡一杯浓茶或者咖啡。这些饮料提神醒脑,从古至今都很有效。同时,从起身、洗杯子,到饮水机旁倒水,整个动作过程都会给你带来片刻的清醒。趁这段清醒,赶紧投入你的工作,但要注意的是茶杯不要乱放,否则一走神,洒得铺天盖地,你倒是真的要吓醒了。

**二、闻香味**

美好的气味也有清醒头脑的作用。时常在办公室的桌上放一些清新怡人的香氛饰品或者干花,不仅使单调的办公环境得到点缀,也会让你不再昏昏欲睡。在精神不振的时候,闻一下,立刻觉得恍若置身于美丽的大自然中,闭上眼睛,办公室里的乏闷便消失得无影无踪。心情舒畅,精神自然也会焕发起来。当然,如果是快递送来的神秘鲜花,恐怕让你兴奋的就不仅仅是香味了。

### 三、做运动

有人说生命在于运动，又有人反驳说生命在于静止。其实绝对的运动或静止都不妥。办公室中三分动七分静最适宜。可针对办公地点的特点因地制宜地编一些操，活动活动僵硬的颈脖、四肢，身体得到适度的活动之后便会有微微的兴奋感，头脑也会随之清醒不少。如果想更舒畅地伸展身体而又不便在狭小的办公室展开，可试着找到大楼防火隔离层，那儿地方够大，也不会有人干扰。只是千万别练得兴起，忘了办公室中也许还有个急匆匆的客户在等你。

### 四、调温度

有时候室温也是个很重要的因素。现代的办公条件，中央空调总是将冬日的办公室变得如春天一般温暖。"春眠不觉晓"，这样的温度人是舒服了，却免不了昏昏欲睡。唯一的办法是，降温，开窗透气，外来的新鲜空气可能一下子会给你注入精神和活力。当然，也许有些怕冷的同事会抱怨，但是没关系，头脑一凉就清醒多了，跟他们讲道理也会更有说服力，而更主要的是你已经度过了"瞌睡危险期"。

### 五、吃薄荷糖

吃一片香口胶或者薄荷糖，无疑也有助于提神醒脑，当然最好是挑选无糖型而且口味特别强烈的那种。中午饭后，遇上同事都在，不妨每人发一片。嚼着嚼着，不光提神，还优化了空气，使每个人不再有中午吃的鸡鸭鱼肉蒜的气味。口气清新，也有助于改善人际关系，喜欢与你聊天的人多起来，多说说话，自然也就不会想到去犯困。不过，吃口香糖得注意环保，将口胶弃置指定地点。最忌讳的是把它粘在办公室里的桌子底面。

### 六、去洗手间

洗手间是个好地方，绝对隐私。如果你实在克制不住地犯困，也没有别的办法可以止住，倒不如索性去洗手间。坐在里面打个5分钟的小盹，没有人会怪你渎职。同时，在进入办公室之前，你可以对着镜子梳洗一下。如果妆不是很浓，也不妨用凉水冲洗脸颊，同时做一些轻度的面部按摩，既有助于脸部的皮肤保养，也可以使自己更加清醒，而且你会惊奇地发现周围的人说你精神好多了。

### 七、想心事

这不算开小差，手头工作告一段落，可以在电脑前装模作样。回忆一些刻骨铭心的快乐或悲伤的事，也许是开心，也许会难过，但无论如何，你不会犯困了。但是关键的一点：你千万不可以沉浸其中，尽量不要去想那些烦心劳神的事。众所周知，在一个有好感的异性面前，你总是不自觉地打起了精神。

其实，犯困只是一个信号。若并非一些特殊的原因，如熬夜、加班或者较大的情绪波动和健康原因所致。那么你应该反省一下自己是否喜欢这份工作。如果喜欢，那么全身心地投入工作一定会使你精神焕发的。如果真的不喜欢，你要考虑更重大的问题——换工作了。

（资料来源：无忧网）

# 第三节 秘书接待礼仪

接待是指个人或单位以主人的身份招待有关人员,以达到某种目的的社会交往方式。接待可以起到增进联系、提高工作效率、交流感情、沟通信息等作用,是个人和单位经常运用的社会交往方式。

接待来客是秘书最频繁的日常事务之一。秘书是代表单位接待来客的,其接待态度如何,直接影响单位的形象,决定来客对单位的印象,关系到业务能否顺利进行。所以,秘书应当尽量做到让每一位来客满意而归,这就需要掌握接待的基本礼仪。

接待礼仪通常包括日常接待礼仪、团体接待礼仪和涉外接待礼仪。

## 一、日常接待礼仪

### (一) 准备工作

迎来送往,是社会交往接待活动中最基本的形式和重要环节,是表达主人情谊,体现礼貌素养的重要方面,要养之有素,做好平时的准备工作(如表3-2)。迎接是能否给客人良好的第一印象最重要的工作。

表3-2 平时的准备工作

| | 项目 | | 具体内容和基本要求 |
|---|---|---|---|
| 思想心理准备 | 心理准备 | 诚恳的态度 | 诚恳是接待人员做好工作的基础,对客人要有感谢光临的心理 |
| | | 合作精神 | 同事招待客人时,要有主动协助的精神,共同维护组织形象 |
| | 业务知识能力准备 | | 要全面了解本单位的各方面情况,尤其是发展历史、产品资料、各部门设置等;手头备有较完备的单位相关资料,具体包括单位内部职员的电话号码、本市其他公司和企业单位的电话号码,当地宾馆、名胜古迹、游览路线、娱乐场所的名称、地点、联系方式,本市的基本概况等 |
| 物质准备 | 环境准备 | 前台、会客室、办公室、走廊、楼梯等处 | 干净、明亮、美丽,没有异味;前台或会客室摆放鲜花、绿色植物,营造出欢迎的气氛;办公桌上的文件、文具、电话等物要各归其位、摆放整齐 |
| | 办公用品准备 | 座椅 | 线条简洁、色彩明快,还应配有茶几 |
| | | 会客室 | 桌椅摆放整齐,桌面清洁,无水渍、污渍 |
| | | | 墙面装饰符合单位的目标 |
| | | | 桌面摆放单位的介绍材料及茶具饮料等 |
| | | | 良好的照明及空调设备 |
| 备注:客人离去后及时清理会客室,清洗茶具、烟灰缸,换空气,然后关好门 | | | |

迎接客人之前还要具体做好以下接待前的准备工作。

1. 布置接待环境,准备接待用品

接待环境应该干净、明亮、美丽,没有异味。接待环境包括前台、会客室、办公室、走廊、楼梯等处。前台或会客室要摆放鲜花、绿色植物,营造出欢迎的气氛,会使对方产生好感。对会客室,秘书要在预约客人到来之前,打开窗帘,通风换气,打开空调调节好温度、湿度,并将会客室桌椅仔细擦拭干净。

接待用品包括前厅用品和会客室用品。前厅要为客人准备座椅,让客人站着等候是不恭敬的。座椅样式应该线条简洁、色彩明快,还应配有茶几。会客室的墙上可挂与环境协调的画,或公司领导与有影响力人物的合影,或某次成功的大型公关活动的照片,以提高公司的影响力。桌上可放一些介绍公司情况的材料。另外,茶具、茶叶、饮料要准备齐全。一般客人可以用一次性纸杯,重要客人用正规茶具。

2. 了解上司的活动安排

预先制作一个表格,记下上司当天所有的约会安排及行踪。每天上班后,秘书应该提醒上司当天有哪些安排,如果有会见活动则需要提醒其时间、地点和对象。这样可以提醒上司不要因为忙而忘了同客人约好的会面,如果有重要客人突然来访或有要紧事时能随时联系。

3. 填写客人预约登记簿

前台秘书应该在每天下班之前与各部门秘书沟通,了解并确认第二天预约客人的情况,填写客人预约登记簿。各部门秘书应该主动把预约客人的名册及时送往前台,由前台秘书汇总登记。前台秘书应将当天已经预约好的来访者的来访时间、被约客人的姓名、所在部门事先登记好,方便接待来访者。

(二) 迎客礼仪

1. 迎候礼仪

(1) 提前到达

主人到车站、机场去迎接客人,应提前到达,恭候客人的到来,绝不能迟到而让客人久等。客人看到有人来迎接,内心必定感到非常高兴;若迎接者迟到,必定会给客人心里留下阴影,事后无论怎样解释,都无法消除这种失职和不守信誉的印象。

(2) 确认客人

在人声嘈杂的迎候地点迎接素不相识的客人时,务必确认客人的身份,通常有以下四种方法。

① 使用接站牌。可事先准备好一块牌子,上书如"热烈欢迎××总经理"或"××公司接待处"等,尽量不要用白纸黑字,以免让人感到晦气。

② 悬挂欢迎横幅。在迎接重要客人或众多客人时,这种方法最适用。通常,欢迎条幅应悬挂于醒目处。

③ 佩带身份胸卡。这种方式是迎宾人员在迎宾现场所采用的,以供客人确认本人身份的一种标志性胸卡。其内容主要为本人姓名、工作单位、所在部门及现任职务等。胸卡可别在左胸前,或戴在脖子上。

④ 自我介绍。本章第二节中提到的自我介绍方法可以使用。

(3) 礼貌寒暄

接到客人后,应向客人施礼、致意,要做到热情握手,主动寒暄,可以问候客人"一路辛苦了"、"欢迎您来到我们这个美丽的城市"、"欢迎您来到我们公司"等。

2. 乘车礼仪

(1) 准备充分

迎接客人应提前为客人准备好交通工具,不要等客人到了才匆匆忙忙准备交通工具,那样会因为让客人久等而误事。

(2) 服务周到

客人所带的箱包、行李,迎宾人员要主动代为提拎,但不要代拎女客的随身小提包。入座之前应询问客人哪些行李可以放入后备箱,征得同意后将客人行李安全放入后备箱并将后备箱锁好,以防行李意外丢失。客人如果有托运的物品,应主动代为办理领取手续。

(3) 座位排列有序

就双排五座轿车而言,一般情况下,由主人亲自驾驶时,座位由尊到卑的顺序依次是:副驾驶座、后排右座、后排左座、后排中座。由专职司机驾驶时,座位由尊到卑的顺序依次是:后排右座、后排左座、后排中座、副驾驶座。

就三排七座轿车而言,一般情况下,由主人亲自驾驶时,座位由尊到卑顺序应当依次是:副驾驶座、后排右座、后排左座、后排中座、中排右座、中排左座。由专职司机驾驶时,座位顺序应当依次是:后排右座、后排左座、后排中座、中排右座、中排左座、副驾驶座。

(4) 注意为客人开关车门

上下车时应当主动为客人开关车门。如果宾客为女士,或为职位较高或年纪较大者,接待者为客人开关车门时,应当一只手拉开车门,另一只手掌掌心向下挡住车门框上沿,以免宾客上下轿车时头部碰触车门框。客人从右侧门上车坐右侧座位时,主人最好从左侧车门上车,避免从客人座前穿过。女士穿裙装上下车时要注意保持优雅的姿势。

(5) 保持交流

从机场(车站)到单位的途中,应选择客人感兴趣且适宜的话题与客人交谈,以不使客人有冷落之感为宜;交谈内容不涉及单位机密事项、小道消息、别人私事等。可选择沿途自然风光、本地风土人情、近几天国内外大事要事等为话题,亦不可太正规,以主客双方都乐于参与为佳。

3. 引导礼仪

(1) 引导的顺序和方法

引导来宾时,在顺序问题上主要会遇到下列五种情况。

① 上下轿车的引导。如果引导者与客人不同车时,一般是引导者所座车在前,客人所座车居后;主人客人同车时,则大都讲究引导者后上车、先下车,客人先上车,后下车。

② 出入电梯的引导。出入无人控制的电梯时,引导者须先入后出,以操纵电梯。出入有人控制的电梯时,引导者则可后入后出,请尊者先行,这样做主要是为了表示对客人的礼貌。

③ 在楼梯的引导。当引导客人上楼时,应该让客人走在前面,接待人员走在后面;若

是下楼时,应该由接待人员走在前面,客人在后面。上下楼梯时,接待人员应该注意客人的安全。

④ 在走廊的引导。若主人客人并排行进,引导者应主动在外侧行走,而请客人行走于内侧;若三人并行时,通常是中间的位置最高,内侧的居次,外侧的最低。若主人客人不宜并行时,一定要自觉遵守交通规则,单行行进。在单行行进时,应由引导者行走在右前方,而使客人行走于其后居中,以便由前者为后者带路。

⑤ 出入房门的引导。在出入房门时,引导者须主动替来宾开门或关门。此刻,引导者可先行一步,推开或拉开房门,待客人首先通过。随之再轻掩房门,快走几步赶上客人(注意动作稳健,不要慌张)。

(2) 引导时的提示

在引导客人时,引导者除了与客人进行正常的交谈之外,往往还会就某些必要的情况,对客人进行介绍或提醒,这就是所谓引导时的提示。引导时对客人所进行的提示,主要涉及以下五种情况。

① 提示其所乘车辆。引导客人乘坐车辆时,务必要告知对方:"请各位上××号车。"

② 提示其注意方向。引导客人上下楼梯、出入电梯、进出房间、通过人行横道或需要拐弯时,须提醒客人,可以说一句:"请各位这边走。"同时,应辅以必要的手势,即以一只手掌心向上略倾斜,五指并拢,为客人指示方向。

③ 提示其前往何处。引导客人进入大院、大楼、写字间、会客室、休息室前,应向对方主动说明此系何处。

④ 提示其会晤何人。引导客人前去会晤某人,而主人客人双方此前并未见过面的,须提前告之客人。例如,"我们现在前去张院长的办公室"或者"李经理正在会客室恭候各位",以便让对方思想上有所准备。

⑤ 提示其关注安全。引导客人经过拥挤、坎坷或危险路径时,必须叮嘱一下对方,例如,"请各位留神","请注意某处",进行引导时,不要忘记在必要时告知客人"各位请","请这边走"。

(3) 进入会客室的注意事项

引导客人进入会客室时,应注意以下事项。

① 进入会客室前应敲门,确认无人后再领客人进入。应事先安排好会客室,不要让客人站在门外等候。

② 如果会客室的门是向外开,则由秘书拉开门,请客人先进;如果门是向里开的,则秘书推开门先进,用手扶住门,再请客人进。这叫作"内开门己先入,外开门客先入"。

**(三) 待客礼仪**

1. 热情待客

热情待客,看似简单,实则不然,秘书人员热情周到待客所表现出来的形象,就是整个单位形象的缩影。

当客人到来时,秘书应马上停下手头的工作,抬起头注视对方,站起来,微笑着,礼貌而热情地招呼来客:"你好,欢迎。"一般情况下不用主动和来访者握手,如果来访者主动把手伸过来,秘书则要顺其自然地握手。

(1) 预约的来访者

对于预约的来访者,在来之前,要有所准备,要事先记住对方的姓名,当来访者应约而来时,要热情地将其引入会客室,立即向上司通报。对公司的合作伙伴、常来的客人,秘书应马上热情地打招呼,给对方一份熟悉的亲切感,同时,应礼貌地问明其来意,然后用电话询问一下被访者是否有空见来客;如果回答说可以,再将其引领至被访者处或让被访者来领;如果被访者不在或没空,应征求客人意见另约时间或留言。

(2) 事先并不知道的预约来访者

遇到事先并不知道的预约来访者时,可以询问客人:"事先约好时间了吗?"来访者如果答:"约好×点钟见面。"秘书就知道这是已约好的客人,这时一定要赶紧道歉:"啊,真对不起,失礼了。"因为站在客人的立场来说,既然是约好时间才来的,却被问有没有约好,内心一定感到不太高兴,而且也显示出公司本身信息传达没做好,或是上司忘交代了,所以一定要道歉。

(3) 未预约的来访者

对于未预约的来访者,作为秘书人员,也应热情友好,让客人感觉是受欢迎的。然后询问客人的来意,再依当时的情况,判断适当的应对方法。如果需要上司接待,要先问清上司是否愿意和是否有时间接待。假如上司正在开会或正在会客,并同意见客,可以对临时来访者说:"抱歉,经理正在开会,您可等一会儿。"如果上司没时间接待,记下对方的要求,日后予以答复,不能推诿、拖延或敷衍了事。如果上司说不能会见,并请找借口打发来访者,这时的应对方式可以有两种情形:一种是,请示上司可否派人代理接见来客,如果上司同意派人代理,可以告诉来访者"不巧,经理正在会客(或开会),我请×科长来与你谈,好吗?"另一种是,以既热情又坚定的态度回答上司确实无法接待的来客,帮助上司挡驾。秘书人员还要学会在上司受到来访者纠缠不休时代为解围。

(4) 多位同时到达的来访者

如果同时有多位来访者到达,秘书应根据来访者的身份地位及重要性立刻做出判断,安排先后顺序,对需暂时等候的来者,客气地请其稍坐一会儿,送上茶水,上茶时,要依据次序。

2. 安排入座的礼仪

进入会客室或办公室后,秘书应请客人就座。进入领导办公室,秘书应将客人领至办公室沙发上就座。在会客室,应请客人坐上座,即离门口最远、正对门的位置。一般的座次安排有以下几种。

(1) 相对式

相对式即主客双方面对面隔桌而坐。采用相对式就座时,如果座位一面对着门,通常以面对房门的座位为上座,应让之于客人;以背对房门的座位为下座,宜由主人自己在此就座。如果座位在室内门的两侧,则以右为尊,应请客人坐在门右侧的位置。

(2) 并列式

主客双方采用并列式就座,表示双方"平起平坐"。这种座次适用于礼节性拜访时的接待。

当座位面对门时,以右为尊,主左客右。若主客双方参与会见者不止一人,则双方的其他人员可分别按照各自身份的高低,由近而远在己方负责人一侧就座。

当座位同在室内的左侧或右侧时,以"远离门为上",应请来宾坐在离门远的位置。

如果双方关系比较密切,宾主双方可分别坐在桌子的同一侧进行交谈。

(3) 居中式

如果客人较少,而主方与会者较多时,往往可以由主方的人员以一定的方式围坐在客人的两侧或者四周,而请客人居于中央。

(4) 主席式

当在同一时间、同一地点正式会见两方或两方以上来宾时,采用主席式座次安排。主人也可以坐在长桌或椭圆桌的尽头,而请其他来宾就座于其两侧。

(5) 自由式

自由式就座就是不分主客,不讲座次,主宾各方自由择位。

3. 斟茶倒水的礼仪

客人来到后,秘书人员要负责端茶倒水,当然最好先征求客人的意见,问清愿意喝哪种饮料再送上。如果等候时间较长,还应续茶。在等待的同时可介绍客人看公司的小册子、期刊、报纸等。

斟茶的注意事项。

(1) 正确操作。不要当着客人的面取茶冲泡。即使当着客人的面取茶,也不能直接下手抓茶叶,而要用勺子取,或是直接以茶罐将茶叶倒进茶壶、茶杯。杯盖的内口不能接触桌面,杯耳的握柄要朝着客人的右边,手指不能放在杯口上,不能发出杯盖碰撞的声音。一般是左手拿开杯盖,右手持水壶,将热开水准确地倒入杯里,不能让茶水溅到桌面上或客人身上。如果操作不慎,出了差错,应不动声色地尽快处理,不能慌慌张张。

(2) 不要太满。以茶待客讲究要上热茶,而且是七分满。茶太满则有"茶满欺人"的说法。

(3) 注意顺序。上茶时如果客人多,可以遵循先客后主、先主宾后次宾、先女后男、先长辈后晚辈的顺序。

(4) 续茶适时。在上司与客人谈话时,秘书端茶进门时要轻轻敲门。在为客人续水斟茶时,不要妨碍到对方。一手拿起茶杯,使茶杯远离客人身体、座位、桌子,另一只手把水续入。最好不在客人面前续水。

主人如果是真心诚意地以茶待客,最适当的做法就是要为客人勤斟茶,勤续水。这种做法的寓意是:"慢慢喝,慢慢叙。"以前,我们待客有"上茶不过三杯"一说。第一杯叫作敬客茶,第二杯叫作续水茶,第三杯则叫作送客茶。如果一再劝人用茶,而又不说话,往往意味着提醒来宾"应该打道回府了"。所以,在用茶招待老年人或海外华人的时候,不要再三斟茶。

(四) 送别礼仪

送别通常讲究哪里接的客人至少送到哪里。具体要注意以下事项。

1. 客人起身后再站起来相送

客人提出告辞时,秘书人员要等客人起身后再站起来相送,切忌没等客人起身,自己先于客人起立相送,这是很不礼貌的。若客人提出告辞,秘书人员仍端坐办公桌前,嘴里说"再见",而手中却还忙着自己的事,甚至连眼神也没有转到客人身上,更是不礼貌的行为。"出迎三步,身送七步"是迎送宾客最基本的礼仪。因此,每次见面结束,都要以将"再次见面"的心情来恭送对方回去。通常,当客人起身告辞时,秘书人员应马上站起来,主动为客人取下衣帽,帮他穿上戴上,与客人握手告别,同时,选择最合适的言词送别,如"希望下次再来"等礼貌用语。尤其对初次来访的客人更应热情、周到、细致。

2. 要帮助送客

要先提醒客人检查有无东西落下。一般送到电梯前或楼梯口。要帮助客人按电梯的按钮,等客人上电梯后,微笑着向客人挥手告别,等电梯门关上后再离开。如果送到楼梯口,要等客人转过楼梯看不见了再回身。重要的客人要送到大门口,如果客人自己没车,要为客人叫出租车。帮助客人打开车门,身份最高的客人要请其坐在车的后排靠右的位置。关门后,仍要恭敬站好,向客人挥手告别。要等客人的车开出视野之后,再转身回来。如果刚关上门就转身离开,客人看到会觉得不舒服,以为自己不受欢迎。如果秘书等接待人员是在机场、车站等接的客户,还需将客户送到机场、车站。应提前做好车辆安排,并帮客户拿行李。

3. 注意和上司的前后关系

和上司一起送客时,无论行走站立,都要比上司稍后一两步。在需要开门或按电梯按钮时再赶上前去。

4. 不要议论客人的短长

在客人走后,不要和同事一起议论客人的短长。因为有时客人发觉落下东西后会马上返回来取,可能正好听到在议论他,这对双方都是极为尴尬的事,也许合作之事因此作罢,此前所有的努力都付诸东流了。

**(五)接待的注意事项**

1. "3S"迎客法(如图3-1)

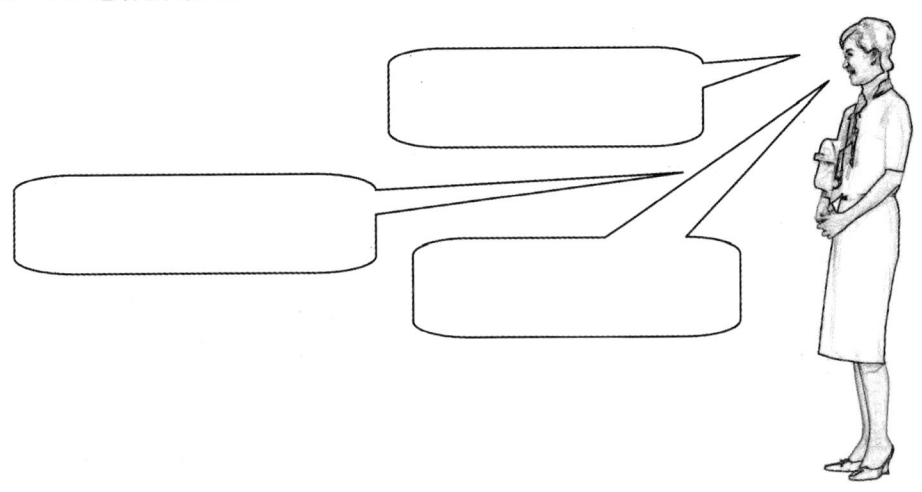

图3-1 "3S"迎客法

"3S"迎客法的意思即见到客人的第一时间,要做到"Stand up"(站起来)、"see"(注视对方)、"Smile"(微笑)。然后伴以15度鞠躬,上身要以腰为轴前倾,不可驼背或探脖子。鞠躬的时候,眼睛要随着身体的前倾而向下看,不可翻着眼睛看客人。鞠躬的同时不说话,鞠躬礼毕再向客人问候。客人到了,秘书还坐着做自己的事,对客人不理不睬,不主动迎客的做法是不礼貌的。

使用"3S"迎客法的同时,用规范的语句问候客人:"您好,欢迎您的来访!""您好,我能为您做些什么?""您好,希望我能帮助您。"不应该说"你有什么事",或仅仅说"您好",然后等对方说话。

2."三迎七送"

"三迎七送",即"出迎三步,身送七步",这是最基本的礼仪。见到有客来访,应立即迎上去,热情的询问来意,主动与来访者搭话,因为来访者通常会感到有些拘束,放不开手脚,有时不知道要说什么,因而显得局促不安;然后请来访者坐下,并给客人泡上一杯茶;客人要走的时候,可以说些适当的挽留话,欢迎他下次再来,要让来访者有宾至如归的感觉。

3. 接待有"三声"

"三声"即"来有迎声,问有答声,去有留声"。"来有迎声"就是接到客人后,应首先表示问候。"问有答声"就是来访者对本公司或本次会议有疑问前来咨询,秘书人员应该热情真诚地回答。当然在回答中最重要的是要维护本公司的形象和利益。"去有留声"就是在来访者结束来访准备返回的时候,秘书人员必须热情地说"欢迎下次再与本公司合作"、"请一路走好"等。

4. 仪容整洁

接待来访者的时候也应该注意自己的仪容整洁,蓬头垢面或穿着不正式的服装会客是不礼貌的。体态语言要得当、自然,动作不要过大、过频;站姿、坐姿、步姿合乎规范,让人感觉舒适自然。

5. 以静止怒,以柔克刚

当来访者出言不逊甚至恶言相对时,接待人员要冷静对待,冷静处理。如果是本公司的产品出了问题,面对气势汹汹的来访者,接待人员应始终面带微笑,先热情地倒茶,让座,然后关心而急切地询问产品是否对其产生危害。接待者要站在来访者的立场看问题,处理问题,为其利益考虑,勇于承担责任。只有这样,才能化干戈为玉帛,妥善解决问题,维护本组织形象。

## 二、团体接待的礼仪

秘书要做好团体接待,首先要弄清来访者的来访目的及访问团成员的情况,以便做出合理的安排,然后要把接待工作的各项前期准备工作制订一个详细的计划,报主管领导审批后具体、逐项落实,正确处理接待过程中的各种突发事件。在接待过程中,要讲究接待礼仪,注重接待细节,只有这样才能圆满完成工作任务。

### (一) 收集来宾信息

要成功接待来访团体,首先要了解来访人员的基本情况和来访目的、抵离的时间和日程安排,以及其他背景材料。获取的信息越全面,越真实,制订出的接待方案就越具有针对性,接待工作才能取得成功。

1. 来宾基本情况

一般包括单位、人数、姓名、性别、年龄、身份、职务、宗教信仰、生活习俗、健康状况等。

对来访主宾的身份情况应从职务、地位、履历等多方面进行了解,对重要的来访者,还可以从兴趣爱好等方面作深入了解,以便接待规格恰到好处;对于不熟悉的来访者应通过其上级或者其他途径核实准确。询问和核实可通过电话、传真、电子邮件等快捷方式进行。

2. 来访目的

了解来访目的,接待才更具有针对性。可以根据收集到的信息,分析判断其来访目的;也可以根据上级及有关部门的接待通知,了解来访目的;还可以根据与来访者联系交流,分析判断其来访目的。

(二) 制订接待计划

接待计划主要包括四项内容:确定接待规格、日程安排、经费预算和工作人员安排。

1. 确定接待规格

秘书必须根据来访者的身份确定接待规格。即确定本次接待应由哪位高层管理者出面(即确定主要陪同人),以及其他陪同者和住宿、用车、餐饮的规格等。接待规格是从主陪人的角度而言。接待规格有三种,即高规格接待、对等接待和低规格接待。

高格接待即主要陪同人员比来宾的职位要高的接待。例如,上级领导派工作人员来了解情况,传达意见,兄弟企业派人来商量要事,等等,需高规格接待。

低格接待即主要陪同人员比客人的职位要低的接待。例如,上级领导或主管部门领导到基层视察,只能低规格接待。

对等接待即主要陪同人员与客人的职位同等的接待。这是最常用的接待规格。

秘书首先要了解客人的身份和来访目的,据此确定由谁出面接待最合适。接待规格的最终决定权是在上司那里,秘书仅提供参考意见。当接待规格定下来以后,秘书应当把己方主要陪同人员的姓名、身份以及日程安排告知对方,征求对方意见,得到对方认可。

影响接待规格的还有以下一些因素。

(1) 对方与己方的关系。当对方的来访事关重大或己方非常希望发展与对方的关系时,往往以高规格接待。

(2) 一些突然的变化。例如,上司生病或临时出差,只得让他人代替,致使接待规格降低。遇到这类情况,应该尽量提前向客人解释清楚,向客人道歉,以赢得理解。

(3) 以前接待过的客人。接待规格最好参照上一次的标准。

2. 日程安排

日程安排包括来访的起止时间、每天的活动内容等。日程安排要具体,包括日期、时间、活动内容、地点、陪同人员等内容,一般以表格的形式列出。下面是××公司接待日程安排(表3-3)。

表 3-3   ××公司接待日程安排

| 日期 | 具体时间 | 行程安排 | 地点 | 参加人员 | 备注 |
|---|---|---|---|---|---|
| 3月4日 | 14:00～14:40 | 接机 | 新郑机场 | 杨梅副总经理、市场部张蓝经理及秘书王玫、刘丽 | 安排好车辆、准备好鲜花、迎宾牌 |
| | 15:00～15:15 | 接送到酒店 | 郑州金德福大酒店 | 杨梅副总经理及秘书王玫 | 注意安全、附送行程安排表 |
| | 17:00～17:30 | 拜访 | 郑州金德福大酒店 | 汪洋海总经理以及其他领导人员 | 准备小礼物 |
| | 18:30～20:30 | 欢迎晚宴 | 郑州金德福大酒店 | 公司总经理以及其他领导人员 | 注意就餐礼仪、就餐座位安排 |
| 3月5日 | 9:00～11:00 | 开会 | 郑州鑫鼎建材有限公司大会议室 | 汪洋海总经理、杨梅副总经理、工程部郭楠经理、财务部小赵、秘书王玫 | 准备好会议资料、注意礼仪 |
| | 11:30～13:00 | 午餐 | 郑州鑫港美食园 | 出席会议的相关人员 | 注意客户的禁忌 |
| | 15:00～17:00 | 参观厂房 | 郑州鑫鼎建材有限公司车间 | 汪洋海总经理、杨梅副总经理、工程部郭楠经理、秘书王玫、车间李刚主任 | 在参观前10分钟提醒车间准备、注意安全、准备安全帽等 |
| | 18:00～20:00 | 晚餐 | 郑州金德福大酒店 | 参观厂房的相关人员 | 注意客户的禁忌 |
| 3月6日 | 9:40～11:00 | 游览 | 新郑黄帝故里 | 市场部张蓝经理、工程部郭楠经理、秘书王玫及导游丁晶 | 提前联系导游，做好游览准备 |
| | 12:00～13:00 | 欢送会 | 郑州金德福大酒店 | 郑州鑫鼎建材公司相关领导及所有接待人员 | 安排欢送晚会，注意客户的禁忌，加强安保 |
| | 14:30 | 送别 | 新郑机场 | 汪洋海总经理、工程部郭楠经理及秘书王玫 | 提前20分钟准备车辆，路上注意安全 |

3. 预算经费

根据接待规格、人员数量、活动内容等做出接待费用的预算，接待经费一般包括以下几项。

（1）工作经费，包括租借会议室、打印资料等费用；

（2）住宿费；

（3）餐饮费；

（4）劳务费，包括讲课、演讲、加班等费用；

(5) 交通费；

(6) 参观、游览、娱乐费用；

(7) 礼品费；

(8) 宣传、公关费用；

(9) 其他费用。

有时，客人的住宿费、交通费等由客人一方支付，这就要把所需费用数目与日程安排表一起提前寄给对方。

4. 工作人员安排

根据接待规格和活动内容确定工作人员的构成和数量。这些工作人员要做来访前的准备工作、来访期间的联络沟通、协调服务工作。重要的团体来访，秘书一个人是无法承担所有准备工作的，在接待计划中，要确定各个接待环节的工作人员，为了使大家对自己的工作心中有数，让所有有关人员都准确地知道自己在此次接待活动中的任务，提前安排好自己的时间，保证接待工作顺利进行，可制出相应的表格，印发给有关人员。

**（三）安排来访团体的住宿、交通、行程**

在接待规格确定下来以后，根据公司的规定以及客人的需求，确定餐饮、住宿、用车标准。如果客人的要求是超标的，秘书须向上司汇报，由上司做出决定。

1. 预订住宿宾馆及房间

首先，选择宾馆需要考虑交通是否便利、档次是否合适、环境是否安静优雅，如果有熟悉的或定点的服务较好的宾馆可优先考虑。

其次，安排房间要根据事先了解到的情况，确定房间的数量、规格，同时需要考虑给主宾安排套间，朝向、楼层要好。

2. 安排用餐

接待来访团体用餐，一般选择在住宿宾馆，或离住宿宾馆较近的用餐地点。接风和送行需要正式的宴请，秘书需提前做好准备。

3. 拟订行程

根据来访者的目的和需求，安排好来访团体的行程。

4. 交通用车

要根据接待规格和客人的人数、来访团体的行程，制订用车方案，保证接待工作的顺利进行。

**（五）安排来访者的参观、娱乐活动**

1. 安排参观活动

（1）明确参观目的

明确来访者的目的，即参观目的。例如，对方是为了引进某个项目而来访，安排其参观的应为相关的设备、厂房、实验室等。

（2）安排参观内容

参观内容应符合下列要求：

① 有代表性的内容，能够满足来访者的基本要求；

② 不会影响正常的工作及生产；

③ 不会泄露核心机密。

2. 安排娱乐活动

视来访者的情形决定娱乐活动内容。

(1) 游览活动

如果客人是初次到本地来访,一般都会安排游览本地的著名景点。秘书应做好准备工作。

了解客人的身体、年龄、兴趣等相关情况,以便确定适合客人游览的风景点。有些景点风景优美,但地势险要,或路途较远,来访团体中的主宾年龄较大或身体状况不太好时就不宜安排。

秘书应熟悉将要游览的地方,方便游览时介绍或交谈。如果是人文景观,秘书应该对它的历史有所了解;如果是自然景观,秘书也应该知道它的特色是什么,有哪些与众不同之处。

(2) 娱乐活动

娱乐活动可以分为观看项目和参与项目。

观看项目的水准应该是较高的,有地方特色的最好。观看项目有:看话剧、京剧,看芭蕾舞剧,参观博物馆,等等。

参与类项目选择的地点要合适、要高雅。参与项目包括:打高尔夫球、台球,唱卡拉OK,跳舞,等等。秘书应根据客人的特长和兴趣安排不同的娱乐活动。

3. 参观活动、娱乐活动的相关礼节

(1) 准时到达。参加参观活动、娱乐活动时应按要求准时到达。特别是参加观看类项目,迟到是不礼貌的,即使是贵宾,也不应该在节目正式开始以后才抵达现场。

(2) 不大声喧哗。特别是参加参观活动及参加娱乐活动,不要大声喧哗,不要议论。陪同人员不要在看节目的时候为客人作讲解。如果怕客人不明白,可以在进场后买几份节目单给客人。

(3) 注意着装。参观、游览、娱乐是不同场合,着装应该根据场合调整。

## 三、涉外接待礼仪

涉外接待礼仪是指在长期的国际往来中逐步形成的外事接待礼仪规范,也就是人们参与国际交往所要遵守的惯例,是约定俗成的做法。它强调交往中的规范性、对象性、技巧性。

随着对外贸易的增多与频繁,涉外接待的工作也越来越多,虽然接待的基本程序和内容与国内接待大致相同,但接待对象来自不同国家、不同民族,因此要特别注意礼节规范及国际通行做法,以维护双方利益与形象。

(一) 涉外礼宾的次序

1. 涉外接待的原则

(1) 维护国家利益

在参与涉外交往活动时,应时刻意识到在外国人眼里,自己代表国家、民族、单位、组织的形象,要做到不卑不亢。自己的形象、言行应当端庄得体,堂堂正正。在外国人面前,应表现得既谨慎又不拘谨,既主动又不盲动,既注意慎独自律又不是手足无措,无所事事。

(2) 不卑不亢

不卑不亢是涉外接待时我们应该始终坚持的原则。国有国格,人有人格,企业也要树立和维护自己的形象。无论对方来自于哪个国家,所代表的公司、企业是大是小,都应该以平等的态度去交往。面对强者,不低声下气,保持尊严;面对弱者,不妄自尊大,平等待客、互惠互利。

(3) 女士优先

在男女都在的社交场合中,男士要照顾并礼让女士,遵循"尊重妇女,女士优先"原则。该原则要求在一切社交场合(有些公务场合除外),成年男子都有义务主动自觉地以自己的实际行为去尊重妇女,照顾妇女,体谅妇女,关心妇女,保护妇女,并尽心竭力地去为妇女排忧解难。

(4) 内外有别

国际间的交往合作,都要依法而行,不仅遵守我国的法律,而且遵守对方国家的法律。在对外贸易活动中,还应遵守世界贸易组织的各项规则。

(5) 依法办事

对外交往既要保守国家机密,也要保守本单位的机密。涉外接待要以礼待客,并不意味着答应外宾的一切要求,必须坚持保密原则。文件、重要的会议记录、数据等不要随意泄漏给外宾,要依法办事。

(6) 遵守国际交往的基本礼仪

各国礼仪都有自己特别之处,要了解对方的风俗习惯、宗教信仰与禁忌,遵守国际交往的基本礼仪,尊重对方的风俗习惯。

2. 礼宾次序

礼宾次序亦称礼宾序列。在商务礼仪中,它是指在商务交往中对参观访问、出席活动、参加仪式的来自不同国家、不同地区、不同团体、不同单位、不同部门、不同身份的组织或个人的尊卑、先后的顺序和位次等所进行的合乎礼仪惯例的具体排列。

它主要涉及在多边商务交往中如何兼顾尊卑有序、平等待人这两项基本礼仪原则,处理实践中难以回避的顺序与位次的排列问题。

常见的排序方法:

(1) 按身份与职务的高低排列。常用于政务、商务、科技、学术、军事交往。

(2) 按来宾所在国名称的英文字母顺序排列。常用于大型国际会议或体育比赛。

(3) 按时间先后顺序排列。可按来宾抵达现场的具体时间早晚来排列其先后次序,也可按来宾通知东道主决定到访日期的先后排列。

(二) 涉外迎送仪式

在涉外商务交往中,一项重要而又经常的工作就是在国内迎接或送别外国的商务人员。涉外迎送仪式,是指当己方身为东道主之时,对应邀前来访问者,在他们抵达和离开时,应安排相应身份的人员前往机场(车站、码头)迎送,具体要求如下。

1. 确定迎送规格

掌握来访外宾或代表团的基本情况,依据来访者的身份和访问目的,适当考虑两国关系、国际惯例,综合平衡,确定主陪人。

2. 安排住宿

在为外国来宾安排住宿的具体过程中,一般应当注意以下三个方面的问题。

首先,必须充分了解外宾的生活习惯。不同的国家有不同的风俗,每一个人也有自己独特的生活习惯。一般而言,外宾对于个人卫生大都十分重视。对于他们而言,随时可以洗热水澡的浴室和单独使用的干净清洁的卫生间是临时居所应具备的基本条件。

其次,必须慎重选择外宾的住宿地点。通常应当被安排在涉外饭店里住宿。

再则,必须善解人意但不妨碍对方的私生活。使宾至如归,体贴入微,善解人意应当在接待人员的身上得以发扬光大。应当注意的是,对外宾的关心、照顾,应以不妨碍对方的私生活为准,并应以不限制对方个人自由为限。

3. 掌握抵达和离开的时间

涉外迎送不是一般的迎来送往,而是涉外交往中一项重要的礼仪活动。

接待人员必须准确掌握来宾乘坐飞机(火车、轮船)抵达和离开的时间,及早通知全体迎送人员和有关单位。迎接人员应在飞机(火车、轮船)抵达之前到达机场(车站、码头),以表示欢迎,并妥善安排各项礼仪程序和活动。

通常,迎接人员应陪同来宾一同前往住宿处。到达后,不要马上安排其他活动,要给外宾留下充足的洗澡、更衣、休息时间。迎接人员可以暂时离去,走前应告诉外宾下一步的活动计划,并求得其同意。应当为外宾留下主人的电话号码,以便提供及时帮助。在迎接外宾的整个过程中,迎接人员应当始终面带微笑,以表示欢迎之意,不要故作矜持,一语不发。

送别外宾亦应考虑周全,热情欢送。如果客人乘坐班机离开,应通知其按航空公司规定的时间抵达机场办理有关手续(身份高的客人,可由接待人员提前前往代办手续)。大体上要依照迎接的规格来确定送别的规格,主要迎接人应参加送别活动,送行人员可前往外宾住宿处,陪同外宾一同前往机场、码头或车站,亦可直接前往机场、码头或车站恭候外宾,必要时可在贵宾室与外宾稍叙友谊,或举行专门的欢送仪式。

在外宾临上飞机、轮船或火车之前,送行人员应按一定顺序同外宾一一握手话别。飞机起飞或轮船、火车开动之后,送行人员应向外宾挥手致意。直至飞机、轮船或火车在视野里消失,送行人员方可离去。不去机场、码头或车站送行,或客人抵达后才匆忙赶到,对外宾都是失礼的;或者外宾一登上飞机、轮船或火车,送行人员就离去,也是不妥当的。尽管只是多停几分钟的小事情,却很可能因小失大。

4. 介绍

客人与迎接人员见面时,互相介绍。通常先将前来欢迎的人员介绍给来宾,可由礼宾人员或其他接待人员介绍,也可以由欢迎人员中身份最高者介绍。客人刚到,一般较拘谨,主人宜主动与客人寒暄。

5. 陪车

客人抵达后从机场到住地,或者访问结束由住地到机场,有安排陪同客人乘车的,也有不陪同乘车的。

6. 着装

参加迎送仪式的所有人员,着装要郑重其事,要着正装。

(三) 馈赠礼品

1. 礼品的选择

每个人都有自己的兴趣、爱好,每个民族、每个国家都有各自的风俗习惯,选择礼品一定要有所考虑,有的放矢,投其所好。对外宾应以民族特色为上,如美丽动人的中国刺绣和丝绸、中国书画、具有民族特色的手工艺术品等,常常被人们选来作为珍贵的礼物赠送外宾。

商务接待活动中,礼品选择贵在纪念意义,不可太贵重。

2. 注意包装

礼品选择好后,应立即撕掉价格标签,并精心包装。选择包装纸时,应注意包装纸的花纹、颜色及字样与购置礼物目的相符,并注意各国的不同喜好。例如,日本人不喜欢绿色纸,不喜欢打蝴蝶结;阿拉伯人不喜欢红色,喜欢绿色纸,等等。

3. 馈赠礼节

(1) 赠送的礼节

礼物要当面送给受礼者,双手递上,并且说明是礼物。中国人赠送时往往自谦说:"一点薄礼,不成敬意。"西方人不懂我们的婉转自谦,应按他们的习俗来说:"这是我们中国的工艺品,是特别为你选的。"

(2) 受礼的礼节

接受礼物时应站立起来,双手接受。我们的习惯是不当面拆开包装。西方人的礼节是当面打开包装,并且说:"太漂亮了,我很喜欢。"

不论中外,收到礼物之后,都要道谢,并在适当的时机回礼。外国人的习惯是收礼后还要写信道谢。

# 案例分析

**案例**

有一次,一位日本商人来嘉威葡萄酒有限公司谈生意,当时办公室其他人员全都外出办事,杨秘书负责接待工作。她给客人泡茶,不知是疏忽大意,还是不懂泡茶的礼节,她将茶杯洗后,将茶盖顺手扣在桌上,用手指从茶叶筒捏茶叶,冲开水时冲得水满杯外溢,茶盖盖上,茶水便流满茶几,弄得她手忙脚乱,不知所措。客人把这一切看在眼里,不一会便借故离开,这次合作也因此没有下文了。

**分析**

通过这件事,可以看出接待工作无小事,包括端茶倒水等一些细节性的礼仪也决定工作的成败。杨秘书接待日本客人时因为没有注意上茶的礼仪,致使合作失败。秘书是代表单位接待来客的,其接待质量如何,直接影响单位的形象,决定来客对单位的印象,关系业务能否顺利进行。所以,秘书应当尽量做到让每一位来客满意而归,这就得掌握接待的基本礼节。

# 技能训练

**训练项目一：选择**

1. 驾驶者是专职司机，双排五座轿车最上座应该是（　　）。
   A. 后排右座　　B. 后排左座　　C. 后排中座　　D. 副驾驶座
2. 秘书在安排接待一个外省公司的考察团时，应明确的首要工作是（　　）。
   A. 确定接待规格　B. 拟定日程安排　C. 制订接待计划　D. 确定接待人员
3. 秘书必须能根据（　　）确定接待规格。
   A. 来访者的意图　B. 来访者的身份　C. 来访者的要求　D. 来访者的职业

**训练项目二：秘书工作**

假如你是江山公司的秘书李华，下面是行政经理高明需要你完成的工作任务。根据要求完成任务。

---

便　条

李华：

　　公司决定为办公室新聘人员进行上岗前的培训，主题为"接待礼仪"，由我主讲。请你就接待礼仪的相关要点为我提供一份讲课提纲。

　　谢谢。

行政经理　高明
××年×月×日

---

**训练项目三：情景分析与讨论**

**情景材料一**

某贸易有限公司实习秘书高峰在机场顺利地接到公司的客户，客人一男一女，男的是其单位主管，女的为一般员工。高峰首先做自我介绍并主动热情地伸出右手和他们握手，表示对他们的欢迎；同时，在礼貌地征询客人们的同意后帮助客人提大件行李并靠左引导客人乘车。高峰打开车前门，以手示意，请戴眼镜的男客人坐在副驾驶座位上，并说："请您坐在这个位置上吧，这儿视野开阔些，光线也好。"之后，又打开车左后门，向女宾说："请您和我一道坐在后排座位上好吗？来，请您先进。"女宾服从其安排。之后，司机驾车载主客三人回公司，一路无话。

**实训要求**

根据情景材料提供信息，请按照礼仪标准判断实习秘书高峰在接待客人过程中有哪些失礼之处，并说明理由。

**情景材料二**

当来访客人走进某药业集团有限公司经理办公室时，鲍秘书正在办公桌前打印一份文件,他向客人点点头,并伸手示意请客人先坐下。10分钟后,他起身端茶水给客人,用电话联系好客人要找的部门,在办公桌前起身向客人道别,并目送其走出办公室。为此事,鲍秘书受到了办公室主任的批评。

**实训要求**

分析以上情景材料,说出鲍秘书为什么受到了办公室主任的批评。

**训练项目四:职场模拟**

根据材料内容,模拟演示秘书处理以下的场面。

**职场模拟一**

有一个外地公司的客户,慕名来到滨江公司,但因为事先无约,显得有些不好意思,请演示秘书接待的情景。

**职场模拟二**

一位和公司有多年交情的王经理,约好了今天10点钟来公司,现在他提前10分钟来到了公司,秘书却告知他,要推迟约见。演示秘书接待的情景。

**职场模拟三**

有一位推销员,事先没有约定,一来就声称是经理的朋友,坚持要见经理,秘书问他的大名,他却又不愿通报姓名,不愿说出求见理由,还赖着不肯离去。演示秘书应对的情景。

**职场模拟四**

今天有4位重要客人来访。秘书要在办公室外迎接客人并进行自我介绍,然后引导他们上楼,进入经理办公室。演示整个过程。

# 相关知识链接

## 接待中的问候和称谓礼节

### 一、问候礼节

问候礼节主要是指在接待来宾时使用规范化的问候用语。

见到初次来宾应说:"您好!见到您很高兴!"如系以前认识,离别甚久,见面则说:"您好吗?很久未见了。"

来访者来到时,除第一句话按不同时间问候外,接着应问:"您有什么事需要我帮忙吗?您是初次来这里吗?路上辛苦了。"

平时遇到来宾,应问安,一般说:"你好。"对于较熟悉的客人可以说:"您好吗?"分别时则说:"再会!""明日再见!""不久再见!""祝您一路顺风,请转达我们对您家属的问候。"等等。

如果客人身体不好,应关心地说:"请多保重。"当气候变化的时候应告诫客人:"请多加一些衣服,当心感冒。"

如果遇客人的生日或节日,应向其祝贺。如"祝您生日快乐"等。

客人即将离去时,应主动对客人说:"请对我们的工作提出宝贵意见。"

## 二、称谓礼节

用恰如其分的称谓来称呼客人,这就是称谓礼节。不应直呼其名,可称"先生"、"女士"等;知道其职务时,在一定场合也可称职务,如"×部长"、"×处长"、"×厂长"、"×经理"等。

# 第四章 秘书会务工作礼仪

礼仪在秘书会务工作中占有重要的地位,秘书人员要掌握会务工作的基本礼仪知识,能够按照礼仪要求完成会议筹备、组织与服务工作;能在参加会议时,遵守基本的礼仪规则。

## 第一节 秘书会务工作礼仪要求

会议是指有组织、有领导地召集人们研究和讨论问题的一种社会活动方式,是领导机构进行决策和管理,实现领导职能的重要方式,被广泛地应用于政治、经济、科学文化及社会生活的各个领域。会议也是人们常见的沟通方式,是人们交流信息,沟通感情,协商事宜,达成共识的一种重要行为过程,是人们在社会生活中处理有关问题的一种经常性的活动形式。

会议工作一般被称为会务工作。从时间上看,包括会前的计划筹备工作、会间的组织服务工作和会后的善后处理工作。

会务工作礼仪,是召开会议前、会议中、会议后,会议工作人员在准备会议、提供服务、办理会议文书等工作中应遵守的基本礼仪。秘书人员几乎每天都要和各种会议打交道,不管是小型会议还是大型会议,也不论是内部会议还是外部会议,都是秘书操办或参与的。不管哪种会议,要想取得良好的效果,会议的组织就必须讲究礼仪,使与会者心情愉快,相处和谐,有利于沟通和交流。

会务工作礼仪是会议取得成功的保证,又是秘书人员礼仪修养和礼仪业务水平的表演舞台。因此,秘书人员必须掌握会务工作的基本礼仪。

### 一、会前准备的礼仪

会议能否获得成功,很大程度上取决于会前的准备工作。会前的准备工作涉及很多方面,如会议预案的制订、会议议程和日程的准备、与会者的范围以及会议地址的选择、物品及设备的准备、文件资料的准备、食宿的安排、经费的预算,等等。充分的会议准备也是会务工作礼仪的基本体现。

#### (一) 了解会议组织的一般礼仪原则

1. 减量原则

对准备举行的会议严格审查,通过个别联系、协商或请示能够解决的问题,原则上不召开会议讨论,尽量减少会议次数。严格限定会议出席人数,以确保会议的效率。

2. 严守时间原则

按会议通知时间准时召开会议,准时结束会议。

3. 高效原则

高效原则就是提高会议效率的原则。例如,事先安排好会场,事先向与会者分发有关会议资料,限定发言时间,控制好会议议题,等等。

### (二)会议时间的安排

1. 确定会议时间

(1)尽量避开本组织特别繁忙的时间段召开涉及人员多、历时比较长的会议。

(2)确定会议召开时间要优先考虑组织内部主要领导、主管领导和主持人的时间是否合适。一般情况下,在上司身体不适或出差返回的当天尽量不安排重要会议。

(3)如果是有外部人员参加的会议,确定会议召开时间时要考虑邀请的有关上级领导和嘉宾能否到会。

(4)会议的时间安排应该科学合理,符合人们的生理规律,一般安排在上午九点至十一点,或下午两点半至四点半,此时人的注意力比较集中,会议效率比较高。

(5)会议连续进行的时间一般不要超过两个小时,如果时间较长,可以适当安排中场休息。

2. 确定会议议程和日程

会议议程是为了完成会议议题而做出的顺序性计划,是会议主持人主持会议的根据。会议议程通常由秘书拟出草案,交上司审定后复印,分发给所有与会者。会议日程是根据会议议程逐日作出的具体安排,以天为单位,将会议活动分别固定在每天的上午、下午、晚上三个时间单元,使人一目了然。

安排会议议程和日程时需要注意以下几个问题:

(1)如果会议议题较多,安排议程时应按照重要程度排列,最重要的最先安排。

(2)根据多数人的意见安排日程,保证尽可能多的人有时间参加会议。

(3)一般来说,全体会议安排在上午,分组讨论安排在下午,晚上可适当安排一些文娱活动。

### (三)会议地点的选择和会场布置礼仪

1. 会议地点的选择

会议地点的选择对整个会议起非常关键的作用,合适的地点和好的会场能营造出恰当的氛围,有利于推进会议进程,帮助达到会议效果;它体现会议组织者对会议的重视和对与会者的尊重,所以,会议地点的选择也是会议组织礼仪的重要体现。

选择会议地点时,秘书人员要综合考虑各种因素,如会议的规格、规模及经费预算等,要注意以下几点:

(1)会场位置要方便与会者前往。应选择在离上司和与会者工作地点比较近的地方,要考虑交通是否便利。尽量避免在偏僻的山区、高寒地区和酷热地区开会,这些地点会增加与会者到会的困难。应考虑选择那些能使与会者在较快或较短时间内到达的会场,并确保交通安全。

(2) 会场的大小应与会议规模相符。一般来说,每人平均应有一定的活动空间才比较适宜。同时考虑会议的长短,如果会议时间较长,场地应适当宽松一些。这样,与会人员会感觉比较舒服。

(3) 选择会议地点要考虑有无停车场所,以及停车场所的容量与会议规模是否匹配。

(4) 有些会议要求会场应不受外界干扰,因此选择会场时就应该避开过于繁华热闹的区域。

(5) 要根据需要,考虑会场是否有良好的设备配置。

2. 会场布置礼仪

会场布置是组织会议的一项重要礼仪工作,包括主席台的布置、主席台座次的安排、场内座次的安排和会场气氛的营造等方面。布置会场的基本要求是庄重、美观、舒适,能体现会议的主题和气氛。

(1) 主席台的布置

小型会议可以不设主席台。大型、中型会议都要设主席台。会议主席台是领导人就座之处,也是与会者瞩目的焦点,一定要根据会议的主题精心布置。

主席台的布置包括:在主席台前幕上方悬挂醒目的会标;在主席台后幕居中处悬挂会标;在主席台中央安排与会领导及嘉宾座位,并排列座次;在主席台下及周围适当摆放绿色植物或鲜花作装饰。

(2) 主席台座次的安排

在会议主席台上就座的都是主办方领导、贵宾或主席团成员,安排座位时应注意以下惯例。

依职务高低和选举结果安排座次。职务最高者居中,然后按先左后右、由前至后的顺序依次排列。正式代表在前居中,列席代表在后居侧。

会议主持人根据具体情况,可以在前排的边座就座,也可按职务顺序就座。

主席台座次的安排要编制成表,先报主管上司审核,后贴在贵宾室、休息室或主席台入口处的墙壁上,或在出席证、签到证等证件上注明。

制作姓名台签,放置在主席台的桌子上,靠座位的左侧摆放。

(3) 场内座次的安排

小型会议室座位的安排既要考虑与会者就座的习惯,又要突出主持人、发言人。要注意分清上座、下座。一般情况下,离会场的入口处远、离会议主席位置近的座位为上座,会议主持人或会议主席的位置应安排在远离入口处且正对门的位置。

代表会议、工作会议、报告会议等大中型会议需要安排场内其他人员的座次时,常用下列三种方式排列:

横排法。横排法是以参加会议人员的姓氏笔画或单位名称笔画为序,从左至右横向依次排列座次的方法。先排出会议的正式代表或成员,后排出列席代表或成员。

竖排法。竖排法是按照各代表团或各单位成员的既定次序或姓氏笔画从前至后纵向依次排列座次的方法。会议的正式代表或成员排在前,列席代表或成员排在后。

左右排列法。左右排列法是以参加会议人员的姓氏笔画或单位名称为序,以会场主席台中心为基点,向左右两边交错扩展排列座位的方法。如果代表团或单位的成员是双数,为了保持两边人数的均衡,排在第一、二位的两位成员要居中。

另外,大型会议还要注意会场的整体布局。常见的会场布局方式有相对式、全围式、半围式、分散式等。

(4) 会场气氛的营造

不同主题的会议,对会场气氛的要求各不相同,表彰会重喜庆,欢迎会重热烈,座谈会重融洽,报告会要庄重……根据需要营造相应的会场气氛。

营造会场气氛主要运用以下手段:

会标,即会议标语。会标悬挂在主席台前幕的上方或者天幕上,体现会议的主要信息。会标的色调要和主题一致,要有视觉冲击力。

会徽。会徽一般悬挂在主席台的天幕中央,是体现和象征会议精神的图案性标志。

旗帜。旗帜用以营造热烈隆重的会议气氛。可以使用能表现会议主题的旗帜,如党旗、国旗、红旗等,也可以根据需要插、挂各种彩旗。

标语。可以张贴能宣传会议精神、烘托会议主题的标语,或者能表达热烈祝贺、欢迎等意义的礼仪性标语。

鲜花。会场摆放鲜花可以烘托会议主题,营造会议气氛,还能减轻与会人员长时间开会的疲劳感。

灯光。会场灯光的亮度要能够满足会议需要,并能根据会议不同阶段的需要及时调整。例如,与会人员做笔记时灯光应该调亮一些,而会议播放视频时灯光又要调暗一点,等等。

音乐。可以选择一些常用于会前播放的进行曲、会中的休息曲、会后的结束曲等,用于调节会场气氛,打破会场的单调沉闷感。要注意控制音量,声音既不能太大,又要保证每个角落都能听清楚。另外,一般不能播放流行音乐或节奏过于强劲的音乐。

**(四) 发送会议通知的礼仪要求**

发送会议通知的主要目的是为了让与会者清楚即将出席的会议的内容和安排,使他们能在到会前做好充分的准备,这也是对与会者尊重的体现。所以,会议通知的内容要清楚完备,文字要简明扼要,条理要清晰明了,形式要符合规范。

会议通知一般采用书面通知,以邮寄的方式送达。临时的或紧急的会议可以采用电话通知。随着现代社会办公自动化的普及,越来越多的单位和部门逐渐采用电子邮件、传真等形式发送会议通知。

正式的会议通知,要在会前一周至两周时间内发出为宜,便于参加会议人员有充分的时间安排好手头工作并做好参加会议的准备。

**(五) 会议资料和会议辅助器材准备**

1. 会议资料准备

有关会议议题的必要资料应由会议的组织者准备。如大会报告的起草、修改和定稿,发言材料等。文字资料应能使与会者一目了然。如果资料较多,要求比较详细时,至少应该在会议前一周发给与会者。

2. 会议辅助器材准备

为保证会议的质量和效果,在召开会议之前,应该把各种辅助器材准备妥当。

准备好桌椅、座位牌、茶水等。桌椅是最基本的设备,可以根据会议的需要摆成圆桌型或报告型;要制作座位牌,让与会人员方便就座。因为每个人的口味不一样,有的人喜欢喝茶,有的人喜欢喝饮料,还有的人喜欢喝咖啡,所以如果没有特别的要求,会议上的饮料最好用矿泉水。

准备好签到簿、名册、会议议程。签到簿可以帮助组织方了解到会人员的多少和身份,能够查明是否有人缺席,会议组织者也可以根据签到簿安排下一步的工作,如就餐、住宿等。印刷名册可以方便会议的主席和与会人员尽快掌握各位参加会议人员的相关资料,加深了解,彼此熟悉。会议议程可以让与会人员清楚了解会议进程,以便做好准备参加会议。

准备好黑板和笔。在有的场合,与会人员为了更好地说明问题,需要在黑板上写字或画图,粉笔、万能笔、板擦等配套的工具也不可少。

准备好各种视听器材。在召开会议前,必须先检查投影仪、幻灯机、录像机、激光指示笔或指示棒等各种设备是否能正常使用,如果要用幻灯机,则需要提前做好幻灯片。准备好录音机和摄像机,记录过程和内容;如果有些会议需要立即打印有关材料,还要准备一台小型的影印机或打印机。

准备好资料、样品。如果会议需要有关的资料和样品,例如,在介绍某种新产品时,需要向大家展示一个具体的样品,结合样品一一介绍它的特点和优点,或者发放必要的宣传及说明资料等。

## 二、会议期间的礼仪要求

### (一) 会议工作人员的基本礼仪要求

秘书人员在开展会议组织工作中,要注重服饰、语言和态度方面的礼仪,严格要求自己,树立良好形象。

1. 仪表整洁得体

做会务工作时,尤其在会议进行过程中,秘书人员要做到服饰得体,符合商务场合的着装原则。穿着舒适,干净利落;既不过分修饰,也不邋里邋遢。理想的装扮是两件式或者三件式套装。不要戴过多或过于耀眼的首饰;女士化妆要美观自然,不可浓妆艳抹;男士要保证干净清洁的形象。

2. 注意使用礼貌用语

会议工作中,秘书人员用语要通俗文雅,简练得体。要注意使用"您好"、"谢谢"、"不用客气"、"对不起"、"请"、"再见"、"请稍等"、"请坐"等礼貌用语,表示对与会人员的热情和尊重。

3. 态度要诚恳和蔼

会议接待和服务中,秘书人员对待与会者的态度要一视同仁,不可冷热不均,看人下菜碟;接人待物要亲切和蔼,热情周到,不能不冷不热,甚至不耐烦或者态度粗暴。

4. 行为举止美

会议期间,秘书人员要承担会议的多项沟通协调工作,面对与会者的机会也非常多,要特别注意自己的行为举止,站有站相,坐有坐相,面带微笑,目光专注,从容大方,充分展示出美好的仪态。

### (二) 会议接待礼仪

#### 1. 接站礼仪

接站是会议接待工作的第一步,也是一个重要的礼仪环节。如果与会者来自全国各地或世界各国,接站的工作会十分繁重而且极为关键。

会议的性质与规模不同,接站的程序、要求和规范也不同。大型会议参加人员比较多,会期相对较长,会议组织部门对与会人员要做到来要接,走要送。在与会人员集中抵达的几天里,可以在机场、车站、码头安排专人等候,设立接待站。制作醒目的牌子或横幅,上面标明"××会议接站"的字样。接待站最好安排两人一组值班,防止出现空档或疏漏。

要备有足够的车辆和接站人员,对司机进行简单的培训并提出相应的要求。例如,提前到达接站地点,注意交通安全,注意接待礼仪,等等。

要有良好的指挥调度,人员、车辆要值班。指挥调度者要有一份与会人员抵、离时间表,掌握与会人员准确的抵、离时间。所有车辆和人员要按时间、按路线接送。

#### 2. 报到与签到礼仪

报到的方式一般是要求与会者本人持会议通知单亲自报到。为了醒目,要在报到处周围设立引导牌,注明报到位置。

担任会议接待的秘书人员应在与会者到达报到地点时热情礼貌地接待;负责报到接待的人员要热情主动地迎接与会者,向报到者表示欢迎;在证实报到人员身份后,将预先准备好的文件袋(内装会议文件、证件、餐券、住宿房间号码、文具等)发放给报到人员。必要时,引导与会者去其住宿的房间,并简单介绍周围情况和开会的要求。

签到工作通常包括迎宾、签到登记、交费、领取会议资料和各种票证。会议服务人员应在宾馆或会场入口处迎接与会者,并组织与会人员签到和登记,然后引导与会者尽快就座。签到处的位置要易于寻找并标示清楚;负责签到的人员要事先准备好签到用具,提前到岗;签到工作要耐心细致,热情礼貌。

会场门前的引导人员要注意做到以下几点:

(1) 陪伴重要来宾入场就座;

(2) 为上司和来宾作介绍;

(3) 耐心热情地回答来宾的询问。

#### 3. 食宿安排礼仪

会期半天以上的正规会议,除了展览会不统一安排用餐以外,其他会议通常都要统一安排餐饮。一般来说,与会人员对会议期间的餐饮服务非常重视,因此,会议主办方做好会议餐饮的服务工作,为与会者提供健康、营养、美味的饮食,是会议组织礼仪的重要体现。

会议就餐大体上应是一个标准。但要注意菜的量和道数,要根据用餐人数确定菜量;准备的菜肴品种要多样化,要考虑荤素、咸甜、凉热、干稀等的搭配,烹饪方法也要多样化。菜肴的选择要配合时令特征,多选择当季蔬菜并结合季节特征设计菜肴口味。

提供具有地方特色的菜肴不仅能说明会议举办方的热情,而且能给与会人员留下美好的印象,因此,会议举办方在确定菜单时,要安排一些具有地方特色的菜食,并在用餐时向客人介绍地方特色菜的来源和知识。

与会人员来自各地,年龄、习俗、身体状况等各不相同,主办方要考虑与会人员的特殊用餐要求。要适当照顾少数民族与会者和年老体弱者,确定好饮食标准和进餐方式,照顾南北不同来宾的口味。

安排住宿时,要根据与会人员的职务、年龄、健康状况、性别和房间条件等综合考虑,统筹安排,应注意以下几点:

(1) 嘉宾和主办方的领导要特殊照顾;
(2) 年龄较大的和女性与会者要尽量安排在向阳、通风和卫生条件好的房间;
(3) 尽量不要把汉族和有禁忌的少数民族与会者安排在同一房间;
(4) 预订数量要略有盈余。

**(三) 会议现场服务礼仪**

1. 做好会议记录

会议记录是指在会议进行的同时,用书面文字的形式将会议的基本情况、议题、决议等有关内容如实记录下来以备事后查阅的材料。会议记录是分析会议进程、研究会议议程的依据,是编写会议纪要的重要资料,还可以作为原始资料编入档案长期保存,以备需要时查阅。

会议记录员一般由工作人员或秘书人员担任。

快速记录是对会议记录的基本要求。纪实性是会议记录的基本特征,要确保真实,做到不添加,不遗漏,依实而记,并且有条理性,突出重点。

2. 会议设备的操作与维护的礼仪

对于会议使用的音响、照明、通讯、录音、录像、通风等设备,要安排专人操作与维护,避免会场上出现不必要的尴尬局面。例如,麦克风要选择最佳位置摆放,如果讲话的人比较多,要多摆放几个话筒,以免来回挪动或者话筒不够用。注意室内的温度调节,既不能温度过低,使人难以承受,也不能温度过高,使人燥热不安。

3. 提供会议资料和联络协调的礼仪

事先准备好的会议资料一般要在与会者签到时发放,会议期间产生的文件资料,会务秘书也应该及时地发放到与会者手中。发放时必须履行必要的文件签领手续,以免忙中出错。

会议工作头绪繁多,环节较多,每个环节之间相互联系,相互影响,一个环节出了问题,就会影响下一环节甚至整个会议。因此,会议的整体联络和协调就显得十分重要。会务组要列出详细的任务分工表,人手一份,以备检查和落实。各岗位人员要熟记本岗位职责,发现问题及时沟通汇报,互相配合,同时坚决服从会议组织者的领导,要把自己的工作目标和会议的目标统一起来,既各负其责,又密切协作。

4. 会议期间的茶水服务礼仪

(1) 倒茶的方法

放茶叶的时候,茶叶不宜过多,也不宜太少。茶叶过多,茶味过浓;茶叶太少,冲出的茶没味道。但是,如果客人主动介绍自己喜欢喝浓茶或淡茶的习惯,那就按照客人的口味把茶冲好。

倒茶的时候,无论是大杯还是小杯,都不能倒得太满,太满了容易溢出,还容易烫伤自己或客人的手脚,使宾主都很难为情。但也不要倒得太少,如果茶水只遮过杯底就端给客人,会使其觉得缺乏诚意,不是诚心实意。过多或过少都不符合礼仪要求,一般以倒至杯子的七八分满为宜。

(2) 端茶的礼仪

会议倒茶的时候应该在与会人员的右后方倒茶,在靠近与会者之前,应该先提示一下:"您的茶。"防止对方突然向后转身发生碰撞。如果端茶者是女士,杯子的拿法应该是右上左下,即右手握手着杯子的二分之一处,左手托着杯子底部;如果是男士的话,要双手水平拱握着杯子的二分之一处,放在饮水者右手上方5~10公分处,有柄的将杯柄转至右侧,便于取放。

(3) 添茶礼仪

添茶时,如果是有盖的杯子,要用右手中指和无名指将杯盖夹住,轻轻抬起,大拇指、食指和小拇指将杯子取起,左手拿水壶,侧对客人,在客人右后侧将水添满,与初次端茶时一样,摆放在饮水者右手上方5~10公分处,有柄的则将其转至右侧。

(4) 会议茶水服务礼仪注意事项

会议上使用的茶杯规格、花色要一致;茶水的温度以80℃为宜;每一杯茶的浓度要大体一致;倒茶和添茶时要先给坐在上座的重要宾客服务,然后依顺序给其他宾客服务;会议期间要注意为与会人员续水,不能让他们空杯。

5. 会议期间的安全和保密服务礼仪

(1) 会议现场安全服务

会议组织方要严格做好会议前的会场安全检查工作,尤其是重要的会议,需要提前封闭场地。做好出入会场区域人员的验证工作和安全检查工作,做到凭证出入,认证不认人,防止非与会人员和非会务人员入内。

(2) 住宿安全服务

如果与会者住在高级酒店,酒店一般有安全保卫人员。如果酒店没有安全保卫人员,会议组织方应该成立会议安全保卫部门。与会人员携带的贵重物品、文件、大宗款项等,会议安全保卫部门应提供代管、代存服务,防止丢失。会场要制订消防计划和紧急事故处理计划。

(3) 会议保密服务

一些会议是保密的,所以会场、文件都要保密。会场保密,不让外界知道,或会场周围不设任何标志。会议文件包括草案、讨论稿、决策方案等不能公开发表。一般不安排新闻记者参加。

6. 会议期间的交通服务礼仪

会前会后的迎接和欢送,会议期间的日常用车、会议集体活动等,都需要会议组织方提供交通服务。会议交通服务是会议工作的重要环节,也是会议工作礼仪的重要组成部分,秘书人员必须非常重视。

(1) 提前准备

会议交通服务的工作安排比较复杂,要求会议组织方要事先一一列出交通服务的具体工作,力求做到周密细致,不出现疏漏。会议开始前,要合理计划,及时筹齐会议所需车辆,预订好停车场地,做好不同车辆的停车规划;印发会议车辆通行证。

(2) 做好人员管理

① 安排优秀的司机

在会议期间,司机与与会人员接触比较多,司机的驾驶水平和服务态度是会议交通服务礼仪的重要体现。因此,会议举办方在选择司机时除了考虑司机的业务水平之外,还要考虑司机的综合素质。

② 配备随车人员

会前接待、会后欢送、临时集体性的会议外出活动,单靠一个司机很容易照顾不周,出现疏漏,遇到这种情况,就需要配备随车的接送人员、服务人员、陪同人员等。这些人员,除了完成其本身的接送、服务、陪同工作外,在车辆行驶、停放时,还要配合司机,做到安全、细致,让与会人员舒适、满意。

③ 进行培训

为了使会议的交通服务工作更加细致、周到,会议举办方还要对司机和随车人员进行必要的培训,包括接待和迎送与会人员的礼仪和注意事项,如何保证交通安全,如何应对突发事件,如何相互配合,等等。

(3) 合理配置车辆

会议用车要做到合理配置,对每类车的用途、接载对象都要明确规定。用车能固定的应尽可能予以固定,固定某一小组乘坐某号车,既能防止出错,又方便与会人员。会议期间,要根据整个会议的日常需要和临时需要,合理调度和使用车辆;注意车辆的日常保养和维修。

(4) 指挥车辆有序停放

如果会议与会人员比较多,或者开会场所的停车场比较拥挤,会议组织方要安排专门的交通人员来指挥交通,以避免争先恐后,乱成一团。必要时应请公安部门予以协助。

指挥车辆停放要注意"五先五后"原则,即先外宾,后其他宾客;先小车,后大车;先重点,后一般;先车队,后单车;先来停近,后来停远。

7. 会议期间的游览和联谊服务礼仪

会议期间的活动安排也关系到会议的质量。因此,秘书人员在开展会务工作时必须认真安排会议期间的活动。会议期间安排的活动主要有,会议参观、会议游览、各种联谊与休闲活动。

(1) 会议参观的安排与服务礼仪

会议期间安排与会议议题相关的参观,一方面可以加深与会人员对相关议题的直观认识,另一方面,主办机构及与其利益相关的组织还可以借此机会宣传与会议相关的工作场地、工作项目、产品和服务等。

与会议议题相关的参观内容很多,如某组织的办公环境、教育与培训设施,新产品的开发、新技术的应用、生产设备与工艺流程、某工程项目的开工、进展情况等。只要与会议议题相关,不涉及商业秘密,都可以安排参观。

一般来说,安排会议参观,主办方需要承担的工作主要包括联系参观对象、拟订参观方案、与参观对象磋商、核实对方的准备情况,做好参观出发前的准备、参观期间的服务和协调工作、参观结束后的工作等。参观的接待工作质量关系到参观组织与参观者未来合作的前景,因此,必须做好充分准备,做好接待和现场服务工作。重点在于安排好参观的进程,组织好参观活动,做好欢送工作,等等。

(2) 会议游览的安排与服务

会议结束后或者会议期间,经常会安排与会者旅游观光。观光的地点、景点可以结合实际确定。对于贵宾旅游活动的日程安排,应先与全程陪同人员交换意见,然后再与客人商谈。日程确定后,应制订详细的安排计划。对于外国友人提出的要求,只要合理且条件允许,要尽可能给予满足,如果确实有困难不能安排,要向对方解释清楚。具体工作如下。

① 会议游览的设计与准备

会议游览一般消费较高,要求会议主办方事先做好资金预算,设计好游览方案,以达到与会人员满意的效果。会议游览方案的设计一方面要具体分析与会人员的相关信息,如年龄、经济条件、游览偏好等;另一方面,要考察分析本地可供游览的景点、路线。确定景点和路线后,会务组要列出详细的时间安排表,统计游览人数,预订门票,预订游览者住宿、准备车辆等。

一般来说,会议游览适宜安排短线旅游,行程一般安排当地或附近的一些景点,时间一般不超过 48 小时。

② 会议游览过程中的陪同与服务礼仪

会议游览期间,会议工作人员要注意以下几个方面的工作:一是维护游览秩序。会议游览除了与会人员,还有他们的陪同人员,各自成群,这就需要会议工作人员维持游览队伍的秩序。每游完一个景点,在约定时间集合上车时,会议工作人员需要确认人员是否到齐,以免人员走失,造成麻烦。二是安排好餐饮和住宿。虽然在游览之前会务人员已经预订了餐饮和住宿,但是为了避免出现差错,会议工作人员需要确认与会人员的餐饮和住宿是否安排妥当。三是特殊情况的处理。游览期间,不少游览者因气候、运动量、地区差异等原因,可能会出现不适、受伤等意外情况,所以,会议陪同人员应备有应急药箱,及时采取应对措施。如果情况比较严重,还要立即拨打急救电话或者立刻通知景区医疗部门,将病人就近妥善救治。

另外,如果在会议期间实在没时间或无法安排与会人员在当地参观或游览,那么主办方应该在会议召开之前为与会者准备一份当地的详细旅游手册,在该手册上标明当地的一些著名的旅游胜地和可供选择的交通线路、土特产及购买的最佳商店、详细的交通旅游图、当地风土人情的介绍等。这样可以方便每位与会者自助旅游,体验当地的风土人情和名胜古迹,从而使他们能在与会期间有好心情。

(3) 联谊和休闲服务礼仪

联谊和休闲活动,可以加深与会人员之间的了解,增进友谊。因此,会议主办方可以根据与会人员的特点和联谊需求,组织联谊和休闲活动。如会议宴会、联欢会、舞会、观看节目表演、购物等。

① 会议宴会

会议宴会是按照一定的仪式和程序进行的聚餐和餐饮,目的是加强举办方和与会人员之间的联系和交流,同时也为与会者营造良好的联谊气氛,是一种颇受欢迎的联谊活动。会议宴会的主要形式有正式宴会、便宴、酒会、茶会等。

一般较为正式的会议都会安排正式宴会,请所有与会者及其陪同人员参加。正式宴会在规格、仪式等方面有专门的要求,会议组织者无论是在宴会规格、菜肴与酒水安排方面,还是桌次与座次的安排方面,都要特别讲究。宴会的程序和形式也要重视,迎接、入席、介绍来宾、致辞、祝酒、送别等环节都必不可少。

近年来,酒会越来越普遍。酒会是一种不配备正餐的宴会类型,因其方式活泼,行动自由,便于交际,所以是招待、联谊活动的理想形式。酒会形式比较灵活,时间可长可短,程序简单,只需要主办方发表简短的欢迎辞或感谢辞、祝愿辞即可。

目前,一些学术性、论坛型会议常常用茶会的形式招待与会人员,既简朴典雅,又能为与会人员提供交流平台,很受欢迎。"以茶会客"的茶会,一般安排在下午四时或上午十时左右,通常在会客厅举办。举办茶会时要特别讲究茶叶和茶具的选择。如果有条件,可以请专业的茶艺工作人员烹茶或泡茶。

② 观看节目表演

会议主办方适宜安排的表演活动包括商业演出团体的表演、时装表演、富有地方特色的表演等。

商业演出团体的表演一般适宜安排在晚餐后观看。演出时,会议工作人员应在气氛的营造(掌声、献花、烟火、音乐)方面请相应的专业人士予以配合,争取达到最佳的观看演出效果。

如果与会人员以中青年为主,且会议举办地点有成熟的时装表演机构,会议组织方可以安排观看时装表演。

富有地方特色的表演能对与会人员产生视觉冲击,使他们产生新奇美妙的体验。但是需要注意,在安排观看地方特色的表演之前,要了解与会人员的欣赏习惯和兴趣爱好。会议工作人员最好能对节目进行必要的介绍或发放介绍资料,这样才能使与会人员在观看时有更深刻的体会。

除了上述联谊和休闲活动,还可以举行联欢会、舞会、野餐、钓鱼等野外活动;也可以安排温泉浴、游泳、登山等健身活动;还可以安排网球、篮球、保龄球甚至高尔夫球等体育竞技活动。

## 三、清理会场与送别的礼仪要求

### (一) 引导与会人员离场礼仪

秘书人员要事先安排引导人员,各司其职,和会务人员一起引导与会者有秩序地离开会场。一般情况下,等主席台上的领导离场后,再引导其他与会人员有秩序地离开会场。如果会场有多条离场通道,领导和与会者可以各行其道。能打开的大门,都尽量打开,避免离场时出现拥挤现象。如果会场楼层较高,需要使用电梯,要安排专人负责电梯的有序使用,同时注意分流,安排一部分人走楼梯,避免拥挤。能否快速离场,也是选择会议场地时需要考虑的问题。

大型会议还要注意散会后引导车辆迅速、有序地离场，必要时可派专人指挥。

(二) 送别与会人员的礼仪

1. 发放返程票

秘书要根据与会人员的要求，帮助与会人员提前订购返程车票、船票、飞机票。为了使与会人员能够按时、准确地拿到为自己订购的票，秘书应事先设计并制作与会人员返程票领取登记表。

2. 送站礼仪

会议结束后，与会人员离会往往比较集中，在短时间内需要大量的车辆送站，因此秘书人员应当提前安排足够的车辆和人员为与会人员服务。送站之前，会议工作人员可以根据所预订车票的情况合理分配车辆和运力，保证与会人员能及时到达车站或机场。如果会场距离机场、车站较远，可以考虑使用大型客车集中运送。

3. 礼貌送别

安排专门的工作人员，在会场外、宾馆门口欢送与会人员离开。对于一般的与会者，安排礼仪小姐或其他工作人员送行，对于身份特殊的与会者（如上级领导），则应当安排身份对等的人员送别。送别时要非常注重礼仪，向对方表示真挚的惜别之情。

(三) 清理会场

根据会议筹备期间所准备的会议物品清单，列出会场需收回的物品清单，然后根据清单一一清点所有物品，将收回的数量准确登记，对于缺少的应当注明原因。

清理会场的一般操作流程如下：

关闭会场的视听设备→拆除或清理会场内外的布置，收回会场的一些布置物品，如横幅、会徽等→退还租借的物品和材料，妥善安排处理。如果有设备、器材在会议使用中出现故障，应及时修理，保证下次需要时正常使用→及时清点收回会议期间产生的文件，并仔细检查会议现场及各个房间，看是否有遗漏或剩下与会议有关的文件资料，以免遗失泄密→清理会场内其他物品，包括与会人员丢弃的废纸或草稿纸。如果发现会场有遗失的物品，要妥善保管，并同失主联系→清扫整理会场。地面和门窗要打扫干净，用具、用品要清点好。

# 案例分析

**案例**

豪杰公司要举办成立大会，请了有关单位的领导参加，秘书李红负责嘉宾的邀请。她用电话通知各位嘉宾，但有的嘉宾电话没接通，所以没有通知到，事后她把这件事忘了，会前也没和嘉宾再次确认。对于重要嘉宾发出了邀请函，但邀请函不是十分美观，比较简陋。结果开会那天，来的嘉宾很少。

**分析**

秘书李红的做法有许多不妥之处。邀请嘉宾是一项重要的工作，一定要抓住确认环节，这样才不会使组织工作被动。另外，要注意邀请的礼节，在邀请函和请柬这些事情上要精益求精,显示出应有的尊重和诚意。

# 技能训练

### 训练项目一:情景分析与讨论

**情景材料**

某知名保健品企业开发了缓解亚健康问题的新型系列保健品,准备举行一场新产品发布会。为了大力宣传新产品,该企业邀请了国内知名的健康顾问、保健品专家和电视台、报社、杂志社、网站等多家媒体参加,并将发布会时间定在周五上午九点开始,考虑到来宾比较多,发布会的地点选择在了离市区较远的一个环境优雅、有大型会议厅的酒店。发布会当天,大部分来宾因为堵车没能准时到达,发布会因此延后一个小时,直到发布会正式开始,来的人也不多。会后,各媒体关于发布会和新产品的宣传报道也很杂乱,影响很小。发布会没有取得预期效果。

**实训要求**

1. 这次发布会在组织礼仪方面出现了哪些问题?
2. 如果让你负责组织这次发布会,你会怎么做?

### 训练项目二:职场模拟

华夏企业协会举办了"华夏公司融资操作研讨会",此次会议邀请了国内一批顶尖的经济学家、管理学家到场发表演说,各大媒体闻风而动,齐聚会场。

请分组演示本次研讨会的接待过程。每班可以分成两个组,一组演示到会人员,一组演示华夏公司的接待人员,注意会议礼仪规范。

# 相关知识链接

### 专业会议机构——会议公司

会议公司即会议是由具备丰富会务知识、娴熟社交技能和完备执行能力的专业人员组成的综合性会议服务机构,专门为市场提供全面的会议和活动策划、组织、统筹等执行工作,会议公司是包括各类会议策划、参会人员邀请组织、会务统筹安排、供应商整合和会议前后期公关实施等一系列工作的整体实施方案。

目前行业中存在的会议公司,根据主项业务、服务能力和整合排序,大致分为以下几种:

一、会议策划公司。会议策划公司居于会议服务行业的最顶端,其最大的优势在于有丰富的社会资源、强大的政府公关能力和深厚的社会背景,他们的主要工作在于会议方向的选择、会议性质的确定、会议的审批,他们的产品就是会议本身,通过创设各种会议,并将会议作为平台,凝聚包括参会人员、重要嘉宾、会务服务公司、赞助商等在内的所有资源,促进会议的顺利进行,并从中获得社会声誉、行业地位和经济利益。例如,企业想在人民大会堂举办新闻发布会、专家论证会、高峰论坛等会议活动,但是需要严格的审批和周密的策划才能成功举办，北京海纳团队作为专业化高端会议策划机构，可以为企业提供一站式的高端会议策划筹办服务。海纳团队已经在人民大会堂举办了60多场高端会议活动，具有丰富的实战经验。

二、会议服务公司。会议服务公司也可以称为服务会议的公司，它居于会议策划公司之下，是各种会议的第一协办机构，无论其上游机构是会议策划公司还是社会团体或者企业等其他机构，会议服务公司的基础工作就是对会议本身的全面统筹和配合，通过自己的专业知识和丰富的操作经验，为会议策划公司和直接客户在策略方向、方案策划、供应商整合、议程推动、会务管理和具体实施等方面提供强有力的支持，使会议最终取得圆满的成功。

三、会务服务公司。会务服务公司即为会务提供支持的公司，它的工作在于对包括会议策划公司、会议服务公司和直接客户等在内的所有上游机构提供单项的会务支持。例如，提供酒店和会议中心、灯光音响设备、会议舞台搭建、鲜花服务、演艺演出等。在会议策略、整体策划、项目统筹和运营管理等方面无法或者很难提供专业的服务，因此，在一般的排序中，它居于会议服务领域的最下层。

# 第二节　参加会议的礼仪

会议的类型不同、目的不同、对象不同，场地布置方式、主持方式也各不相同。但无论什么类型的会议，要想取得良好的效果，参加会议人员都应讲究礼仪，这是会议取得成功的重要保证。

## 一、会议参加者礼仪

会议参加者应衣着整洁，仪表大方，准时入场，进出有序，依会议安排落座，开会时应认真听讲，不要接打电话或交头接耳，发言人发言结束时，应鼓掌致意，中途退场动作要轻，不影响他人。

对于参加会议的所有人员而言，在会议举行的过程中，都应注意一些礼仪。

**(一)参加会议的基本礼仪原则**

1. 守时原则

在参加会议时，一般要在规定的会议开始之前几分钟进入会场，不要迟到，因为迟到很容易被看作对本次会议或对会议主持人以及其他与会者的轻视与不尊重。如果有特殊原因迟到的，要向主持人及与会者点头致歉。

2. 着装原则

与会人员衣着应以正式服装为主，穿着不可过于随便。如果是户外会议，应事先询问主办单位是否可着休闲装。要保持仪表整洁，不可蓬头垢面。

3. 得体原则

参加会议时，举止行为要得体。坐姿应端正，不可东倒西歪或趴在桌子上。不要挠头、掏耳、挖鼻、剔牙、剪指甲，甚至把脚从鞋里抽出来。室内若无烟灰缸，则表示不能抽烟。在会议开始前,可主动向左右邻座的人问候,并且进行自我介绍。

**(二)会议进行过程中会议参加者礼仪**

1. 行为礼仪

在会议进行过程中,与会人员应认真倾听报告或发言,简要做好记录;携带手机进入会场的,在会议开始前应关闭或调至振动。开会时,不在下面闲聊,不看书报,不摆弄东西,不抽烟,不吃零食,不打瞌睡或随意进出会场,也不能在众人面前打哈欠,不能频频看表,不能不停地扭动身体。

2. 言谈礼仪

在会议进行过程中,出席者要发言时,应先举手。发言时应对事不对人,不要伤及他人。会上发言时,要做到口齿清晰,态度平和,手势得体,不可手舞足蹈,忘乎所以或出言不逊。

在大型会议上发言,准备要充分,态度要谦虚,发言开始时要向听众致意。发言内容要主题突出,内容充实,感情真挚,语言生动。不可一味自我宣传,自我推销,更不能有对听众不尊重的语言动作或表情。发言要严格遵守会议组织者规定的时间。发言结束,要向听众致谢并欠身施礼。

参加小型的座谈会或研讨会,发言要简练,观点要明确,讨论问题态度要友好,不要随意打断别人的发言。对不同意见,应求同存异,以理服人。不要嘲讽、挖苦或人身攻击。

别人发言时不要打岔。如果有问题可举手,经过会议主持人许可后再发言。会议结束后,与会人员要按顺序离开会场,不要拥挤或横冲直撞。

## 二、会议特殊人员礼仪

**(一)会议发言人礼仪**

发言或报告一般应使用普通话,并掌握好讲话的节奏。发言时应口齿清晰,讲究逻辑,简明扼要。要注意尽量紧凑,切忌兴之所至,长篇大论,任意发挥。

会议发言有正式发言和自由发言两种,前者一般是领导报告,后者一般是讨论发言。

正式发言者,应衣冠整齐,走向主席台应步态自然,刚劲有力,体现一种成竹在胸,自信自强的风度与气质。发言一定要遵守秩序,如果话筒离自己较远,应精神饱满,以不紧不慢的步子走向话筒。如果是书面发言,要时常抬头扫视一下会场,不能只低头读稿,旁若无人。发言完毕,应对听众的倾听表示谢意。

自由发言则较随意,发言应讲究顺序和秩序,不能争抢发言;发言应简短,观点应明确;与他人有分歧,应以理服人,态度平和,听从主持人的指挥,不能只顾自己。如果会场里交头接耳之声不断,要考虑适当转换话题。

如果有会议参加者对发言人提问,应礼貌地回答,对不能回答的问题,应机智而礼貌地说明理由,对批评和建议应认真听取,即使提问者的批评是错误的,也不应失态。

**(二)主持人礼仪**

各种会议的主持人一般由具有一定职位的人担任,其礼仪表现对会议能否圆满成功有重要的影响。会议主持是一门学问,一门艺术,会议主持人应了解和具备基本的会议主持礼仪,会议主持人礼仪主要有以下几种。

1. 主持人仪表礼仪

主持人应衣着整洁,大方庄重,精神饱满,切忌不修边幅,邋里邋遢。一般应着工作服,男士可以穿西装、中山装、衬衫、长裤与皮鞋,女士应以连衣裙、套裙、套装为主;颜色、式样要搭配得体,让人感觉稳重,沉着,不奢侈;男士梳发剃须,女士化淡妆。

2. 主持人姿态礼仪

(1) 走姿

主持人在步入主持位置时,步伐要刚健有力,表现出胸有成竹、沉稳自信的风度和气概,要视会议内容掌握步伐的频率和幅度。主持庄严隆重的会议,步频要适当,以每秒约两步为宜,步幅要显得从容;主持热烈、欢快的会议,步频要快,每秒至少2~2.5步之间,步幅要略大;主持纪念、悼念类会议,步频要放慢,每秒约1~2步之间,步幅要小,以表达缅怀、悲痛之情;平常主持工作会议,可根据会议内容等具体情况决定步频和步幅,一般性会议,步频适当,步幅自然;紧急会议或重要会议,可以适当加快步频。行进中要挺胸抬头,目视前方,振臂自然。重要会议开始前,在步入主持人位置的过程中,不要与熟人打招呼。一般性工作会议,如果时间未到,落座后可适当与邻座寒暄,与距离较远的人微笑点头示意。

行进中步频不能过快,不能跨大步,以免显得紧张,不安。如果特殊情况因故迟到,不要破门而入,不要跑步到位,大喘粗气。应该以手轻轻推门,进门后快步到位,放下文件袋落座,先向等候者道歉,并简要说明原因,求得大家谅解,立即主持会议。

(2) 坐姿

主持人主持会议时,一般采用坐姿。坐姿要端正,腰背要挺直,头要正,肩要平,面朝前方,虚视全场,双臂自然向前伸出,两肘对称,呈"外八字"状,轻按在会议桌沿处。主持中身体要保持稳定,不能前倾或后仰;不能出现用手抓头,揉眼,搔脸,不住地喝水,抽烟等多余动作,以免显得紧张或不够沉稳。

(3) 站姿

站立着主持会议时,要双腿并拢,收腹挺胸,右手拿住稿子底部中间。也可以双手持稿,手与胸部等高,稿子与身体呈45度。脱稿主持会议时,主持人两手五指平伸,自然下垂于身体两侧,腰背挺直,目视前方。两腿不能叉开,不能抖动;两手不能晃动着抓握话筒,或者扯拉领带等;身体不能来回晃动。

(4) 手势

主持人与一般讲话者不同,一般不需要手势。在一些小型会议进行总结概括时,可以加入适当的手势,但是动作要适度,把握分寸,不能过大。对会场上的熟人不能打招呼,更不能寒暄闲谈,会议开始前,可点头或微笑致意。

3. 主持人语言表达礼仪

主持人主持会议要通过语言表达来进行。因此,主持人应特别注意语言的礼仪规范。所有言谈都要符合会议内容和气氛的要求,口齿清晰,思维敏捷,灵活应变。

首先,主持人一定要明确开会的目的,不同目的的会议,要求的主持风格也不相同。例如,主持记者招待会,主持人、发言人要对记者提出的问题,反应敏锐,流利回答,不能支支吾吾,含糊其辞;开座谈会、讨论会时,主持人要阐明会议的宗旨和需要解决的问题,控制会议进程,把握会议主题,保证讨论或发言不要离题太远,应有效引导与会人员对讨论的主题畅所欲言;主持人还要切实掌握会议的时间,不使会议拖得太长。

其次,在会议进行过程中,主持人要给持不同观点、不同认识的人进行充分的解释,处处尊重别人的发言和提问。不能以任何动作、任何表情或语言阻止别人,或表示不满。要用平静的语言、缓和的口气、准确的事实来阐述正确的主张,使人心服口服。

再则,主持人要善于调节会议气氛。遇到冷场时,要善于启发和引导。例如,可以选择思维敏捷、外向型的同志率先发言;有时也可以提出有趣的话题或事例,活跃一下气氛,以引起与会者的兴趣,使之乐于发言,等等。遇到会议讨论或发言跑题的情况,要能使议论顺势回到议题上。例如,接过议论中的某一句话,或插上一句话做转折,等等。当与会人员因某一问题发生争执时,主持人应设法缓和冲突,而不能激化矛盾,更不能直接参加无休止的争吵。

## 案例分析

### 案例

圣湖集团和信达公司是合作多年的老关系户,2012年2月16日,圣湖集团要举办一场关于新项目的意见征询会,这次征询会邀请了很多商界知名人士以及新闻界人士,也邀请了几家老客户参加研讨,信达公司总经理特别安排助理李涛和他一起去参加,同时也让李涛见识一下大场面,结交一些新朋友。

没想到会议当天早上,李涛睡过了头,等他赶到,会议已经进行了20分钟。他急急忙忙推开了会议室的门,"吱"的一声脆响,他一下子成了会场上的焦点。刚坐下不到5分钟,肃静的会场上又响起了摇篮曲,是谁在播放音乐?原来是李涛的手机响了!这下子,李涛可成了全会场的明星……

没过多久,听说李涛已经另谋高就了。

### 分析

不管是参加自己单位还是其他单位的会议,都必须遵守会议礼仪。因为在这种高度聚焦的场合,稍有不慎,便会严重损害自己和单位的形象。

## 技能训练

### 训练项目一:情景分析与讨论

#### 情景材料

李建是一家房地产公司的秘书,他文笔很好,肯吃苦,不爱张扬,大家都挺喜欢他的。但是李建性格内向,不善言谈,还没开口说话,就面红耳赤,紧张不已。时间长了,遇到开会、集体活动之类的,他总是坐在不引人瞩目的角落里,防止别人让他发言。今年二月,公司组织了一个客户座谈会,由于办公室的几个人都有别的事情在忙,老总又想让他锻炼锻炼,就安排李建参加座谈会,并要求他发言。李建也下决心借此机会能克服一下自己的弱点,就鼓起勇气接受了任务。为了避免失误,他还写了发言稿。

座谈会开始后,气氛很好,大家纷纷发表意见,公司派出的代表和客户代表交流得非常融洽。李建想到领导对自己的要求,也决定表现一下,他清了清嗓子,突然开口。他只顾给自己打气,根本没注意会议的进展,再加上声音很大,一下子打断了一个客户非常精彩的发言,也把其他人吓了一跳。由于紧张,李建声音颤抖,表情僵硬,说话有点不连贯,准备好的内容也想不起来了,后来他干脆拿出准备好的稿子大声读起来,但是他读的内容和大家刚才谈到的话题似乎毫不相干。在场的所有人面面相觑。

**实训要求**

请问会议发言的礼仪是什么?假如你是李建,你怎么提高自己的会议发言能力?

**训练项目二:情景观摩及模拟**

1. 公司准备召开一个销售业务研讨会,时间为半天,老总要你主持这次会议,公司领导层和全体业务员都参加,请你准备一份主持计划并模拟会议的进行。

2. 观摩一场真实的会议,认真观察参加会议人员的言行举止,看看哪些符合会议礼仪要求,哪些不符合。写出观察记录和总结。

3. 把同学们分成每组4~6人的小组,以小组为单位模拟一场报告会或交流会,主题自定。一个小组负责发言,另一个小组负责接待,其他小组演示参加会议的礼仪。各组任务抽签决定。

# 相关知识链接

## 会议主持辞的写法

### 开头部分

开头部分主要介绍会议召开的背景、会议的主要任务和目的,以说明会议的必要性和重要性。本部分可分为四个方面:一是宣布开会。二是说明会议是经哪一级组织或领导提议、批准、同意或决定召开的,以强调会议的规格以及上级组织、上级领导对会议的重视程度。三是介绍在主席台就座的领导和与会人员的构成及人数,以说明会议的规模。四是介绍会议召开的背景,明确会议的主要任务和目的,这是开头部分的重头戏,也是整篇文章的关键所在。

### 中间部分

中间部分可以用最简练的语言,按照会议的安排,依次介绍会议的每个议程,通常为"下面,请某某讲话,大家欢迎"、"请某某发言,请某某做准备"、"下一个议程是……"之类的话。有时在一个相对独立或比较重要的内容结束之后,特别是领导的重要讲话之后,主持人要做一些简短的、恰如其分的评价,以加深与会者的印象,引起重视。

### 结尾部分

结尾部分主要是对整个会议进行总结,并对如何贯彻落实会议精神提出要求,做出部署。一是宣布会议即将结束。基本上是"同志们,某某会议马上就要结束了"或"同志们,为期几天的某某会议就要结束了"之类的话,主要告诉与会的同志们议程已结束,马上就要散会。二是对会议作简要的评价。

# 第三节 常见会议的礼仪

## 一、展览会礼仪

对一般人来说，在日常生活之中接触最多的商务性会议应该是展览会。展览会主要是指，有关方面为了介绍本单位的业绩，以集中陈列实物、模型、文字、图表、影像资料等供人参观了解的形式，展示本单位的成果，推销本单位的产品、技术或专利而组织的宣传性会议，简称为展览、展示，或称展示会等。展览会在商务交往中往往发挥重要作用，它不仅可以用现身说法打动参观者，为主办单位广交朋友，而且可以借助个体传播、群体传播、大众传播等传播形式，使有关主办单位的信息广为传播，提高其名气与声誉。所以，对商界各单位来说，积极参与各种类型的展览会，是从事公共关系活动的一种常规手段。

展览会礼仪，通常是指商界各单位在组织、参加展览会时，应当遵循的规范与惯例。在一般情况下，展览会礼仪主要涉及展览会的组织礼仪与展览会的参加礼仪等方面。

### （一）展览会的分类

按照商界目前所通行的会务礼仪规范，划分不同展览会类型的主要标准，一共有以下五个。

1. 按展览会的目的划分

展览会的目的是划分不同展览会类型的最基本标准。依照办展览会目的的不同，展览会可分为宣传型展览会和销售型展览会两种。顾名思义，宣传型展览会显然意在对外界宣传、介绍参展单位的成就、实力、历史与理念，又叫陈列会。而销售型展览会主要是为了展示参展单位的产品、技术和专利，招徕顾客，促进生产与销售，又称为展销会或交易会。

2. 按展览品的种类划分

根据展览品种类的不同，可以将展览会划分为单一型展览会与综合型展览会。

单一型展览会往往只展示某一大门类的产品、技术或专利，只不过其具体的品牌、型号、功能有所不同而已，如化妆品、汽车等。常以其具体展示的某一门类的产品、技术或专利的名称对单一型展览会进行直接命名，如"化妆品展览会"、"汽车展览会"等。一般情况下，单一型展览会的参展单位基本上是同一行业的竞争对手，所以这种类型的展览会不仅竞争激烈，而且对于所有参展单位而言相当于一场公平的市场考试。综合型展览会，又叫混合型展览会，是一种包罗万象的、同时展示多种门类的产品、技术或专利的大型展览会。与前者相比，后者所侧重的主要是参展单位的综合实力。

3. 按展览会的规模划分

根据具体规模的大小，展览会又有大型展览会、小型展览会与微型展览会之分。大型展览会通常由社会上的专门机构出面承办，参展单位多，参展项目广，规模较大。因大型展览会档次高，影响大，参展单位必须经过申报、审核、批准等一系列程序，有时，还需支付一定的费用。小型展览会一般由某一单位自行举办，其规模相对较小。小型展览会展示的主要是代表主办单位最新成就的各种产品、技术和专利。微型展览会则是小型展览会的进一步缩小,一般安排在本单位的展览室或荣誉室之内,主要用于教育本单位的员工或供来宾参观之用。

4. 按展览会的场地划分

根据展览会使用的场地不同,展览会分为室内展览会与露天展览会。室内展览会安排在专门的展览馆或是宾馆或本单位的展览厅、展览室之内。它大都设计讲究、布置精美、陈列有序、安全防盗、不易受损,并且可以不受时间与天气的制约,显得隆重而有档次。但是所需费用较高,适合展示价值昂贵、制作精美、忌晒忌雨、容易被盗的展品。露天展览会安排在室外,适合展示大型展品或需要以自然界为其背景的展品,如花卉、农产品、工程机械、大型设备等。露天展会所占场地较大,花费较小,但容易受天气等自然条件影响,并且极易使展览产品丢失或受损。

5. 按展览会的时间划分

举办展览会的具体时间亦称为展期。根据展期的不同,可以把展览会分为长期展览会、定期展览会和临时展览会。长期展览会大都常年举行,其展览场所固定,展品变动不大。定期展览会展期一般固定为每隔一段时间或在某一特定的时间之内举行。例如,每三年举行一次,或者每年春季举行一次,等等。临时展览会可根据需要与可能随时举办。

(二) 展览会的组织礼仪

展览会的组织者在组织展会时,要注意邀请参展单位、展览内容的宣传、展示位置的分配、安全保卫、辅助服务等方面的礼仪。

1. 邀请参展单位的礼仪

按照商务礼仪的要求,主办单位事先应以适当的方式,对准备参展的单位发出正式的召集或邀请。

邀请或召集参展单位的主要方式包括刊登广告,寄发邀请函,召开新闻发布会,等等。不管采用哪种方式,都必须同时将展览会的宗旨、展览会的主题、举办展览会的时间与地点、主办单位提供的辅助服务项目、参展单位的范围与条件、报名参展的具体时间与地点、参展单位应负担的基本费用、咨询有关问题的联络方法等如实告诉参展单位,让对方根据具体情况确定是否参展。

主办单位应根据展览会的主题与具体条件对报名参展的单位进行必要的审核。参展单位的正式名单确定之后,主办单位要及时以专函通知,让参展单位尽早准备。

2. 展览内容的宣传礼仪

为了引起社会各界对展览会的重视,并且尽量扩大展览会的影响,主办单位需要对展览会进行大力宣传。宣传的重点是展览的内容,即展览会的展示陈列物。对展览内容所进行的宣传,可以采用举办新闻发布会,邀请新闻界人士到场进行参观采访,发表有关展览会的新闻稿,公开刊发广告,张贴有关展览会的宣传画,在展览会现场散发宣传性材料和纪念品,在举办地悬挂彩旗、彩带或横幅,利用升空的彩色气球和飞艇等方式进行。在进行具体选择时,可以只选择其中一种方式,也可多种方式同时用。但要注意量力而行,并且要严守法纪,注意安全。

为了搞好宣传工作,在举办大型展览会时,主办单位应专门成立对外进行宣传的组织机构,其名称可以叫新闻组,也可以叫宣传办公室。

3. 展位的分配礼仪

展品在展览会上进行展示陈列的具体位置,称为展位。对展览会的组织者来讲,展览现场的规划与布置,也是重要的礼仪体现。所有参展单位都希望自己能够在展览会上拥有理想的展位。理想的展位,除了收费合理之外,还要面积适当。由于客流较多,展览会上较为醒目的区域,设施要齐备,采光要好,水电的供给应满足需求。

一般来说,展览会的组织者要想尽一切办法充分满足参展单位关于展位的合理要求。如果参展单位较多,并且对理想的展位竞争激烈的话,展览会的组织者可以依照展览会的惯例,选择下列方法对展位进行合理的分配。

一是对展位进行竞拍。组织者根据展位的不同,制订不同的收费标准,然后组织拍卖会,由参展者在会上自由进行角逐,出价高者取得自己中意的展位。

二是对展位进行招标。参展单位依照组织者所公布的招标标准和具体条件,自行报价,组织者按照"就高不就低"的常规,将展位分配给报价高者。

三是对展位进行抽签。将展位编号,然后将号码写在纸签上,参展单位的代表在公证人员的监督之下每人各取一个,以此确定各自的具体展位。

四是按"先来后到"的原则分配。以参展单位正式报名的先后为序,谁先报名,谁便有权优先选择自己看中的展位。

不管采用哪种方法,组织者都要事先发布公告,以便参展单位早作准备,尽量选到称心如意的展位。

4. 安全保卫礼仪

在举办展览会前,必须依法履行常规的报批手续,并主动将展览会的举办详情向当地公安部门进行通报,征得理解、支持与配合。举办规模较大的展览会时,最好与合法的保安公司合作,聘请一定数量的保安人员,将展览会的安保工作全权交给对方负责。为了预防天灾人祸等不测事件的发生,应向声誉良好的保险公司进行数额合理的投保。

为使参展者心中有数,减少纠纷,应将参展的具体注意事项正式成文列出,印在展览会的门券上或张贴在展览会入口处。展览会组织单位的工作人员都应该自觉树立良好的防损、防盗、防火、防水等安全意识,全员参与展览会的安全保卫工作。

按照常规,有关安全保卫的事项,必要时最好由有关各方正式签订协议,并且经过公证。

5. 辅助服务礼仪

按照商务礼仪的规则,主办单位作为展览会的组织者,有义务为参展单位提供一切必要的辅助性服务。为参展单位所提供的辅助性服务通常主要包括:展品的运输与安装,车票、船票、机票的订购,与海关、商检、防疫部门的协调,跨国参展时有关证件、证明的办理,电话、传真、电脑、复印机等现代化的通讯联络设备,举行洽谈会、发布会等商务会议或休息之时所使用的适当场所,餐饮以及有关展览时使用的零配件的提供,供参展单位选用的礼仪、讲解、推销人员,等等。

(三)展览会的参加礼仪

在展览会现场,我们经常看到这样的情景:某些单位的展位前门庭若市,而有些单位的展位前却是门可罗雀。同是参加展览会,为什么参展效果会有这么大的差别?怎样利用会展礼仪在展览会上最大限度地展示自身的优势已经成为众多企业关注的问题。

参展单位正式参加展览会时,在整体参展形象礼仪、展台工作人员礼仪、展会解说礼仪、提供热情周到的服务等方面要特别重视。

1. 整体参展形象礼仪

在参与展览会时,参展单位的整体参展形象主要由展示物形象与工作人员形象两个方面组成。对于这两个方面要予以同等重视,不可偏废。

(1) 展示物形象

展示物形象主要由展品的外观、展品的质量、展品的陈列、展台的布置、发放的资料等构成。

展台的布置要考虑色彩、照明、造型等特殊视觉效果。展台的布置可以运用多种手法突出主题。例如,以聚光灯烘托高档商品,用视频演示产品的生产或使用方法等。展品外观要力求完美,质量上要优中选优。陈列既要整齐美观,又要讲究层次感。

说明材料和单位名片要备足,放在展台上。

(2) 工作人员形象

一般情况下,工作人员应当统一着装。最好能身穿本单位制服或者深色西装、套裙。在大型的展览会上,参展单位若安排专人迎送宾客时,最好请其自穿色彩鲜艳的单色旗袍,胸披写有参展单位或其主打展品名称的大红色绶带。

为了说明各自的身份,除礼仪小姐外,全体工作人员皆应在左胸佩戴写明本人单位、职务、姓名的胸卡。按照惯例,工作人员不应佩戴首饰。男士应当剃须,女士则最好化淡妆。

参观者85%的第一印象来自工作人员,而且当他们最后决定是否跟这个公司做生意时,工作人员的因素也可能占到80%之多,而工作人员展示给顾客的第一印象又来自其仪表。

服装。工作人员的着装打扮不仅能取悦参观者,同时也能起到提升公司地位和品牌的作用。尤其到国外或外地城市参加展览,要了解当地的着装风俗,然后再与自己的展览会主题相结合,穿上既适合当地观众口味又有本企业特色的工作人员服装。

清新整洁的妆容、干净整齐的头发会让人耳目一新。工作人员要时刻注意细节:脸上的妆容是否适宜?午餐后的口腔里是否仍残留葱蒜味?头发是否整齐?等等。

仪态举止也是工作人员不可忽视的重要部分。展览会一旦正式开始,全体参展单位的工作人员应各就各位,站立迎宾。不能迟到,早退,无故脱岗,东游西逛,更不允许在观众到来之时坐、卧不起,慢待对方。在任何情况下,工作人员都不得对参观者恶语相加,或讥讽嘲弄。对于极个别不守展览会规则而乱摸乱动、乱拿展品的参观者,工作人员也要以礼相待,必要时可请保安人员协助,但不许对对方擅自动手干涉,进行打骂、扣留或者非法搜身。

2. 展台工作人员礼仪

毫无疑问,一个漂亮的展台是很吸引人的,但这不是最关键的,最关键的是展台上的工作人员,他们的整体表现将决定展览会是成功还是失败,将决定展览会是否在人们心中留下美好的印象,等等。

(1) 殷勤接待顾客

展台工作人员应该积极主动地接近客户。展览会上分散人们注意力的因素很多,如噪音、影像、表演者、碰上熟人等，只有亲切的交谈可以暂时排除这些干扰。展台工作人员应该在开始之前就准备好跟参观者说什么，要主动与他们攀谈，跟他们建立联系。当有参观者来到自己的展台时，要热情招呼，殷勤接待。例如，给参观者提供一个座位，或者送上一杯水，等等。

(2) 巧妙设计开场白

在接待参观者时首先应该有一段好的开场白。准备一些开放式的问题，这些问题要有利于话题深入，而不是仅回答或否的问题；可以引导参观者谈一谈他们的工作或爱好；想办法抓住他们的注意力，吸引他们走进本企业的展台；也可以根据顾客需要介绍一些与行业相关或产品相关的信息，或者适时地强调本企业展品的特点和优惠政策。

展览会中的交谈，不是只表现出礼貌就可以了，必须克服怕被拒绝的尴尬，主动与人谈话。一开始为了吸引参观者走进展台，应该尽量使用简洁明了的语言，然后有意识地注意倾听（不管是否同意或喜欢对方所说的话），并从中发现参观者的爱好或倾向。

(3) 学会倾听，深入谈话内容

人们的购买行为通常建立在人际关系和信任的基础上，所以展台工作人员在接待参观者和向参观者介绍信息或者交谈的时候，一定要以客户为中心，而不能以自己为中心，要学会倾听，要用专注、柔和的目光注视客户的一言一行，把80%的注意力放在倾听客户需求上，用20%的时间向客户介绍产品和服务的优势，交流时要时刻注意他们的反应，而不能只顾自己滔滔不绝，更不要随意打断他们的讲话，交谈时应看着他们的眼睛。无论客户问到什么尖锐问题，都要微笑着回答。

通过初步交谈，吸引他们走进自己的展台，让他们详细了解自己的公司或产品，通过与客户的互动交流，发现有用的商业信息，弄清他们想要达到的目的以及他们最近使用了什么产品，判断客户使用产品的标准是什么，把这些有用信息收集在一起，为客户提供最合适的购买方案。

除了要学会倾听客户的话语语言外，还要读懂他们的肢体语言。参观者向工作人员点头、微笑，是对话题或产品感兴趣的表示；如果他们抱着胳膊，左顾右盼，回避工作人员的视线，是没有兴趣或失去关注的表示。要学会准确判断并及时转换话题，必要时可以适时地结束交谈。

学会倾听，从中捕捉细节，是尊重客户，赢得客户信任的有效之举。但是也要提防那些"只收集宣传资料和印刷品的人"、"只为赢得或收取纪念品的人"、"商业间谍"等，那些人可能会占用大量的宝贵时间。所以在倾听的同时，要善于辨认那些干扰联系有效客户的人，并及时回避。

(4) 提供给客户有用的信息

与客户的交流有了一个良好的开端，建立了彼此之间的信任，了解到客户的基本购买动机（升值、享受、声誉、生活需要等），这时要学会运用逻辑和情感，分析客户的需要，向他们提供有用的商品信息。

根据客户所告诉的东西，分析客户的需求，对本人大脑里所有存储的商业信息进行检索、排序、裁减、精炼，最后把客户迫切需要的信息提供给他们。

3. 展会解说礼仪

展会解说人员要熟悉本单位产品的基本情况,熟悉有关资料,以便在解说时能够应对自如。当参观者在本展位参观时,工作人员可以随行其后,随时解答对方的问题,也可以主动为对方讲解。讲解时,在实事求是的前提下,要注意对自己的展品扬长避短,强调"人无我有"之处。在必要时,还可邀请观众亲自动手操作,或由工作人员对观众进行现场示范。可以主动向参观者赠送材料、名片等,也可以放在展台上由参观者自取。

展会的类型不同,解说的技巧要求也有所不同。在宣传型展会上,解说的重点应当放在推广参展单位的形象上。要善于使解说围绕参展单位与公众的双向沟通而进行,重点宣传本单位的成就和理念,赢得观众对参展单位的认可。

而在销售型展会上,解说的重点要放在主要展品的介绍与推销上。要在提供有力证据的前提之下,着重强调自己所介绍、推销展品的主要特征与主要优点,使客户觉得言之有理,乐于接受。

展会中,工作人员不能争抢或尾随观众,也不能弄虚作假,兜售展品,更不能强行向观众推荐展品。

作为展会工作人员,还要注意一些与参观者交流的细节问题,以提高交流效果。

(1) 展台手势礼仪

在展会上,工作人员的手放置的位置很关键,如果手放置的位置不对,诸如放裤兜里、背在身后,或者双臂交叉抱在胸前,等等,都会传递出"不想回答你的问题"或者"我只是看展台的"等消极信息。为了避免这种情况出现,工作人员的手中要拿点与展会有关的物品,如拿一份宣传单或客户反馈信息卡,但不能拿得太多,避免参观者误以为是专门发放宣传单的,否则影响与客户的正常交流。如果展出的产品体积较小或较轻,工作人员也可以在手里提一个展示样品,抓住时机向参观者介绍,这样也较容易缩短工作人员与参观者之间的距离。

(2) 展台眼神礼仪

展台工作人员需要注意的展台眼神礼仪包括两个方面的内容:一方面是观察参观者,从其眼神中读取自己所需要的信息。例如,当工作人员用热烈的目光寻求参观者的回应时,如果对方也回应一个眼神,表明其愿意接受工作人员,并准备继续沟通或联络;如果避开工作人员的视线,说明其不感兴趣,或者不想受干扰,要自己看。这时工作人员就不必过于热情地说过多的话,可以让参观者自己选择。另一方面是投给参观者诚实、可信的目光。诚实、可信的目光,可以给参观者带来安全感。当工作人员开始与参观者展开交流时,要注意时刻观察对方的眼神、表情变化等。工作人员在与参观者交谈时要注意目不斜视,不能左顾右盼,否则会让对方感到你心不在焉,或者急于结束本次谈话,那样,辛辛苦苦建立起来的参观者的信任感就会瞬间付之东流。

(3) 语言沟通

在展会上,在对自己展出的产品和服务项目了如指掌的前提下,要简明扼要地向所有可能成为顾客的人介绍自己的产品或服务,但要注意语言不宜过于复杂,内容不宜过于广泛,陈述时间不宜过长,否则会给参观者带来听觉上的疲劳,甚至引起他们的逆反情绪。在与参观者交谈时要掌握技巧,先小心谨慎地询问对方,弄清楚他们真正的兴趣所在,并把客人所需要获得的信息简明扼要地传递给他们。如果他们有兴趣,可以约定展会结束之后再进一步联系和洽谈。

4. 提供热情周到的服务

工作人员包括讲解员、接待员、服务员、业务洽谈员和营销员,都应做好本职工作,接待好每一位来访者,并对来访者提出的要求尽可能地满足,让来访者愉快而来,满意而归。

## 二、发布会礼仪

发布会是新闻发布会的简称,有时亦称记者招待会。它是一种主动传播各类有关信息,谋求新闻界对某一社会组织或某一活动、事件进行客观而公正报道的有效沟通方式。新闻发布会的常规形式是,由某一商界单位或几个有关的商界单位出面,将有关的新闻界人士邀请到一起,在特定的时间和特定的地点举行一次会议,发布某一消息,说明某一活动,或者解释某一事件,争取新闻界对此进行客观而公正的报道,并且尽可能地争取扩大信息的传播范围。简言之,新闻发布会就是以发布新闻为主要内容的会议。

发布会礼仪,一般指的就是有关举行新闻发布会的礼仪规范。对商界而言,发布会礼仪至少应当包括以下几个方面。

**(一) 筹备礼仪**

筹备新闻发布会,要做的准备工作很多,其中最重要的就是要做好以下几项具体工作。

1. 主题的确定

新闻发布会的主题大致有三类:发布消息、说明事项、解释事件。具体而言,诸如组织开业、扩建、合并或者关闭,组织创立的周年日纪念,组织的首脑或高级管理人员发生变动,组织的经营方针发生改变,新技术、新产品、新举措、新服务面世,组织遭遇重大事故或遭到社会的误解甚至批评,等等,通常都是新闻发布会的主题。

2. 时间的选择

一般情况下,新闻发布会的时间应该选择在周一至周四上午 10~12 点或者下午 3~4 点。

确定新闻发布会的时间需要注意"四个避开",即避开节假日,避开其他单位的新闻发布会,避开与新闻界的宣传报道重点撞车或重叠,避开本地重大社会活动。

3. 地点的选择

新闻发布会的举行地点,除可以选择在本单位所在地、活动或事件所在地之外,还可以优先考虑首都或其他影响巨大的中心城市。必要时,还可以在不同地点举行内容相似的新闻发布会。举行新闻发布会的现场,必须保证交通方便,条件舒适,面积适当。一般来说,本单位的会议厅、宾馆的多功能厅、当地最有影响的建筑物等,都可以作为新闻发布会的地点。

4. 人员的安排

在准备新闻发布会时,主办者一方必须精心做好包括主持人、发言人和礼仪服务人员在内的相关人员安排。

主持人的发言内容是简单介绍会议概要。主持人大都由主办单位的公关部部长、办公室主任或秘书长担任。主持人的基本条件是：仪表端正大方，见多识广，反应灵活，具有丰富的主持会议的经验，语言流畅，幽默风趣，善于把握大局和引导提问。

发言人是会议的主角，通常应由本单位的高级领导担任。发言人一要在社会上口碑较好，与新闻界关系较为融洽；二要修养良好，学识渊博，思维敏捷，能言善辩，记忆力强，善解人意，彬彬有礼。发言人的发言内容应详细。

礼仪服务人员最好由主办方的年轻女性担任。其基本要求是相貌端庄，品行良好，工作负责，善于交际。

5. 材料的准备

(1) 发言提纲

发言提纲是发言人在发布会上进行正式发言时的发言提要。它既要紧扣主题，又要全面，准确，生动，真实。

(2) 问答提纲

为了使发言人在现场正式回答提问时表现自如，不慌不忙，事先可对有可能被提问的主要问题进行预测，并对这些问题预备好相应的答案，以备发言人必要时参考。

(3) 宣传提纲

主办单位可事先精心准备一份以有关数据、图片、资料为主的宣传提纲，在新闻发布会上提供给与会者。在宣传提纲上，通常应列出单位名称及联络电话、传真号码，以供新闻界人士核实，上网的商界单位应同时列出本单位的网址。

(4) 辅助材料

条件允许的话，可在新闻发布会的举办现场预备一些能够强化会议效果的形象化的视听材料，如图表、照片、实物、模型、光盘、录音、录像、幻灯等，供与会者使用。

6. 发送请柬

发布会的请柬应提前一至两周发出，重要宾客的请柬要专门安排人员送达。

7. 准备胸卡和名签

会议主办单位要事先为每位出席者准备写有姓名和职务等内容的胸卡。另外，还要安排好座位，特别要注意安排好主席台上嘉宾和主要人物的座位，并在其座位的正前方放上名签。

8. 制订预算计划

预算计划要根据新闻发布会的规模来制订。通常包括的费用项目有：印刷品费用、邮费，租用会场费，租用音像器材费，茶点费和餐费，照相费，签到留言簿费，礼品费，请柬费，来宾及工作人员的交通费、住宿费，会场布置费，等等。

9. 准备好视听设备

会前应检查扩音设备、录音设备及幻灯设备等，在会议开始前一个小时再检查一遍，保证不出现故障。

(二) 邀请新闻界人士的礼仪

在考虑邀请新闻界人士时，必须有所选择，有所侧重。不然的话，就难以确保新闻发布会真正取得成功。发布会邀请的新闻界人士要讲究少而精，还要重点考虑应当邀请哪些方面的新闻界人士参加。

不同的发布会有不同的侧重点。一般而言,发布某一消息时,尤其是为了扩大影响,提高本单位的知名度时,邀请新闻单位通常多多益善;而在说明某一活动,解释某一事件时,邀请新闻单位则不宜过多。不论是邀请一家还是数家新闻单位参加发布会,主办单位都应尽可能地优先邀请那些影响巨大,主持正义,报道公正,口碑良好的新闻单位。此外,还要根据新闻发布会的具体性质,确定是要邀请全国性新闻单位、地方性新闻单位、行业性新闻单位全部到场,还是只邀请其中的某一部分。如果要邀请国外的新闻单位参加,还要遵守有关规定,事先报批。

主办单位要把邀请来的新闻界人士当作真正的朋友,对他们要真诚友好,坦诚相待;对所有新闻界的人士都要一视同仁,不要有亲疏之别,不能厚此薄彼;要尽量向新闻界人士提供对方需要的、真实、准确、有时效性的信息;尊重新闻界人士的自我判断,不要试图拉拢、收买对方。要注意和新闻界人士建立持久、友好的关系。

(三) 现场应酬礼仪

在新闻发布会正式举行的过程之中,往往会出现这样或那样的、确定或不确定的问题。有时甚至还会有难以预料的情况或变故出现。要应付这些难题,确保新闻发布会的顺利进行,除了要求主办单位的全体人员齐心协力、密切合作之外,最重要的是,代表主办单位出面应酬来宾的主持人、发言人也要注重礼仪,善于沉着应变,把握全局。

1. 注重外表

在新闻发布会上,代表主办单位出场的主持人、发言人是被新闻界人士视为主办单位的化身和代言人的。因此,主持人、发言人对于自己的外表,尤其是仪容、服饰、举止,一定要事先进行认真的考虑。

按惯例,主持人、发言人要进行必要的化妆,并且以化淡妆为主;发型应当庄重而大方。男士最好穿深色西装、白色衬衫、黑袜黑鞋,并且打领带;女士最好穿单色套裙、肉色丝袜、高跟皮鞋。服装必须干净合体,一般不佩戴首饰。在面对新闻界人士时,主持人、发言人都要做到举止自然而大方,面带微笑,目光坦诚,表情轻松自然。

2. 注意相互配合

主持人主要是主持会议、引导提问的,发言人则主要是做主旨发言、回答提问的。二者必须各司其职,相互配合。重要的新闻发布会,发言人若不止一人,事先必须进行内部分工。一般来讲,发言人的现场发言应分为两个部分,首先进行主旨发言,接下来才回答疑问。当数名发言人到场时,只需一人进行主旨发言即可。

在新闻发布会上,主持人、发言人要彼此支持,保持一致的口径,不允许公开顶牛、互相拆台。当新闻界人士提出的某些问题过于尖锐或难于回答时,主持人要设法转移话题,不使发言人难堪,而主持人安排某位新闻记者提问之后,发言人一般要给予对方适当的回答。

3. 注意讲话的分寸

首先要简明扼要。不管是发言还是提问,都要条理清楚,重点突出。

其次要提供新闻。在不违法,不泄密的前提下,要满足对方获取有价值新闻信息的要求,要在讲话中善于表达自己的独到见解。

再则要生动灵活。讲话者的语言是否生动,反应是否灵活,往往直接影响现场的气氛。面对冷场或者冲突即将爆发时，讲话者生动而灵活的语言往往可以扭转局面。因此，对发布会而言，适当地采用一些幽默风趣的语言或巧妙的典故，是非常必要的。

最后要温文尔雅。新闻记者大都见多识广，又往往是有备而来的，所以他们在新闻发布会上经常会提出一些尖锐而棘手的问题。遇到这种情况时，发言人能答则答，不能答则应当巧妙地进行回避，或是直接告之以无可奉告。但是要注意语言谦恭敬人，机敏灵活，要表现得温文尔雅。

### （四）评估、善后礼仪

新闻发布会举行完毕之后，主办单位需在一定的时间之内，对其认真地进行评估、善后工作。

**1. 要了解新闻界的反应**

发布会结束之后，应对照一下现场所使用的来宾签到簿与来宾邀请名单，核查一下新闻界人士的到场情况，据此可大致推断出新闻界对本单位的重视程度。

**2. 要整理、保存会议资料**

主办单位要认真整理、保存新闻发布会的有关资料，资料大致可以分为两类：一类是会议自身的图文资料及音像资料，包括在会议进行过程中所使用的一切文件、图表、录音、录像等；另一类则是新闻媒体有关会议报道的资料，主要包括在电视、报纸、广播、杂志上公开发表的涉及此次新闻发布会的消息、通讯、评论、图片等，具体可以再分为有利报道、不利报道、中性报道三类。

**3. 要酌情采取补救措施**

在听取与会者的意见、建议，总结会议的举办经验，收集、研究新闻界对于此次会议的相关报道之后，对于失误、过错或误导要主动采取一些必要的补救措施。对于在新闻发布会之后所出现的不利报道，要特别注意进行具体分析，采取具体补救措施。

## 三、茶话会礼仪

茶话会是为了联络老朋友，结交新朋友而采用的一种具有对外联络和招待性质的社交性集会。和其他类型的商务性会议相比，茶话会的社交色彩最浓。

参加茶话会可以不拘形式地自由发言，要备有茶点。可以自由活动，与会者不用签到。茶话会一般不排座次，或者座次安排不过于明显。

茶话会礼仪主要涉及以下七个方面。

### （一）确定茶话会的主题

茶话会的主题可以分为三类，即联谊、娱乐、专题。

以联谊为主题的茶话会，一般是为了联络主办单位同应邀到会的社会各界人士的友谊；以娱乐为主题的茶话会，常常安排一些文娱节目，并以此作为茶话会的主要内容，以现场的自由即兴表演为主；专题茶话会，是在某个特定的时刻，或为某些专门问题而召开的茶话会，以听取某些专业人士的见解，或是和某些与本单位有特定关系的人士进行对话。

主办单位在筹办茶话会时必须围绕主题邀请来宾，尤其要确定好主要的与会者。

### （二）邀请来宾

一般情况下，茶话会的来宾大体上可以是本单位的顾问、本单位的有关人士、社会知名人士、合作伙伴以及社会上各行各业的人。

茶话会的来宾名单一经确定,应立即以请柬的形式向对方提出正式邀请。按照惯例,茶话会的请柬应在半个月之前送达或寄达被邀请者,被邀请者不必答复。

### (三) 确定茶话会的时间、场地

茶话会的时间包括茶话会举行的时机、开始的时间、举行时间的长短。这是茶话会要取得成功的重要条件。

辞旧迎新、周年庆典、重大决策前后,遭遇危难、挫折的时候,都是召开茶话会的良机。根据惯例,举行茶话会的最佳开始时间是下午四点左右。有时候,也可以安排在上午十点开始。在具体操作时,也不用墨守成规,应该以与会者特别是主要与会者的方便与否以及当地人的生活习惯为准。茶话会往往是可长可短的,关键要看现场有多少人发言,发言是否踊跃,一般在两个小时左右。

适合举行茶话会的场地主要有主办单位的会议厅、宾馆的多功能厅、主办单位负责人的私家客厅、主办单位负责人的私家庭院或露天花园、高档的营业性茶楼或茶室。餐厅、歌厅、酒吧等地方不适合举办茶话会。

### (四) 准备茶点的礼仪

茶话会不上主食,不安排酒水,只提供茶点。茶话会是重"说"不重"吃"的,没必要在吃的方面过多下功夫。

茶话会为与会者所提供的茶点,应当被定位为配角。在进行茶话会准备时要注意的有以下两点。

1. 准备好茶叶、茶具

对于用来待客的茶叶、茶具,务必精心准备,尽量挑选上品,还要注意照顾与会者的不同口味。例如,提供绿茶、花茶、红茶等不同的品味。茶具最好选用陶瓷的,并且要使茶杯、茶碗、茶壶成套。所有茶具都必须清洗干净,不能有破损或污垢。

2. 准备茶点

除主要供应茶水外,在茶话会上还可以为与会者准备一些点心、水果或是地方风味小吃。品种要适当,数量要充足,并要便于拿取,同时还要配上擦手湿巾。

按照惯例,茶话会举行后不必再聚餐。

### (五) 茶话会座次礼仪

从总体上来讲,在安排茶话会与会者的具体座次时,必须和茶话会的主题相适应。可以采取以下几种办法。

1. 环绕式

不设立主席台,把座椅、沙发、茶几摆放在会场的四周,不显示座次的尊卑,与会者在入场后自由就座。这一安排座次的方式,与茶话会的主题最相符,也最流行。

2. 散座式

散座式常见于室外举行的茶话会。它的座椅、沙发、茶几自由地组合,甚至可由与会者根据个人要求而随意安置。这样就容易创造出一种宽松、惬意的社交环境。

3. 圆桌式

圆桌式指的是在会场上摆放圆桌,请与会者在周围自由就座。圆桌式又分两种形式:

一是适合人数较少的茶话会,仅在会场中央安放一张大型的椭圆形会议桌,全体与会者在周围就座,二是在会场内安放数张圆桌,请与会者自由组合。

4. 主席式

主席式是指在会场上,主持人、主人和主宾被有意识地安排在一起就座,并且按照常规就座。

### (六)茶话会的基本议程

第一项:主持人宣布茶话会开始。宣布开始前,主持人要让与会者各就各位。宣布开始后,主持人可对主要与会者略加介绍。

第二项:主办单位的主要负责人讲话。他的讲话应以阐明这次茶话会的主题为中心内容,还可以代表主办单位对全体与会者表示欢迎和感谢,并且恳请大家一如既往地理解和支持。

第三项:与会者发言。与会者发言在任何情况下都是茶话会的重点。为了确保与会者在发言中直言不讳,畅所欲言,通常,主办单位事先不对发言者进行指定或排序,也不限制发言的具体时间,而是提倡与会者自由地进行即兴式的发言。一个人还可以多次发言,不断地补充、完善自己的见解和主张。

第四项:主持人总结。主持人略作总结后,可以宣布茶话会结束。

### (七)茶话会的发言及参加礼仪

参加茶话会的每一个人都有义务维护茶话会的气氛,不可使茶话会冷场,也不可使秩序太乱。

现场发言在茶话会上举足轻重。茶话会假如没有人踊跃发言,或者与会者的发言严重离题,都会导致茶话会的最终失败。在茶话会上,主持人重要的作用是在现场上审时度势、因势利导地引导与会者的发言,并且控制会议的全局。大家争相发言时,主持人决定先后。没有人发言时,主持人引出新的话题,或者恳请某人发言。会场发生争执时,主持人要出面劝阻。在每位与会者发言前,主持人可以对发言者略作介绍。发言之前和结束,主持人要带头鼓掌致意。

与会者在茶话会上的发言及表现必须得体。在要求发言时,可以举手示意,但也要注意谦让,不要争抢;不管自己有什么高见,都不要打断别人的发言。表达赞扬时,不能阿谀奉承,夸大其辞;提出批评时,不能讽刺挖苦,言辞刻薄。更不能当场表示不满,甚至进行人身攻击。

别人讲话时,要专心诚意地倾听,不要随意打断别人的话,也不要显露出烦躁或心不在焉,更不要妄加评论他人的话。自己发言的时候,用词、语气、态度要文明,神态要自然,仪态要端庄大方。过分拘谨或做作会使人不快。发言时,口里不许有食物,更要防止口角上留有残渣。

自由交谈时不要独坐一隅,而应与邻座交谈,尽快找到共同的话题,打破僵局,融洽气氛。

幽默风趣的语言在茶话会上是受欢迎的,但要避免乱开玩笑,伤害他人自尊;行为举止也不能无任何约束,随便走动或推推搡搡,茶话会就会被搅乱。

### 四、座谈会组织礼仪

座谈会是邀请有关人士在一起,围绕某个问题进行讨论,或者为了沟通情况、交流感情而进行交谈的会议。其礼仪要求主要包括以下几个方面。

**(一)座谈会的准备礼仪**

1. 确定主题,充分准备

任何一个座谈会的举办,目的性都很强。有的以教育和警示为目的,有的以交流感情、互相激励为目的,有的以沟通信息、统一思想为目的,也有的以提供平台、解决问题为目的,因此围绕中心议题展开讨论,要达到什么目的,必须明确。

在确定主题的基础上,制订座谈会提纲,并把提纲提前通知参加人员,使他们有充分的思想准备。

2. 确定规模和人员构成

座谈会的规模和人员构成要根据内容和主持人的组织能力来确定。一般来讲,规模不宜过大,少则三五人,多则一二十人。但在人员的构成上一定要合理,与会者要有代表性,而且具备一定的文化素质和语言表达能力。

3. 选择合适的主持人

作为座谈会的核心,主持人的作用特别重要。一个优秀的座谈会主持人可以点石成金,一个素质不高的主持人会把座谈会变成聊天会。座谈会主持人最起码要具备以下三种能力。

(1)互动亲和能力

在座谈会中,一群相互之间完全陌生的人集中到一起,而且要畅所欲言,这是有相当难度的。首要的就是要建立大家之间的信任感,特别要建立主持人和与会人员之间的信任感。这就要求主持人一定是个热情的人,是个让大家一见就感到可信赖的人,是个有高度亲和力的人。

(2)会议过程控制能力

其一,主持人要能够控制好自己的语速,以中速为主,不快不慢,注意节奏。音量大小适当,既不让大家感到压抑,又要让大家能听清楚。

其二,要能够控制与会人员的谈话脉络和会议主题,保证会议按照既定主题发展。如果有人跑题或超时了,主持人要能够顺着发言者的话语很轻松地转到下一个主题上,而不能突兀地打断,也不能任其发展,不管不问。这个要靠平时知识的积累和修养的养成。

其三,要能控制会议进度。要在规定的时间内完成既定的座谈任务。会前的提纲准备中须将会议的主题划分为几个相关的步骤,有一条时间线;现场将每个与会者的发言控制在合理的水平,既表达充分,又不啰嗦。如果发现时间控制方面出现了问题,应该及时调整话题方向和过程,加快节奏,不能仓促结束。如果需要,可以适当延长座谈时间。

(3)提问和倾听能力

主持人的提问能力很重要。如果没有好的提问技巧,不能步步为营,深入挖掘,而是照本宣科,所获得的座谈成果一定是表面和肤浅的。所以,合格的主持人应该掌握基本的提问技巧,懂得借助专业知识和恰当的提问挖掘出问题的本质和核心。

倾听能力对于座谈会主持人来讲也是非常重要的,要能认真地倾听发言者的真实意思表达,包括表面意思和隐性意思,在充分理解的基础上展开下一步的讨论。也要能够识别与会者的非语言行为,更好地理解每个成员的真实意见和态度。

4. 会场布置

座谈会的会场要悬挂会标,如"装备制造企业座谈会"等,揭示座谈会主题。为了营造一种平等、融洽的氛围,让座谈会开得活泼、轻松,让与会者能畅所欲言,应当布置一个轻松的环境。座谈会的会场布置可以采用圆形、方形、长方形、椭圆形等围坐式格局,因为围坐式格局主次位置比较模糊,适合每个人发言。同时可以准备茶水、饮料、糖块、水果等,还可以准备纪念品。

### (二)预先通知

一般要提前三天通知座谈会的参加人员;通知参加座谈会的人员时,要把座谈会的目的、内容、形式、时间、地点以及要求等讲清楚,还要把由谁出面举办、谁主持、哪些人参加,有没有接送车辆等情况告诉参加者,使对方能够有备而来。

### (三)座谈会现场礼仪

座谈会的组织者要搞好迎、送、招待等工作,主持人在座谈会开始时,要向大家介绍与会人员。座谈会虽然不如大型会议郑重、严格,但也要注意座次的安排,主持人可以和大家围坐,主要与会人员应安排在距离主持人较近的位置。

座谈会开始,主持人首先介绍座谈会的目的、内容和座谈形式。为了防止冷场,可以事先安排几位带头发言的人,在后面的发言中也可以用点将的方法依次进行发言。

### (四)营造热烈、融洽的气氛

主持人要把握好会议的气氛,既不能过于严肃,使座谈陷入僵局,也不能过于随便,使与会者不予重视。讨论中,要活跃、畅所欲言。主持人要注意鼓励插话、争论,要求大家知无不言,言无不尽,要注意使每位与会者都有发言的机会。一要克服"冷场",二要避免"离题",三要避免开小会,四要掌控争执。主持人要及时引导,调节气氛,防止"离题"。例如,防止把安全座谈会开成"说教会"、"表功会"、"牢骚会"。

座谈会开得成功与否,掌握时间也是一个重要因素。时间太短,使与会者有话说不尽;时间太长,使与会者感到厌烦,影响效果。因此,主持人要把时间掌握好,有话则长,无话则短,恰到好处。

## 五、研讨会礼仪

研讨会是针对某一行业领域或某一具体问题,在集中场地进行研究、讨论交流的会议。它对于制定政策、发展战略及实施的方法措施都有巨大作用。

由于是针对行业领域或独特的主题,通常专业性较强,因此研讨会通常由行业或专业人士参加。行业技术性研讨会的规模通常在50~200人,也有20~50人的小规模研讨会,少于50人的研讨会通常采取圆桌式,便于公平交流。

### (一)选择研讨会的形式

研讨会的形式根据会议目的、参加对象的不同而有所区别。

1. 专家研讨会

专家研讨会是行业领域的专家群体因特殊事件或特殊话题聚集起来,针对特别具体的问题展开公平、公开的讨论,交流分享观念,商议对策并形成相关决议的一种会议形式。专家研讨会对场地的要求是,相对封闭、安静、利于保密。

2. 品牌技术研讨会

品牌技术研讨会通常由一个利益主体组织,一家或数家品牌参与者通过会议进行演讲,尽管以技术或产品交流为形式,却是以品牌宣传为主要目的,这类研讨通常由品牌或行业媒体组织。品牌技术研讨会的规模通常为100～200人。品牌技术研讨会的场地的要求是,会议场所条件好、配套服务佳,交通方便,通常在四星级或五星级酒店举办。

3. 网上研讨会

网上研讨会是随着互联网的普及而出现的一种研讨会,能够在节省主办方成本的前提下,让更多用户和潜在用户获得研讨会的内容,主办方能更有利地进行推广产品和营销。网上研讨会的组织者通常是行业网站或品牌企业。网上研讨会有直播和录播两种类型,与非网上研讨会一样,直播也是在指定的时间举办,并有演讲人进行演讲,演讲人可与观众(网站访问者)互动,由于采用视频直播的方式,因此观众也可获得很好的现场参与感。网上研讨会的内容可以很好地保存。网上研讨会的缺点是观众之间无法互动。观众一般是通过IE收看。

(二)研讨会的时间安排

研讨会应满足不同观点的参与者演讲发言,因此在时间安排上,通常安排多个参与者演讲发言,为保证交流效果,每场演讲发言的时间设定为30～45分钟。超过3个小时的研讨会,还需要安排会间休息,俗称茶歇或茶点时间。

(三)研讨会的场地安排

研讨会的场地有一定要求,通常需要在正式的会议室举行,会场应提供投影仪、音响、话筒、写字板等演讲所需的设施。

## 六、工作现场会礼仪

工作现场会一般是指在典型单位或典型现场召开的借鉴性会议,一般选取有典型意义的生产、工作、实验、经营、教育场所进行。由于工作现场会比较直观,通常能给人深刻的印象,能起到很好的典型示范作用。

(一)选择现场

从某种意义上说,现场的选择,在一定程度上决定了工作现场会的成功与否。因此,对于现场的选择,一定要特别精心、慎重。要选择那些能达到会议目的、具有典型意义的现场。例如,召开安全工作现场会,可以选择事故现场,触目惊心的现场能给人留下深刻印象;生产技术推广现场会,可以选择采用该先进生产技术的成功企业,让人亲身体验生产过程和技术水平。

(二)确定参观路线

工作现场会必须有参观工作现场的项目,因此会务工作人员必须在会议前安排好参观路线和参观点。参观路线和参观点的选择要符合会议目标。

在参观过程中,要把握好参观时间,时间不宜太长;如果参观的路途比较远,还要安排好接送的车辆。

（三）准备会议资料

1. 制订现场会方案

制订现场会方案,一方面可以使工作现场会的工作有领导、有组织、有计划地进行,这是工作现场会成功召开的保证;另一方面也是工作现场会经费使用的依据。

大型的工作现场会必须制订方案。工作现场会方案包括组织机构、会务准备、会议议程安排、经费预算等事项。

2. 会议通知

工作现场会的会议通知要根据举办单位、涉及范围、紧急程度来确定。如果是本单位内部的工作现场会,或者是紧急工作现场会,可以临时通知;如果举办单位级别较高,涉及同一系统不同单位,会议通知要至少提前一周发出,让与会人员有充分的时间做好工作安排。

会议通知除了注明会议的主题、时间、地点之外,还要告知大致的会议议程。

（四）会议议程

工作现场会一般包括两大方面的内容:一是现场参观,二是召开会议。可以先参观后开会,也可以先开会后参观,要根据具体会议目的和情况而定。

如果是先参观后开会,会议议程安排如下:

（1）主持人宣布会议开始;

（2）有关人员作经验或情况介绍;

（3）有关领导或专家点评参观内容;

（4）有关领导提出工作要求。

如果是先开会后参观的工作现场会,会议议程为:

（1）主持人宣布会议开始;

（2）有关人员作经验或情况介绍;

（3）有关领导提出工作要求。

（五）安排参观线路,做好讲解准备

参观是工作现场会的重要环节。参观线路怎么安排,对参观现场讲解得如何,这些直接影响参观的效果,因此要重视参观线路的安排和讲解词的准备。安排参观线路要考虑选取的参观点的典型性和代表性;参观中尽量减少不必要的往返和交叉路径,以节省时间;还要注意参观点的安全问题,保证参观过程中的行车安全和参观人员的人身安全。

参观中的讲解要注意条理清晰,重点突出,不可泛泛而谈,面面俱到;讲解时要做到口齿清晰,普通话标准,语速适当,音量适当。

## 七、表彰会礼仪

（一）规范布置会场,营造热烈、愉悦的气氛

大会前,应做好会场的布置。大会应安排在较大的礼堂进行,设置主席台,并用桌布覆盖;主席台上方,应悬挂相关会幅;主席台前方,最好放置盆花;会议召开前,应播放欢快

的音乐,促使整个会场洋溢热烈、愉悦的气氛。

### (二) 入座的礼仪规范

表彰会的受奖人员应安排在会场的前排就座;重要宾客应安排在主席台上就座;参加会议的人员应划分好就座区域;受奖人员和重要宾客到达时,应由接待人员引导入座。

### (三) 颁奖的礼仪规范

颁奖时应奏乐,颁奖者既可以是公司请来的重要宾客,也可以是本公司的领导;颁奖者与受奖者要一一对应,颁奖者用双手将奖品或奖状递交给受奖者,并主动与其握手,表示祝贺;受奖者应鞠躬以示谢意,并用双手去接领奖品或奖状;与颁奖者握手完毕,受奖者应转过身,面向全场与会者,将奖状或奖品高高举起,并再次鞠躬致谢。当受奖者人数较多时,工作人员应安排好先后顺序,一轮一轮登台领奖;台上有人正在领奖时,工作人员应做好准备工作,将下一轮受奖人员按顺序排列在主席台旁等候,随时准备登台受奖。

## 八、国际会议礼仪

国际会议泛指与会者来自不同国家(或地区)的会议,在我国统称为涉外会议。涉外会议一般分为不同国家(或地区)之间的官方会议、非官方会议、官方与非官方混合型会议三大类。在这些涉外会议中,特别需要会议工作人员提供规范、标准、到位的礼仪服务,这不仅有助于会议的顺利进行,而且是一个国家文明程度的体现。

### (一) 国际会议的承办

承办一个国际会议,首先要了解该会议的组织者在承办方式上采用的是哪一种,然后才能有的放矢,取得成功。概言之,一般的国际会议承办方式有以下几种。

#### 1. 会员国轮流承办

会员国轮流承办国际会议是比较简单的,加入该国际组织并成为正式会员国,就有机会承办,其轮流方式有以入会先后次序或国名英文字母顺序轮办,也有以会员国主动提出优惠条件,经会员国或这个组织的监理会同意即可。例如,亚洲秘书协会组织就是以入会先后顺序轮流承办的。

#### 2. 地区性轮流承办

有些重要国际组织的会员分布在全球,每一年或每两年在全球各地区召开国际会议,为了让分布在全球各地的会员国都有机会承办,采用指定轮流在某一地区召开,然而,某一地区可能有好几个会员国。这时有意争取承办的会员国提出申请计划书表示有意承办,再由这个组织的监理会或特别成立的"评估小组"来表决,由获选的会员国承办。一般来说组织的知名度、会议的效益及权威性越高,会员国之间的竞争就越激烈。

#### 3. 竞标承办

竞标承办方式对有意争取承办权的会员国来说最具挑战性,然而这些会员国竞争激烈的国际会议必定是全球知名国际组织的会议,这样的国际会议也将引起全球的瞩目,并具有权威性,其竞标的过程经常要花费相当长的时间去苦心经营。承办单位通常会先将承办会议的先决条件列在招标书中。

### (二) 国际会议服务礼仪的基本准则

国际会议服务礼仪是建立在国际会议的基本准则之上的,因此在举办国际会议时,服务礼仪要遵守国际会议的基本准则。

1. 各国平等

在国际事务中，国家不分大小、强弱一律平等。与会各国有维护本国主权、尊严的权利，也有尊重别国主权、尊严的义务。各国平等主要体现在以下三个方面。

（1）礼宾次序

所谓礼宾次序，是指在国际交往活动中，出席活动国家的位次需要按一定规则和惯例进行先后次序的排列。礼宾次序体现东道国对各国宾客所给予的礼遇，它直接涉及平等问题，稍有不慎就会引起国际争端，甚至影响国家关系。因此，在国际会议接待中，无论是举行迎送仪式，还是食宿的安排、会场次序的排列、发言的顺序等，都必须按照国际惯例或者约定俗成的办法操作。

（2）会议发言权

所有的与会国代表都是平等的，因此他们都有平等发言权，除非与会国代表自行提出放弃发言，否则会议主办方不能随意剥夺任何会议成员国的发言权。同时按照国际惯例，必须公平地安排与会代表的发言次序。

（3）表决权

表决权是体现各国平等的关键，各与会国代表可以通过投票或举手表决等不同形式表达自己的参会愿望和意图，当会议涉及重大问题时，应经过全体表决后才能得出结论（一些具体、只涉及个别国家的事务除外）。

2. 相互尊重

参加国际会议的代表来自不同的国家、种族、民族，有不同的意识形态、宗教信仰和风俗习惯。本着互相尊重的原则进行会议磋商是符合各国利益的。作为国际会议的承办方要详细了解各国代表的不同需求，会议各个环节的安排也要从各方面照顾与会代表的生活习惯或宗教信仰，争取做到各方与会代表都高兴而来，满意而归。

3. 互惠互利

作为国际会议的承办方，其目标就是想通过会议协商、多方和谈的方式解决一些国际问题。当会议涉及具体国家的具体利益时，可能会引起国与国之间的争端，国际会议承办方要及时调整会议进程、会议环节，甚至改变会议模式促进会议顺利进行，尽可能做到使各方都满意。

**（三）国际会议中的礼仪规范**

对于经常参加国际会议的商界人士来说，国际商务礼仪是他们必修的功课，是在国际上进行商务活动的护身符。在参加国际会议时，与会人员要具备一定的国际礼仪规范。

第一，在出国前最好提前查阅一下相关国家的资料，要了解和尊重该国的风俗习惯，对特殊习俗要更加重视，以免伤害民族感情而造成不必要的误会，从而使商务活动能顺利展开。

第二，见面时要遵守礼节，遵循国际惯例，一般应先进行自我介绍，说明自己的身份，再请教对方姓名，然后互相交换名片。应使用正式称呼，在姓氏后冠以"先生"、"女士"等称呼，而与官方人士或很有地位的人打交道时，可称呼"阁下"或其职位名称以示尊重。男士穿正统的西装打领带，女士穿西装或礼服。

第三，国际会议的语言交流一般采用英语，如果英文不够流畅，可配备一名翻译。国际会议的发言开场白一般很简短，发言期间，若语言不通，也应该表现出仔细倾听的样子，不能有左顾右盼、闭目养神或窃窃私语等不尊重发言人的表现。

第四，注意守时，参加会议时务必准时到达，最好能提前一些。参加宴会时也应提前几分钟到场。

第五，要了解国外的餐饮礼仪，尤其是西餐餐具的使用规则和用餐顺序，宴会结束后应在主宾离席后才可退席，若有事需提前告辞，应向主人道歉，加以说明后悄悄离席。可以准备一些具有中华民族特色的或是公司标志的礼品赠送给国际友人，切忌送贵重的礼品。此外，参加宴请活动还要注意着装大方，举止得体。国际商务礼仪是很实用的学问，只有很好地掌握了这门学问，才能在国际商务活动中如鱼得水。

## 案例分析

### 案例

盛华集团是一家以生产防盗门为主的企业，在全国建立了统一的销售网络，产品遍布全国，在各省会城市都设立了分公司。集团不断开发新产品，先后推出了复合门、欧化门、工程门、子母门、自动识别门、高档彩板门、楼宇门、防火门、浮雕门等产品。"铸造至尊，诚实守信"是盛华集团的永恒宗旨，"安全亿万家"是盛华集团的最高追求。

2012年3月26日，盛华集团参加了在郑州举办的"全国建筑、家居用品展销会"，来参观展会的商家和消费者很多，场面很大。因为之前做了充分的准备，盛华集团在整个参展过程中忙而不乱，工作人员各司其职，材料补充及时，讲解生动直观，效果很好，在展会期间就接下了大量订单。

### 分析

参展单位在正式参加展览会时，必须要求自己派出的全部人员齐心协力，同心同德，为参展的成功而努力奋斗。展览会的礼仪规范主要体现在整体形象、待人礼貌、解说技巧等三个方面，参展单位要予以特别的重视。

## 技能训练

### 训练项目一：情景分析与讨论

### 情景材料

某大型服装公司举办了大型服装展销会。本次活动影响范围很大，得到了当地政府的大力支持和关注，各家媒体也表现出了浓厚的兴趣。该公司邀请政府领导参加展销会的开幕式，并提前发出了邀请函。接到邀请后，市长表示不一定有时间出席，派副市长代表参加。展销会开幕式即将开始，市长却来了，工作人员匆忙安排市长就座，却发现主席台上根本没有市长的座位和名签，双方非常尴尬。

展销会开始后，由于参观人员比较多，加上很多知名品牌也参加展销会并开展促销活动，前来购买的群众很多，会场显得极为拥挤，不时有碰撞和争吵发生。

该企业的展位虽然位置很好,但是布置比较简陋,设计也不够美观,资料准备得不充分,摊位前反而显得比较冷落。

**实训要求**

1. 承办展会要注意什么问题?如何避免情景材料中的尴尬局面?
2. 参展企业参展时的礼仪要求是什么?

**训练项目二:职场模拟**

**职场模拟一**

请分组模拟一场关于如何改善自己礼仪习惯的座谈会。每小组4~6人,一个小组负责组织,其他小组参加。小组之间可以轮换,轮换时,座谈会的主题也要改变。

**职场模拟二**

公司召开优秀职工表彰大会,请4~6人为一个小组,分组演示表彰会的操作和召开过程,注意组织和参加表彰会人员以及受表彰者的礼仪规范。每个小组任务由抽签决定,可以轮换。

**职场模拟三**

公司准备召开一个销售业务研讨会,时间为半天,老总要你主持这次会议,公司领导层和全体业务员都参加,请你准备一份主持计划。

**职场模拟四**

把同学们分成4~6人的小组,以小组为单位模拟一场报告会或交流会,主题自定。一个小组扮演发言者,一个小组负责接待,其他小组演示参加会议的礼仪。各组任务由抽签决定。

# 相关知识链接

## 会展行业的经济效益

会展行业一般被认为是高收入、高赢利的行业,其利润率大约在20%~25%以上。据专家测算,国际上展览会的产业带动系数大约为1:9,即展览场馆的收入如果是1,相关的社会收入为9。从国际上看,在瑞士日内瓦,德国汉诺威、慕尼黑、杜塞尔多夫,美国纽约,法国巴黎,英国伦敦,以及新加坡和香港等这些世界著名的地方,会展业为其带来了巨额利润和经济的空前繁荣。美国每年举办200多个商业展览会,带来的经济效益超过38亿美元;法国展会每年营业额达85亿法郎,展商的交易额高达1 500亿法郎,展商和参观者的间接消费也在250亿法郎左右。香港每年也通过举办各种大型会议和展览获得可观的收益。会展行业不仅会给当地带来巨大的经济利益,也会为当地带来无法计算的社会效益。

# 第五章　秘书商务活动礼仪

秘书在日常工作中,组织和参加商务活动的机会非常多,应该掌握必要的相关礼仪知识。秘书在商务活动中,要了解商务宴请、商务洽谈、商务交接、会见与会谈、商务仪式、舞会及常见娱乐活动以及商务沟通等方面的礼仪知识,能够按照礼仪规范完成商务宴请、商务洽谈、商务交接、会见与会谈、商务仪式、舞会及常见娱乐活动以及商务沟通等相关的组织工作,能够按照礼仪要求参加相关商务活动。

## 第一节　商务宴请礼仪

商务宴请是商务活动中最常见的交际形式之一,具有沟通协调的重要作用,是人与人之间、组织与组织之间交往的重要手段和桥梁。

商务宴请作为企业经常性的商务活动,通常是由秘书按照上司的要求安排落实的,无论是普通的便饭,还是隆重的宴会,宴请都有十分明显的商业目的,都体现企业的公关理念,也都反映秘书的礼仪水平以及组织能力。了解宴请的种类和目的,掌握组织和参加宴请的基本礼仪要求,对宴请活动组织的成败和个人及组织形象的塑造起重要作用。

### 一、宴请的目的和作用

宴请的目的通常是多种多样、各不相同的。可以是表示欢迎、欢送、答谢的,也可以是表示庆贺、纪念的,既可以为某一件事而举行,又可以为某个客人而举行,还可以为某一展览会开幕式或闭幕式,或者某一工程的开工或竣工而举行,等等。明确目的,也就便于安排宴会的范围和形式。

不同的宴会有不同的作用,概括地说,宴会可以表达祝贺、感谢、欢迎、欢送等友好情感,通过宴会可以协调关系,联络感情,消除隔阂,增进友谊,加强团结,求得支持,有利于合作,等等。宴请对宾客而言是一种礼遇,必须按照规格,按照有关礼节礼仪要求组织。

### 二、宴请的种类

#### (一) 宴会

宴会,是举办者为了表达敬意(或谢意),联络感情,扩大影响等目的,备有成套酒菜,隆重招待宾客的活动。宴会为正餐,分国宴、正式宴会、便餐宴会和家宴四种。

### 1. 国宴

国宴是由国家元首或政府首脑作为国家的代表,为庆祝国际、国内重大节日,或为欢迎外国元首、政府首脑的来访而举办的国家级宴会。

国宴在宴会中规格最高,礼仪要求最严格。宴会厅里必须悬挂国旗、设乐队、奏国歌。国宴的请柬、席卡、菜单上印有国徽。席间,宾主双方相互致辞、祝酒,由乐队演奏双方国家的乐曲,作为席间乐。国宴使用讲究的餐具,对菜肴的道数以及服务人员的装束仪态,都有严格的要求。

国宴参加者要按照宴会的性质或请柬的要求着装,准时赴宴,并注意入场仪式,按请柬上安排好的席位就座,举止大方,谦和友好。

### 2. 正式宴会

正式宴会相对于非正式宴会而言,是指按一定规格和要求,郑重其事地摆设的宴席。国宴是最高规格的正式宴会。其他正式宴会,由于规格和标准都低于国宴,所以在服务程序和礼仪要求等方面,也相对宽松。如果地方政府或企事业单位宴请外国友好团体或商贸伙伴,即使在安排上与国宴大体相似,也不能视为国宴。

正式宴会除了不挂国旗,不奏国歌,以及出席规格不同外,其他方面与国宴相似,席间音乐仍可以安排。宾主均按正式宴会要求着装,按身份排位就座。国外的正式宴会,大多用雪梨酒、马丁尼酒等作开胃酒,席间很少以烈性酒待客。宴毕,在休息室休息时,才供应少量白兰地作"餐后酒"。我国则在餐前先上茶或饮料,也可直接入席。国家规定,公务宴请时以绍兴酒、葡萄酒及其他软饮料取代烈性酒。上餐以后,一般不再喝酒,可送上水果、茶饮供宾客选用。

### 3. 便餐宴会

便餐宴会简称便宴,是一种气氛随和的非正式宴会。它规模不大,形式随便,电话或口头邀请即可,无须专门发请柬,席间也不必刻意排座和安排发言讲话。菜式有多有少,质量可高可低,不按严格的礼仪程序,适用于日常交往,招待熟悉的宾朋好友。

常见的便餐宴会有午宴和晚宴两种,也有共进早餐的早宴(南方也称为早茶)。便餐宴会是友好交往与商务活动中运用最广的一种宴会。

### 4. 家宴

家宴是以私人名义,在自己家中设宴招待客人的一种宴会形式。家宴一般人数较少,常由家庭主妇亲自下厨烹调以表示对客人的友好和欢迎。家人均可作陪,共同招待客人。席间宾主随意侃谈,气氛轻松、活泼、自在,不讲究严格礼仪以及就席的时间和菜式,多随当地的习俗。

家宴是宴会的形式之一,不仅适用于民间交际,商务人员也常以此作为联系情感,增进交往,促进交易的一种方法。

## (二) 招待会

招待会是一种不同于正餐的宴请规格,主方只提供食品和饮料,一般不安排固定的席位,宾主活动自由灵活,不必拘泥于形式。常见的形式有冷餐会和酒会。

### 1. 冷餐会

冷餐会不排席位,菜和食品以冷食为主,餐台上放置各种餐具,供来宾取用。在冷餐会中,来宾可自助取食,边用边谈。酒水可集中在宴会酒吧,宾主既可自己选用,也可以由服务员用托盘送上。冷餐会的地点可以在室内,也可以在室外花园;可以不设座椅,站立用餐,也可以设置少量座椅供需要者入座。

冷餐会举办时间通常在中午十二时至下午二时,或下午五时至七时,这种形式最适合招待人数众多的宾客。

2. 酒会

酒会又称鸡尾酒会,主要备有酒水和小吃,一般不设座位,只设小桌供宾主放置酒杯和盘碟。

酒会举行的时间比较灵活,客人抵达和退席的时间不受限制。因酒会形式活泼自由,故便于出席者广泛随意地交谈。

(三) 茶会

茶会是简便的招待形式。举行的时间一般在下午四时左右,地点一般设在客厅。厅内需设置座椅和茶几。如果有贵宾出席茶会,应该把贵宾和主人安排在一起,其他出席者可以随意就座。

茶会要请客人品茶,所准备的茶叶要好,茶具也要比较讲究。

(四) 工作进餐

工作进餐可分为工作早餐、工作午餐、工作晚餐,这也是现代交际中经常采用的一种非正式宴请形式。这种宴请属于工作性质的,出席者的配偶一般不参加,大家边谈边吃,快捷简便。如果是代表团,双边工作进餐时需要用长桌,并且按照会谈席位顺序入座,以便交谈。

(五) 其他宴请

其他宴请包括野餐、早茶、消夜等。

野餐在室外举行,主要采用烧烤食品的方式,轻松活泼,很有乐趣,适合团队休闲娱乐及商务性度假。

早茶是中国人商务应酬的一种简单随意的方式,在中国南方地区,很多生意上的事往往就是在酒楼茶肆中谈妥的。因为随意,交谈时没有什么压力,沟通也容易。

消夜在中国称为吃夜宵,形式比早茶更随便,主要用于联络感情。但在欧美国家,消夜是非常正式的活动,主要安排在音乐会后举行,有丰盛佳肴,与晚宴不相上下,参加者西装革履,衣香鬓影,非常隆重。

## 三、宴请准备工作

(一) 确定宴请的目的、对象、范围和形式

1. 目的

宴请的目的可以是为某人或者某事而举行,明确宴请目的,才能确定选择哪种形式的宴请。

2. 对象

宴请首先应该明确宴请的对象。因为明确了主宾,才能根据其身份、影响、国籍、习俗、爱好等确定宴会的规格、主陪人以及用餐形式等。

3. 范围

宴请的范围是指宴请哪些方面的人士、什么级别、请多少人、主方安排多少人作陪等。这些都需要事先从宴请的性质、主宾身份、国际惯例、双方关系以及当前的政治气候、经济形势等方面加以考虑。人员和人数都应该事先确定。注意宾主的身份应该对等,主宾如果偕夫人参加,主方应该以夫妇名义发出邀请。哪些人作陪也要认真推敲、综合考虑,对出席者要列出名单,写明职务、称呼等。

4. 形式

宴请的形式要根据宴请的对象、目的、范围进行确定。正式的、高级别的、小范围的以举行宴会为宜,人多时则可采用冷餐会、酒会或茶会等形式。

(二) 选择时间、地点

1. 时间

宴请的时间一般可根据主客双方是否方便、宴会的性质和宴会的种类这三种情况选择确定。首先,宴请应选择主客双方都合适和方便的时间。注意不要选择在重大的节假日、有重要活动或有禁忌的日子或时间,还要考虑邀请对象的习俗和特殊性。

宴请的时间,应首先征询主要客人的意见,主宾同意后再邀请其他宾客。

2. 地点

宴请地点的选择主要根据宴请的规格来考虑。规格高的安排在国会大厦、人民大会堂或者高级饭店。但是一般的商务宴请要根据活动性质、规模大小、主人意愿以及实际情况等,安排在适当的饭店进行。在选择餐厅时,要特别留意餐厅的用餐环境。用餐环境必须考虑以下三个方面的因素:

(1) 包间要足够大。在一个相对宽松的空间里,气氛才能轻松。环境好,心情也会跟着变好,饭桌上气氛就会比较融洽。

(2) 包间要有独立的沙发区和卫生间。吃饭时客人一般不会同时到达,沙发区可以给先到的人一个休息之处。另外,沙发最好为U形或L形,因为除了非常熟悉的人,人们并不习惯在沙发上并排而坐,尤其是初次见面的朋友,保持一个礼貌的距离很重要。

(3) 如果宴请政府领导或很重要的客人,要留出地面停车处,最好不用地下车库。地下车库一般没有装修,看上去比较脏乱,客人一进入心情就会受影响。而且,从地下车库上地面的通道,没有人开门,这样会让客人感到不太受尊重。选地上停车处,车门、楼门、房门都要有人打开,这才显出对客户的尊重。

(三) 邀请

邀请的形式一般有口头邀请(包括电话邀请)和书面邀请。

1. 口头邀请

口头邀请就是当面或者通过电话把这个活动的目的以及邀请的范围、时间、地点等告诉对方,然后等待对方的答复。口头邀请可以提前2~3天,开宴的当天要再次与对方联系,确认。

口头邀请时,语气要恳切,表述要清晰、准确。

2. 书面邀请

书面邀请即给对方发送请柬(或称请帖),将宴会活动的内容告诉对方。请柬是一种比较正式的邀请形式,这样做,既是出于礼貌,又是对客人的提醒和备忘。请柬通常提前1~2周发出,以便被邀请者及早作出安排。

请柬内容应该包括活动的主题、形式、时间、地点、主人姓名。请柬的印制要精美,内容要完整,文字要简洁,措辞要热情。被邀者的姓名要书写工整,不能潦草马虎。主办方在宴会前夕还要确认邀请对象是否收到请柬,并对其能否出席宴会予以确认。

### (四) 安排座次

正式宴会,一般事先排座次,以便宴会参加者各得其所,入席时井然有序;同时也是对客人的尊重。非正式的小型便宴,有时也可不排座次。安排座次时,应考虑以下几点:

(1) 以主人的座位为中心。如果有女主人参加时,则以男主人和女主人为基准,以靠近者为上,依次排列。

(2) 要把主宾及其夫人安排在最尊贵显要的位置。通常做法是,以右为上,即主人的右方是最主要的位置;其余人员,按礼宾次序就座。

在遵从礼宾次序的前提下,尽可能使相邻就座者便于交谈。例如,在身份大体相同时,把使用同一语种的人排在邻近位置。

主人方面的陪客,应尽可能插在客人之间坐,以便同客人接触交谈,避免自己人坐在一起,冷落客人。

夫妇一般不相邻而坐。按西方习惯,女主人可坐在男主人对面,男女依次相间而坐。女主人面向上菜的门。我国和其他一些国家,不受此限制。

翻译人员可安排在主宾的右侧,以便翻译。有些国家的习惯是,不给翻译人员安排席次,翻译人员坐在主人和主宾背后工作,另行安排用餐。

座次确定后,席位卡放在桌子前方,桌次卡放在桌子中间。

### (五) 通知席位

通知席位的办法有以下三种:

(1) 大型宴会,在请柬上注明席位;
(2) 中小型宴会,可在宴会厅门口放置席位图,画出每个人的席位,请参加者自看;
(3) 小型宴请,可口头通知,或在入席时,由主人及招待人员引座。

### (六) 拟订菜单

宴会上的食品菜肴,要可口,适合来宾的口味,还要美观大方,让人看了赏心悦目,做到色香味俱全。客人往往能从主人准备的美味佳肴中体会热诚待客的心意,留下久而难忘的记忆。所以,对于宴会菜单的拟订,主人大多比较重视。技艺精湛的厨师,也常常得到嘉宾的赞赏。

拟订菜单和用酒时要考虑客人的规格、身份和宴请范围,要尊重客人的饮食习惯和禁忌。

拟订菜单要结合宴请的形式、档次、时间以及宴请对象的喜好和禁忌进行,还应考虑开支标准,做到丰俭得当。拟订菜单既要注意通行的常规,又要照顾地方特色。

一桌宴席的菜,应有冷有热,有荤有素,有主有次。主菜显示宴请的档次高低,还要略备些家常菜,以调剂客人口味。菜以营养丰富、味道多样为原则。

拟订菜单要注意以下几点。

1. 宴请的种类

宴会的菜单比较正规,应突出主菜,冷热荤素兼顾,规格较高。自助餐、酒会的菜单相对简单一些。

2. 宴请的时间

晚宴比午宴、早宴隆重些,所以菜的种类也应丰富一些。

3. 宾客的禁忌

要注意主客的餐饮禁忌。例如,海鲜虽名贵,但对于年龄较高、体质较差的客人来说,不宜多吃。对民族或地区禁忌习俗,也应有所了解,做到特殊对象特殊安排。

4. 定菜的方式

正规的宴会常有多个档次的套菜供应,菜肴的品种和价格都是饭店定好的,但主办者也可不定套菜,在征求饭店同意的情况下,自己设计菜单,更加适合客人的口味和宴会的需要。

5. 酒水的选用

宴会中使用的酒水主要是指酒类和清凉滋补的软饮料。酒水在人们宴饮中的地位非常重要,我们平常有"无酒不成席"的俗语。世界上各个国家、各个民族在饮酒方面形成了自己的观念和生活方式。因此,在就餐过程中要特别重视酒水的运用。

酒水与宴会的搭配原则如下。

(1) 酒水的档次应与宴会的档次相符

宴会的酒水应与宴会的档次相匹配。若为高档宴会,则其选用的酒水也应是高质量的。例如,我国举办的许多国宴,往往选用茅台酒。其质量和价格与国宴相匹配;普通宴会则选用档次一般的酒水。若不遵守这一原则,在低档宴会上用茅台做伴宴酒水,则酒水的价格在整桌菜肴之上,有时会抢去菜肴的风采,让人感到食之无味。若高档宴会选用低档酒水,则会破坏整个宴会的高贵气氛,让人对菜肴的档次产生怀疑。

(2) 酒水的来源应与宴会的特点相符

通常,中餐宴会往往选用国酒,西餐宴会往往选择外国酒。不同的宴会在用酒上也应注意与其地域相符合。例如,满汉全席应尽量选择中原的酒水。

(3) 要有助于充分体现菜肴色香味等风格

人之所以习惯于在进餐时饮酒,是因为许多酒具有开胃、增加食欲、促进消化等功能。菜肴与酒水搭配得当,能充分体现和增强菜肴的色香味。例如,西餐讲究"白酒配白肉,红酒配红肉",较为清淡的鸡肉、海鲜,适宜配淡雅的白葡萄酒,二者交相辉映,互增洁白晶莹的特色;而重色的牛肉、羊肉,适宜配浓郁的红葡萄酒,相互映衬,更显浓郁、香馥的风格。

不论是以酒佐食还是以食助饮,其基本原则是,进餐者或饮酒者要能从中获得乐趣和艺术享受。酒精含量过高的酒对人体有较大的刺激,若进餐时过多饮用,会使肌体产生不同程度的中毒现象。使胃口猛减,对菜品肴味迟钝。有的烈性酒辛辣过头,使人饮后食不知味,从而喧宾夺主,失去了佐食的作用。此外,配制酒、药酒、鸡尾酒的成分比较复杂,香气和口味往往较浓烈馥郁,这一类酒在佐食时对菜肴食品的风味和风格有相当大的干扰,通常不作为佐助酒饮用。另外,甜味酒单饮时具有适口之感,但作为佐助酒便显得不太合适,甜味与咸味(菜肴的主导口味)相互冲突。

### 四、宴请程序

正式宴请,国际惯例有以下几个程序。

#### (一) 迎宾

举行宴会,主人应站在大厅门口迎接客人。官方正式活动,可以由主要官员排列成行迎宾,通常称为迎宾线。客人握手后进入休息厅,如果无休息厅则直接进入宴会厅,但不入座。在有些国家,正式隆重的宴会,客人到达时,还可雇请专人协助介绍。当主宾到达后,主人即陪同主宾进休息厅。这时如果尚有其他客人陆续前来,可由其他官员在门口迎接。

#### (二) 小憩

客人刚到需要稍微休息,这段时间也可等待其他还没有到来的客人。小憩可以在休息厅,也可在客厅,总之不要让客人看着服务人员准备饭菜。这时可以准备点茶水和擦手的干湿纸巾,或者告诉客人卫生间的位置。主人应该在休息厅里陪客人叙谈一会儿。等时间一到且主要客人也已到齐时就可以开宴了。

#### (三) 入座

开宴前最需要注意客人的入座。如果事先已经安放了座位卡,也需要引座,顺序是男主人引领女主宾第一个入座,女主人引领男主宾最后一个入座,服务人员为其他客人引座,如果没有安放座位卡则需要有秩序地引领客人入座,先主后次,一批一批地领到座位上就座。

#### (四) 致辞与进餐

如果宾主双方需要在宴席上讲话表达某种意愿,入席以后就可以开始讲话。讲话要简短,并注意气氛的轻松幽默和礼貌客气,富于热情则更好。在宾主双方讲话时,无论是否喜欢听,都必须耐心安静地听他们讲完,等主人宣布开宴之后(一般是以祝酒的方式宣布开宴)再用餐。有时讲话也会安排在其他时间,如热菜之后、甜食之前,大家这时应停止进餐,放下餐具,停止与邻座的谈话而注意听宾主双方的讲话。

宾主双方相互祝酒时,所有客人应举杯向主人示意。然后在本餐桌上相互交叉碰杯。

#### (五) 宴会结束

吃完水果,主人与主宾起立,宴会即宣告结束。外国人的日常宴请在女主人为第一主人时,往往以她的行动为准。入席时女主人先坐下,并由女主人招呼客人开始就餐。餐毕,女主人起立,邀请全体女宾与之共同退出宴会厅,然后男宾起立,尾随其后进入休息厅或留下抽烟(吃饭过程中一般是不能抽烟的)。男女宾客在休息厅集齐即上茶(或咖啡)。

主宾告辞,主人送至门口,主宾离去,迎宾人员按顺序排列,与其他客人握手告别。

### 五、宴请服务礼仪

#### (一) 宴会开始前做好准备工作

秘书接到任务后,应该掌握宴会的规格、标准、餐别、人数、宾客的国籍以及民族、宗教信仰和生活习惯,确定服务方案及注意事项。

布置场地时,要对所有设备及用具、餐具进行检查,发现问题及时请求更换。美化环境,摆放花草,根据人数及餐别调整台椅的布局。检查环境、餐具及食品卫生,确保达标。

整理会客厅、休息室和衣帽间。

掌握宴会菜单和主要食品的特色与风味,做好上菜、分菜和回答宾客询问菜品、食品特色的准备工作。

备齐备足宴会所需要的餐具、酒具、酒水及调味品。

根据餐别和规格在宾主入席前5~10分钟左右摆放冷盘。

### (二)宾主抵达时做好接待工作

提前安排工作人员或服务员按照分工在各自岗位礼貌热情地迎接来宾。帮助宾客脱下外衣、帽子后,将其引入休息室、会客室或直接陪同进入宴会厅。保管好宾客的衣物。宾客进入休息厅,安排服务员热情地递送茶水和香巾。宾客走近座位时,服务员拉开座椅,请其入座并轻稳地将座椅推至原位,使宾客坐稳、坐好。引导宾客入座时,要按照先女宾后男宾,先主宾后一般宾客的顺序进行。

### (三)宾主入座后做好服务工作

为宾客作酒水服务时,应按照宾客点的酒水,依据先主宾后主人,先女宾后男宾的顺序服务。席间,按照中餐或西餐的服务程序与标准上菜、分菜、分汤、斟酒。特别要注意照顾好主宾。

### (四)宴会结束时做好送别工作

宾客用餐完毕起身,工作人员或服务员应该为其拉开座椅,目送或者陪送宾客到宴会厅门口。如果宾客用餐后在会客室休息,要及时递送茶水或者酒水。宾客离开时,衣帽间服务员要及时准确地将衣帽取下递给宾客,并热情帮其穿戴。清台时,要注意检查是否有宾客遗留物品,如果有,要及时送给宾客。

### (五)其他注意事项

宴会服务过程中工作人员和服务员要按照规范,注重仪表,语言文明,动作要轻、稳、敏捷。奏国歌时应该肃立,停止走动。遇到宾客不慎打翻酒水等,不可惊慌,马上处理,为其重新换上所需的餐具和物品。

## 六、赴宴的礼仪

### (一)及时答复

接到出席宴会的邀请后,应及时答复举办者,便于主人安排。一经答应赴宴,不能轻易改变。遇有特殊情况,不能如期赴宴,要及时通知主人,说明原因,诚致歉意。主宾如果不能如期赴宴,最好亲自登门道歉。接到邀请后,既不答复,又不赴宴,是极不礼貌的。

### (二)修饰仪容仪表

无论在国内还是在国外,赴宴都被视为一种礼仪,一种社交。所以,服饰修饰是赴宴者应注意的礼仪之一。正式宴会的请柬上,多有着装要求,赴宴时应按照要求着装。如果请柬上没有注明着装要求,赴宴时应按照宴会性质和当地的习俗,按惯例选择服装。在欧美国家,参加正式宴会,男士应穿深色西服,白色衬衣,系上领带,配锃亮的黑色皮鞋。一般来说,这种装扮可以出席任何隆重的宴会。女士赴宴时所穿礼服,若是长袖的,可戴短手套;若是短袖的应戴长手套。赴晚宴的年轻女宾,可以着色彩艳丽的裙装,或低胸露背款式的丝质罩衫,以便能与晚宴的礼服协调。在我国,男士可以穿西服,也可以穿中山服赴宴。穿旗袍的女士,应以色调高雅为宜。穿着过分花哨或衣冠不整,都是对主人和其他客人不尊重,是非常失礼的。普通宴会,衣着不必过分讲究,以整洁合体为宜,但也不宜太随意。例如,太透、太短、衣领过低的服装就不宜赴宴时穿。

赴宴前,应当修饰自己的仪容。女宾应认真梳理,适当化妆。出席晚宴的化妆可比白天浓艳,在灯光作用下,使肤色更加华艳鲜亮。发型的选择,要典雅高贵,可根据自己的身材、脸形和年龄选择,突出女性魅力。男宾赴宴前,要理发、修面,手要洗净,指甲修短。力求大方优雅,给人以沉着谨慎、仪容高雅的印象。

**(三) 带上名片**

参加宴会要准备一些名片带上,因为宴会上,特别是大型招待会肯定会遇到老朋友,也会结识很多新朋友,携带名片对于以后互通信息、保持联络有很大帮助。而且收到对方名片时,自己若无名片回赠,也会显得失礼。接受和递送名片时要注意使用名片的礼仪规范。

**(四) 准备礼品**

根据宴会的具体情况,要提前考虑是否携带礼品、鲜花等。一般来说,如果出席家宴,或者出席带有私人性质的宴会,最好带上一件小礼物或者鲜花送给主人。

**(五) 准时到达,礼貌入席,遵守用餐礼仪**

掌握赴宴时间,按照请柬标明的宴会时间准时到场。能否遵守宴会时间,适时抵达,在一定程度上反映宾客对主人的尊重,也反映自己的素质,不可马虎大意。

所谓准时,一般情况下,是指宴会前三到五分钟到达。如果因故不能准时赴宴,应提前电话通知主人,诚恳说明原因。如果宴会已开始,迟到的客人应向其他客人致歉,适时招呼主人,表示已经到宴。身份高的人通常可以略迟一点到达,一般客人要稍早一些。

但是,赴宴也不宜去得过早,去早了会给主人增添麻烦,使之窘迫尴尬。在国外,如过早赴宴会遭人笑话:太急于进餐了!

到达宴会地点后,要先和主人打招呼,问候致意;对其他客人,不论熟识与否,都要笑脸相迎,点头致意或握手寒暄,互相问好。如果宴会预先排了席次,入席要遵守主人的安排,不要随便乱坐,要立即了解自己的席次和同桌宾客的姓名、身份等。入席时,要先照顾自己座位旁的女宾就座,自己然后入座。如果客人的座位要等待主人的安排,当主人请你坐下时,不要过分地客气,反复推让拖延大家的时间反而失礼。

进餐过程中要注意遵守中、西餐的用餐礼仪。

**(六) 热情话别**

宴会结束,赴宴者应起身离座,不可贪杯恋菜,拖延撤席,不能因余兴未尽而说笑不停。

男宾应先起身,为年长者或女士移开座椅。主宾先向主人告辞,随后是一般来客向主人表示谢意,可以说"谢谢您的款待"、"今天晚上非常开心"、"饭菜非常丰盛"之类的话,但不要打听宴席价格,以免让主人产生误解。如果主人备有小礼品相赠,不论价值贵重与否,都应欣然收下,表示感谢。不能借口不便携带而不屑一顾,或一面收下就一面转送他人,这样做很不礼貌。

作为应邀的赴宴者,有可能的话,也可向服务人员表示感谢。称赞他们的服务优质、菜看可口,感谢他们的辛勤准备、周到服务。这实际上是人与人之间平等礼貌的应有之举。

从礼仪角度讲,宴会后再给主人打个电话致谢,或者在一个星期以内发一封感谢信。除感谢主人盛情款待之外,重申宴会上的友谊,加深相互之间的良好印象,为今后的进一步合作打好基础。

## 案例分析

**案例**

张晓在一家著名跨国公司的北京总部做总经理秘书,晚上公司要正式宴请国内最大的客户张总裁等一行人,答谢他们一年来给予的支持。张晓已经提前安排好酒店和菜单。宾主双方共8人,张晓安排了桌卡,因为是熟人,又只有几个客人,所以没有送请柬。她拿起了电话,找到对方公关部李经理,详细说明了晚宴的地点和时间,又认真地询问了他们老总的饮食习惯。得知他们老总是山西人,不太喜欢海鲜,非常爱吃面食。张晓听后,又给酒店打电话,重新调整了晚宴的菜单。

张晓提前30分钟到酒店,找到领班经理,再次讲了重点注意事项,又和他共同检查了宴会的准备。宴会厅分内外两间,外边是会客室,是主人接待客人小坐的地方,已经准备好了鲜花和茶点,里边是宴会的房间,中餐式宴会的圆桌上已经摆放好各种餐具。

张晓知道对着门口桌子上方的座位是主人位,但为了慎重从事,还是征求了领班经理的意见。从带来的桌卡中先挑出写着自己老板名字的桌卡放在主人位上。再将对方老总的桌卡放在主人位的右边。想到客户公司的第二把手也很重要,就将桌卡放在主人位的左边。张晓又将自己的顶头上司市场总监的桌卡放在桌子的下首正位上,再将客户公司两位业务主管的桌卡,分放在他的左右两边。为了便于沟通,张晓就将自己的桌卡与公关部李经理的放在了同一方向的位置。

一切准备工作就绪了。离约定时间还差15分钟,张晓就来酒店的大厅内等候。提前10分钟,看到了总经理一行到了酒店门口,张晓在送他们到宴会厅时简单地汇报了安排,随即又返身回到了酒店大厅,等待张总裁一行人的到来。几乎分秒不差,她迎接的客人准时到达。

晚宴顺利进行着,宾主双方笑逐颜开,客户不断夸奖菜的味道不错,正合他们的口味。这时领班经理带领服务员像表演节目一样端上了山西刀削面。客人看到后立即哈哈大笑起来,高兴地说道:"你们的工作做得真细致。"张晓的总经理也很高兴地说:"这是张晓的功劳。"

**分析**

秘书作为管理者的助手和组织对外联系的代表,在宴请活动中往往承担具体设计、组织和礼宾等职责,宴请的组织工作头绪很多。首先要做好准备工作,在明确宴请的目的、对象、时间和地点以后,应该到宴请的举办场所进行确认。同时要了解客人的具体喜好和宴请的预算,合理确定菜单。在宴请前进行周密的现场布置,特别是要按照双方的人数、身份等安排好席位,排放桌卡以显重视。然后在宴请时要做好引导和介绍工作,照顾主客的需要。

# 技能训练

## 训练项目一：情景分析与讨论

**情景材料**

鑫盛公司是一家以策划和广告为主业的公司，该公司的张总得知某机电公司将在下个月中旬举办一个大型车展。为了拿到这笔业务，张总约了机电公司的李总在花溪生态酒店贵宾厅吃饭。时间定在周四晚上六点。

周四晚上张总和助理陈刚匆匆赶到花溪生态酒店贵宾厅，刚好六点整，在酒店门口就碰上了准时赶来的李总和他的助理。双方一起走进贵宾厅，陈刚一进门，就叫来服务员开始点菜。15分钟后，陈刚点好菜后对李总说："李总，我已经点好菜了，不知道合不合你的口味，你看还要再点点儿其他的吗？"李总说："不必了。"

在用餐过程中，陈刚不停地用自己的筷子给李总和他的助理夹菜，两位老总深入交谈时，陈刚手拿筷子给他们倒茶，差点把水杯碰翻。陈刚酒量本来不大，但是他拼命地劝李总和他的助理喝酒，自己也喝得越来越醉，后来甚至大声对着李总说，如果不喝他敬的酒就是不给他面子，对张总的示意视而不见，张总非常尴尬。

**实训要求**

请分析情景材料中陈刚宴请客户的失礼之处，并说出正确的做法应该是什么。

## 训练项目二：职场模拟

河南新东方文化发展有限公司是一家拥有广告发布权，以经营户外媒体为主的专业广告公司。公司不断开发新的媒体资料，在郑州及河南省各主要城市的高速公路主干道、繁华商业区、新郑机场高速路等地方拥有众多T型立柱、楼顶广告牌等大型户外广告媒体，自有媒体30000平方米，成为河南省最完备的户外媒体投放平台之一，并广泛地与国内外各4A公司及媒体公司进行了成功的合作，在社会各界及众多客户的支持下，公司不断发展壮大。

优越的自有户外广告媒体资源、专业的媒介投放经验及真诚的服务理念，是新东方广告的核心竞争力。公司将根据客户的需求，秉承直接、准确、有效的广告经营理念，为客户提供最佳的服务。"提升品牌形象，扩大产品销售量，为企业创造价值"是该公司的永恒追求。

**职场模拟一**

为了巩固原有客户的关系并开发新的客户源，公司要在年底举办一次晚宴，邀请客户和相关管理部门的代表参加，拟邀请人数为80人左右。如果你是该公司的秘书，要求你负责安排桌次和座位，并陪同其中一桌客人进餐，请模拟如何出色地完成工作任务。

**职场模拟二**

公司在明珠大酒店西餐厅宴请来自香港的考察团，你作为秘书，和公司其他工作人员一起参加宴会，请模拟展示如何完成工作任务。

模拟说明：

学生4~6人为一个小组，分组模拟进行。一个小组负责安排宴请，其他学生扮演来宾。

模拟完成后要分组写出模拟总结，总结中要分别概括叙述中、西餐的礼仪要求；桌次和座次的安排要符合礼仪要求；

就餐过程中的举止要得体、优雅，言谈要符合身份要求，体现组织形象和个人修养。

## 相关知识链接

### 中餐八大菜系

  中国菜肴在烹饪中有许多流派，其中最有影响和代表性并为社会所公认的有鲁、川、粤、闽、苏、浙、湘、徽等菜系，即人们常说的中餐八大菜系。一个菜系的形成与它的悠久历史和独到的烹饪特色是分不开的。同时也受这个地区的自然地理、气候条件、资源特产、饮食习惯等因素影响。有人把中餐八大菜系用拟人的手法描绘为：苏、浙菜好比清秀素丽的江南美女；鲁、皖菜犹如古拙朴实的北方健汉；粤、闽菜宛如风流典雅的公子；川、湘菜就像内涵丰富充实，才艺满身的名士。中餐八大菜系的烹饪技艺各具风韵，其菜肴之特色也各有千秋。中餐的菜系，是在一定区域内，由于气候、地理、历史、物产及饮食风俗的不同，经过漫长历史演变而形成的一整套自成体系的烹饪技艺和风味，并被全国各地所承认的地方菜肴。鲁、川、粤、苏四大菜系形成历史较早，后来，浙、闽、湘、徽等地方菜也逐渐出名，就形成了中餐八大菜系。

  鲁菜：鲁菜即山东风味菜，由济南菜、胶东菜、孔府菜三部分组成。济南菜重制汤，清汤、奶汤的使用及熬制都有严格规定，菜品以清鲜脆嫩著称。胶东起源于福山、烟台、青岛，以烹饪海鲜见长，口味以鲜嫩为主，偏重清淡，讲究花色。孔府菜是"食不厌精，脍不厌细"的具体体现，其用料之精广、筵席之丰盛堪与过去的皇宫御膳相比。山东菜调味极重、纯正醇浓，少有复杂的合成滋味，一菜一味，尽力体现原料的本味。面食品种极多，小麦、玉米、甘薯、黄豆、高粱、小米均可制成风味各异的面食，成为筵席名点。山东著名风味菜点有：炸山蝎、德州脱骨扒鸡、原壳扒鲍鱼、九转大肠、糖醋黄河鲤鱼等。

  川菜：川菜风味包括成都、重庆和乐山、自贡等地方菜的特色。主要特点在于味型多样，变化精妙。辣椒、胡椒、花椒、豆瓣酱等是主要调味品，不同的配治，调出了麻辣、酸辣、椒麻、麻酱、蒜泥、芥末、红油、糖醋、鱼香、怪味等各种口味，厚实醇浓，具有"一菜一格"、"百菜百味"的特殊风味，各式菜点无不脍炙人口，其中最负盛名的菜肴有：干烧岩鲤、干烧鳜鱼、鱼香肉丝、怪味鸡、宫保鸡丁、粉蒸牛肉、麻婆豆腐、毛肚火锅、干煸牛肉丝、夫妻肺片、灯影牛肉、把担面、赖汤圆、龙抄手等。

  粤菜：粤菜即广东菜，由广州、潮州、东江三地的特色菜点发展而成，是起步较晚的菜系，但它影响极大，不仅广东、香港、澳门，而且世界各国的中菜馆，多数是以粤菜为主的。粤菜注意吸取各菜系之长，形成多种烹饪形式，但又是具有自己独特风味的菜系。广州菜清而不淡，鲜而不俗，选料精当，品种多样，还兼容了许多西菜的做法，讲究菜的气势、档次。潮州古属闽地，故潮州菜汇闽粤风味，以烹制海洋菜和甜食见长，口味清醇，其中汤菜最具特色。东江菜又称客家菜，客家为南徙的中原汉人，聚居于东江山区，其菜乡土气息浓郁，以炒、炸、焗、焖见长。粤菜总体特点是选料广泛、新奇且尚新鲜，菜肴口味尚清淡，味道丰富，讲究清而不淡、嫩而不生，油而不腻，有"五滋"（香、松、软、肥、浓）、"六味"（酸、甜、苦、辣、咸、鲜）之别。时令性强，夏秋讲清淡，冬春讲浓郁，有不少菜点具有独特风味。著名的菜点有：鸡烩蛇、龙虎斗、烤乳猪、东江盐焗鸡、白灼基围虾、烧鹅、蚝油牛肉、广式月饼、沙河粉、艇仔粥等。

淮扬菜：淮扬菜是长江中下游地区为主的著名菜系，其覆盖地域甚广，包括现在江苏、浙江、安徽、上海，以及江西、河南部分地区，它有"东南第一佳味"、"天下之至美"之誉，声誉远播海内外。

后来由于浙菜、徽菜以其鲜明的特色各为八大菜系之一，淮扬菜汇于江苏，同时烹饪界习惯将淮扬菜系所属的江苏地区菜肴称为苏菜，这样，淮扬菜成为单以扬州、淮安为中心，以大运河为主线，南至镇江，北至洪泽湖、淮河一带，东至沿海地区的地方风味菜。淮扬菜选料严谨，讲究鲜美，主料突出，刀工精细，擅长炖、焖、烧、烤，重视调汤，讲究原汁原味，并精于造型，瓜果雕刻栩栩如生。口味咸淡适当，南北皆宜，并可烹制"全鳝席"。淮扬细点，造型美观，口味繁多，制作精巧，清新味美，四季有别。代表菜有清炖狮子头、拆烩鲢鱼头、扒烧整猪头、清蒸鲫鱼、水晶肴蹄、三套鸭、软兜鳝鱼、炝虎尾、炒蝴蝶片、冬瓜盅、三丁包子、翡翠烧卖、蟹黄汤包、千层油糕等。

苏菜除上述淮扬菜外还包括南京菜、苏锡菜和徐州菜等地方菜系。苏菜名点有：盐水鸭肫、炖苏核、炖生敲、生炒甲鱼、丁香排骨、清炖鸡子、金陵扇贝、芙蓉鲫鱼、菊花青鱼、菊叶玉版、金陵盐水鸭、叉烤鸭、叉烤鳜鱼（以上为南京菜）；松鼠鳜鱼、碧螺虾仁、翡翠虾斗、雪花蟹斗、蟹粉鱼唇、蝴蝶海参、清汤鱼翅、香炸银鱼、染溪脆鳝、镜箱豆腐、无锡肉骨头、常熟叫花鸡、常州糟扣肉（以上为苏锡菜）；霸王别姬、沛公狗肉、彭城鱼丸、荷花铁雀、奶汤鱼皮、蟹黄鱼肚、凤尾对虾、爆炒乌花、红焖加吉鱼、红烧沙光鱼（以上为徐州菜）；天目湖砂锅鱼头、淮安软兜、金蹼仙裙。江苏点心富有特色，秦淮小吃，苏州糕团、汤包等都很有名。

闽菜：闽菜是以福州、闽南、闽西三地区的地方风味菜为主形成的菜系。福州菜清鲜、爽淡，偏于甜酸，尤其讲究调汤，善于用红糟作配料，具有防变质、去腥、增香、生味、调色作用。闽南菜以厦门菜为代表，同样具有清鲜、爽淡的特色，讲究佐料，长于使用辣椒酱、沙茶酱、芥末酱等调料。闽西位于粤、闽、赣三省交界处，以客家菜为主体，多以山区特有的奇味异品做原料，有浓厚的山乡色彩。闽菜以炸、熘、焖、炒、炖、蒸为特色，尤其烹制海鲜见长，刀工精妙，入趣于味，汤菜居多，具有鲜、香、烂、淡并稍带甜酸辣的独特风味。福建小吃点心另有一绝，即它取材于沿海浅滩的各式海产品，配以特色调味而成，堪称美味。著名的风味菜点有：佛跳墙、鸡汤汆海蚌、淡糟香螺片、沙奈焖鸭块、七星鱼丸、糟醉鸡、煎糟鳗鱼、半月沉江、燕皮馄饨、福州线面、蚝仔煎等。

浙江菜：浙江菜有悠久的历史，它的风味包括杭州、宁波和绍兴三个地方的菜点特色。杭州菜重视原料的鲜、活、嫩，以鱼、虾、时令蔬菜为主，讲究刀工，口味清鲜，突出本味。宁波菜咸鲜合一，以烹制海鲜见长，讲究鲜嫩软滑，重原味，强调入味。绍兴菜擅长烹制河鲜家禽，菜品强调入口香绵酥糯，汤浓味重，富有乡村风味。

浙江菜具有色彩鲜明，味美滑嫩，脆软清爽，菜式小巧玲珑、清俊秀丽的特点。它以炖、炸、焖、蒸见长，重原汁原味。浙江点心中的团子、糕、羹、面点品种多，口味佳。

名菜名点有:龙井虾仁、西湖莼菜汤、虾爆鳝背、西湖醋鱼、炸响铃、抢蟹、新风鳗鲞、咸菜大汤黄鱼、冰糖甲鱼、牡蛎跑蛋、蜜汁灌藕、嘉兴粽子、宁波汤团、湖州千张包子等。

湘菜:湘菜包括湘江流域、洞庭湖区和湘西山区三个地区的菜点特色。湘江流域的菜以衡阳、湘潭为中心,是湘菜的主要代表。其特色是油重色浓,讲求实惠,注重鲜香、酸辣、软嫩,尤其以煨菜和腊菜著称。洞庭湖区的菜以烹制河鲜和家禽家畜见长,特点是量大油厚,咸辣香软,以炖菜、烧菜出名。湘西菜擅长制作山珍野味、烟熏腊肉和各种腌肉、凤鸡,口味侧重于咸香酸辣,有浓厚的山乡风味。湘菜最大的特色一是辣,二是腊。著名菜点有:东安子鸡、腊味合蒸、组庵鱼翅、冰糖湘莲、红椒腊牛肉、发丝牛百叶、火宫殿臭豆腐、吉首酸肉、换心蛋等。

徽菜:徽菜风味包括皖南、沿江、沿淮之地的菜点特色。皖南菜以黄山、歙县(古徽州)、屯溪等地为代表,讲究火功,善烹野味,量大油重,朴素实惠,保持原汁原味;不少菜肴都是取用木炭小火炖、煨而成,汤清味醇,原锅上席,香气四溢;皖南虽水产不多,但烹制经腌制的"臭鳜鱼"知名度很高。沿江菜以芜湖、安庆地区为代表,后来传到合肥地区,它以烹制河鲜、家畜见长,讲究刀工,注意色、形,善用糖调味,尤其以烟熏菜肴别具一格。沿淮菜以蚌埠、宿县、阜阳等地为代表,菜肴讲究咸中带辣,汤汁色浓口重,亦惯用香菜配色和调味。著名风味菜有:无为熏鸭、毛蜂熏鲥鱼、符离集烧鸡、方腊鱼、石耳炖鸡、云雾肉、绿豆煎饼、蝴蝶面等。

# 第二节　商务洽谈礼仪

商务洽谈,是指在商务交往中存在某种关系的有关各方,为了保持接触、建立联系、进行合作、完成交易、拟订协议、签署合同、要求索赔等,或者为了处理争端、消除分歧,而坐在一起进行面对面的接洽与协商,以求达成某种程度上的妥协。因洽谈而进行的有关各方的会晤,称为洽谈会。

凡是正式的洽谈会,都很注重礼仪。绝大多数正式的商务洽谈本身就是按照一些约定俗成的既定礼仪所进行的庄重会晤。正式的洽谈,既要讲谋略,又要讲礼仪,二者互为支撑、不可分割,共同决定洽谈的成败。

## 一、商务洽谈的礼仪准备

商务洽谈是一项十分复杂的工作,很容易受到多种因素的影响,所以秘书人员一定要在洽谈之前做好充分准备,调查清楚各种情况,制订出不同的谈判方案,做到未雨绸缪,胸有成竹。一般来说,洽谈的准备工作包括以下几个方面的内容。

**(一)了解对方**

了解对方的基本情况,包括法人资格、资信状况、法定地位、经营范围、对方公司的历史沿革、主导产品、产品性能、市场占有率、公司规模、管理水平等,这些工作是进行洽谈的基础。

尽可能了解对方此次洽谈的目的,即对方通过本次洽谈所要达到的目标。只有真正了解对方的目的,才能有针对性地激发其成交动机。有针对性地围绕目的进行的洽谈才容易取得成功。

要了解对方对洽谈所持的立场、态度及最后期限,这样才能求同存异,确定自己的目标及在洽谈时应持的态度和立场,同时针对对方的期限,控制洽谈进程。

要尽可能详细地了解对方参与洽谈人员的身份、分工和洽谈风格。一般来说,对方派来的人员身份越高,说明对洽谈越重视,洽谈人员的权限也越大,洽谈成功的可能性也就越大。

### (二) 了解自己

"知己知彼,百战不殆",洽谈中肯定要讨价还价,要有妥协和让步,所以必须先了解自己,认真评估自己的实力,了解自己一方在洽谈中的优势和劣势,这样才能做到既不自卑,又不轻敌。

### (三) 制订洽谈计划,成立洽谈小组

洽谈计划是根据目标而制订的,包括各阶段的具体洽谈内容和实施步骤,如洽谈主题、基本原则、议程和进度估计。

成立洽谈小组时,要考虑参加人员的知识结构、洽谈经验、个人性格、应变能力等方面的因素。小组成员的人数一般在五人以下,分为主谈人、助手、专家和其他人员。

## 二、洽谈会的礼仪要求

洽谈会的礼仪主要是指要求洽谈者在安排、准备以及参加洽谈会时,预备好洽谈的场所、布置好洽谈的座次、注重自己的仪表和言谈举止,并且以此来显示主方对于洽谈的郑重其事以及对于洽谈对象的尊重。

### (一) 洽谈会的仪表礼仪

正式出席洽谈会的人员在仪表上有严格的要求和统一的规定。男士必须保持面部清洁,理发、剃须,不能蓬头垢面,不能留胡子或留大鬓角。女士应选择端庄、素雅的发型,不可作过于摩登或超前的发型,不可染彩色头发;要化淡妆,不能化艳妆或使用香气过于浓烈的化妆品。

出席洽谈会的人员应着传统、简约、高雅、规范的正式礼仪服装。一般来说,男士最好选择深色西装和白衬衫,打素色或条纹式领带,配深色袜子和黑色系带皮鞋;不可穿夹克衫、牛仔裤、短袖衬衫、T 恤衫,不可穿旅游鞋或凉鞋。女士最好穿深色西装套裙和白衬衫,配肉色长袜或连裤式丝袜和黑色高跟或半高跟皮鞋;不可穿紧身装、透视装、低胸装、露背装、超短装、牛仔装、运动装或休闲装。饰品应该越少越好,并注意与服装的搭配和整体协调。

### (二) 洽谈会的就座礼仪

举行双边洽谈时,一般使用长桌子或椭圆形桌子,宾主分坐桌子两侧。若桌子横放,则面对正门的一方为上,应属于客方;背对正门的一方为下,应属主方。若桌子竖放,则应以进门的方向为准,右侧为上,属于客方;左侧为下,属于主方。在进行洽谈时,各方的主谈人员应在自己的一方居中而坐。其余人员则应遵循右高左低的原则,依照职位的高低自近而远地在主谈人员的两侧就座。假如有翻译人员,则应安排其就座于仅次主谈人员

的位置,即主谈人员之右。举行多边洽谈时,为了避免失礼,按照国际惯例,一般均以圆桌为洽谈桌来举行"圆桌会议"。这样一来,尊卑的界限就被淡化了。即便如此,在具体就座时,依旧讲究有关各方的与会人员尽量同时入场,同时就座。至少,主方人员不应在客方人员之前就座。

### (三) 洽谈会的迎接和见面礼仪

作为东道主,主方要在洽谈前到达约好的地点,迎接洽谈客方。迎接地点可以选择在大楼门口,也可以在洽谈厅门口。进入洽谈厅,主方要和客方的洽谈代表一一握手,请客方首先入座,或双方人员同时落座,主方不能自己抢先坐下。如果等待客方时间较长,事先坐下了,当客方到来时,应马上起身致意并邀请对方坐下。宾主双方人员全部到齐并已经落座后,非谈判人员应退出洽谈场所,且不得随意出入,以免影响洽谈的进行。

### (四) 洽谈中的言谈礼仪

1. 热情、灵活、亲切、委婉

热情诚恳、有礼有节的语言表达,是维系洽谈双方良好关系和维护洽谈气氛的纽带。秘书人员参与洽谈时要做到言语和气,不强词夺理。文明礼貌的用语要时时挂在嘴边,并且语气要亲切柔和,话语要委婉含蓄,伴以表里如一的热情。这样能缩短洽谈双方的心理距离,使对方感到亲切、没有距离感,易促成洽谈成功。表达的方式要因人而异,灵活变通;不要千篇一律,不要言语死板枯燥。要认真观察对方,分析对方,讲究发问技巧。

2. 称呼得体

对不同年龄、职业、性别的洽谈对象要使用不同的称呼,切不可滥用称呼,致使洽谈破裂。

3. 礼貌询问,平等商讨

在询问和商讨中,为保证达到双方的目的,在礼仪上,要注意以下几点:

(1) 询问时要注意洽谈现场的气氛,语气要平和亲切,不要把询问变成审问或责问,引起对方反感。措辞要得体,以免引起对方误解。如果双方的注意力都集中在另一问题上,不要撇开主题强行询问,这样会干扰洽谈活动的正常进行。

(2) 当对方对己方的询问进行解答时,作为询问人,己方要耐心倾听。不要随随便便打断对方的讲解,也不能直接反驳对方,那样是很不礼貌的。

(3) 要有目标地商讨。每一次商讨,都应当有一个清晰的目标,那就是解决己方某些特定的问题或者要尽量达到期望的目标,即使达不到己方的目标,也一定要阐明自己的观点。此外,在商讨之前,应先找出导致双方没能达成共识的矛盾所在,做到有的放矢。

(4) 洽谈人员要明确商讨的对象是事而不是人。如果把事和人随便交织在一起,在双方的商讨中,牵扯到个人情绪的话,常常会引起对方的反感,使对方感到是对某人有成见而影响商讨的实际效果。谈判中要做到对事要严肃,对人要友好。对事要据理力争,对人要礼敬有加,不要意气用事。

无论是询问还是商讨,态度都要诚恳。要与人为善,一切为了解决存在的问题。杜绝冷场的产生,一旦发生冷场,应迅速找出冷场的原因,尽量缩短冷场的时间,打消洽谈中拘谨的气氛。

4. 尊敬对方，善于倾听

在洽谈过程中，无论各方有多大的分歧，无论中间发生什么状况，都应该排除一切干扰，始终如一地对洽谈对手表现出礼貌和尊敬，时时处处表现出对洽谈的真诚。

尊敬对方是洽谈成功的基础。有资料显示，在洽谈中态度友好、面带微笑、谈吐文明、举止有礼的人能够在一定程度上消除对方的反感和抵触心理，更容易提高洽谈成功的可能性。

耐心的倾听既能体现对他人的尊敬，又有助于了解对方的需求，洞察对方的思想，从而准确地把握事实真相，随时调整洽谈策略。在倾听的同时可以观察对方的表情、神态、举止等细节，通过身体语言透视对方，有助于洽谈朝有利于自己的方向发展。在倾听中可以运用语言技巧鼓励对方充分发表自己的意见，使双方保持在互动交流的氛围中，有助于控制洽谈的局面。良好的倾听，可以很好地拉近与对方的距离。一个成功的洽谈者，同时也应是一个良好的倾听者，从对方的谈话中发现问题，分析、总结问题，从而有的放矢地说服对方，达成协议，完成自己的使命。

5. 适时提问，控制节奏

在洽谈中，适时地向对方提出问题，可以调动对方的积极性和注意力。适时、巧妙地提问要注意以下几点：

（1）提问时不能打断对方的发言，在对方发言的间歇或是自己发言的前后可以提出自己的问题，也可在规定的辩论时间内进行提问。

（2）提问的方式可以根据不同的情况和目的灵活掌握。希望得到对方明确的回答时可以采用澄清式的提问，婉转地让对方表明自己的态度和意图时可以采用借助式提问，希望对方贴近自己的观点时可以采用暗示性较强的引导式提问，要求对方在一定范围内做出回答时可以采用选择式提问。需要说明的是，选择式提问会有咄咄逼人之感，对局面有充分的判断和把握时才能使用。

（3）提问前应进行精心准备，问题之间要有一定的内在联系，不能跳跃过大，问题的引入也应该是循序渐进的。提问的内容应紧紧围绕洽谈的中心和主旨。与洽谈内容无关、涉及对方隐私、对对方含有敌意以及暴露自己弱点的内容都应该避免。提问时应该考虑对方可能的回答，如果对方的反问会使自己难以"接招"，那么自己的提问就是非常失败的。

6. 清晰阐述，从容不迫

洽谈中，在阐述自己的思想、观点、立场和方案时，要讲究语言艺术和讲话策略。阐述要清晰，语气要尽量平和，要避免生硬的词语。一般来讲，陈述句感情色彩较淡，反问句、祈使句、排比句会显得咄咄逼人。要考虑对方的接受程度，阐述时给对方留有余地。善于把握角度和节奏。

表达时要从容不迫，语速适当。从容不迫是一种礼仪风范，也是一种心理战术，能够给对方心理压力。洽谈的过程在相当意义上是心理的较量过程。因此，阐述时控制速度也是洽谈成功的重要筹码。

7. 有礼有节，冷静辩论

辩论是洽谈中必不可少的环节，而理智、冷静、敏捷、适度是最佳的辩论状态。镇定自若、平和有礼，能够在心理上高人一筹。有经验的商务谈判人士都会避免唇枪舌剑的辩论情况发生。

以客观事实为论据,增强说服力。有力的论据是说服对方的内在力量,以客观事实进行论证更容易使对方信服。注重语言的逻辑性能表现出难以想象的强大力量;深浅适度,步步为营,有助于在辩论中取得最终的胜利。

## 案例分析

### 案例

北京某公司和上海某公司在准备合作的一个项目上出现分歧,合作陷入僵局。为了消除分歧,共同谋划,北京某公司提议在上海举行一场洽谈会。

一直也想打破僵局的上海某公司接到提议非常高兴。因为谈判是在上海进行,作为东道主,上海某公司为了把这次洽谈搞得有声有色,达到预期目的,做了大量的准备工作。并专门指派总经理助理张宏负责这次洽谈会的筹划和准备。

张宏接到任务以后,知道此事关系重大,集中全部精力进行准备。他首先准备了洽谈会所需的各种资料,又反复权衡,选择了合适的洽谈场地,对场地进行了精心的布置。张宏得知北京某公司是一家日资企业,公司职员都仿效日本的交际礼仪行鞠躬礼而不是握手礼。他及时把这一情况反映给了公司领导,使公司领导掌握了对方的礼仪特点及风俗。除此之外,张宏还抽空查阅了有关礼仪方面的书籍。

谈判当天,北京某公司的总经理等一行人步入上海某公司精心布置的会场,双方开始就合作中遇到的问题进行友好协商。上海某公司以礼为先,一言一行都合乎礼仪;北京某公司礼敬有加,一举一动都不失风度。在愉快而融洽的氛围中,双方的分歧逐步化解,顺利商定了下一步的合作方案,谈判非常成功。

谈判结束后,上海某公司的总经理在总结时专门表扬了助理张宏,说这次谈判的成功主要归功于张宏所做的礼仪方面的努力。也因为这次谈判的成功,引起了上海某公司员工对礼仪的重视,有一位员工感慨道:"我第一次发现,以礼待人比咄咄逼人更能赢得谈判。"

### 分析

秘书往往是洽谈会的安排者和参加人,必须懂得洽谈会的基本礼仪要求,不仅要预备好洽谈的场所、布置好洽谈的座次,还要注重自己的仪表,讲究礼仪,并且以此来显示己方对于洽谈的郑重其事以及对于洽谈对象的尊重。

## 技能训练

### 训练项目一:情景分析与讨论

#### 情景材料一

新发公司是一家大型的、产品具有高科技含量的电子产品公司,创建于1992年,是在一个只有一百来人的乡镇企业的基础上发展起来的,经过二十多年的发展,目前在全国各地有一百多个销售网点,一万多名销售人员。

去年的5月16日上午9时,该公司与法国一家公司的洽谈即将开始。会议室经过了精心的布置,显得庄重而舒适。在这次洽谈中,双方将对今后的合作达成协议,这是公司扩大国外销售市场的一项重要举措。洽谈开始后,大家随着外商的目光转向总经理秘书小赵,她的穿着非常休闲:一件胸前印有卡通图案的T恤衫、一走动膝盖就若隐若现的蓝色牛仔裤、白色旅游鞋。而负责送茶水的助理秘书更引人注目,她妆容非常浓艳,而且香气扑鼻,耳环闪闪发亮,高跟鞋进进出出时叮叮当当。每当她进来送水,会谈就不得不中断。外商通过翻译和新发的公司王总开了一个玩笑:"王先生,您应该派这位美丽的女士去参加选美。"搞得王总非常尴尬。

**实训要求**

分析并讨论新发公司的工作人员在洽谈会上的着装有什么问题?应该怎么做?

**情景材料二**

一个中国谈判小组赴中东进行一项工程承包谈判。谈判前的闲聊中,中方负责商务的成员,无意间评论了当地盛行的伊斯兰教,引起对方成员的不满。谈判中,当谈及实质性问题时,对方较为激进的谈判人员毫不让步,并一再流露出要撤出谈判的意图。

**实训要求**

分析并讨论中方负责商务的成员出现了哪方面的礼仪问题?为什么会引起对方代表的不满?

**训练项目二:职场模拟**

**职场模拟一**

学校想购买一批多媒体设备供教学使用,一家来自北京的公司向学校表达了合作意向。学校对合作方的要求主要是价格低廉、质量有保证及设备的安装与维护等售后服务问题。而北京的公司希望借此次机会打开此地区的市场。

学生每4~6人为一组,每两组组合,分别担任洽谈的双方,模拟本次商务洽谈。老师担任评审工作。

**职场模拟二**

天地公司总经理一行5人从上海到郑州进行贸易洽谈。

请每4~6人为一个小组,分组设计谈判之前的气氛如何营造。如果洽谈中对方提出的问题自己不想回答,应该如何应对才不失礼仪?请分组演示。

# 相关知识链接

## 常用的谈判技巧十四招

美国夏威夷大学教授亨登总结出了一些行之有效的谈判技巧,其中最常用的是以下14招。

1. 要有感染力

通过自己的举止来表现信心和决心。这能够提升自己的可信度,让对手有理由接受自己的建议。

2. 起点高

最初提出的要求要高一些,给自己留出回旋的余地。在经过让步之后,自己所处的地位一定比低起点的要好得多。

3. 不要动摇

确定一个立场之后就要明确表示不会再让步。

4. 权力有限

要诚心诚意地参与谈判,当必须敲定某项规则时,可以说自己还需要得到上司的批准。

5. 各个击破

如果自己正和一群对手进行谈判,设法说服其中一个对手接受自己的建议。此人会帮助说服其他人。

6. 中断谈判或赢得时间

在一定的时间内中止谈判,当情况好转之后再回来重新谈判。可以用很短的时间出去想一想,也可以用很长时间离开这座城市。

7. 面无表情,沉着应对

不要用有感情色彩的词汇回答自己的对手。不要回应对方的压力,坐在那里听着,脸上不要有任何表情。

8. 耐心

如果时间掌握在自己手里,可以延长谈判时间,提高胜算。

9. 缩小分歧

建议在两种立场中找到一个折中点,一般来说,最先提出这一建议的人,在让步过程中的损失最小。

10. 当一回老练的大律师

在反驳对方提议的时候不妨这样说:"在我们接受或者否决这项建议之前,让我们看看如果采纳了另外一方的建议会有哪些负面效果。"这样做可以在不直接否定对手建议的情况下,让对方意识到自己的提议是经不起推敲的。

11. 先行试探

在做出决定之前,可以通过某个人或者某个可靠的渠道将自己的意图间接传达给对手,试探一下对手的反应。

12. 出其不意

要通过出其不意地改变谈判方式来破坏对手的心理平衡。永远不要让对手猜出下一步的策略。

13. 找一个威望较高的合作伙伴

设法得到一个有威望的人支持自己,这个人既要受到谈判对手的尊重,也要支持自己的立场。

14. 引入竞争机制

如果自己在同时和几个竞争者谈判,就要让他们都了解这一情况。将同这些竞争者之间的谈判安排在比较相近的时间,并让他们在会晤前等候片刻,这样他们就能够意识到有人在和自己竞争。

# 第三节 商务沟通礼仪

## 一、商务沟通的举止礼仪

美国心理学家艾伯特·梅拉比安把人的交流表达效果总结为一个公式:有效表达＝口头语言(7%)＋语调(38%)＋态势语(55%)。

态势语是一种无声的语言,沟通中的体态变化,可以折射出心理状态的变化,所以我们在沟通的时候应规范自己的态势语,不要让不良的态势语传递出不应该的交流信息。沟通中除了注意自己的语言外,还要通过表情的变化,坐姿、站姿及手势的变化来反映、强化自己的思想和情绪。

### (一) 保持适当距离

说话时与人保持适当距离并非完全出于考虑对方能否听清自己说的话,还存在怎样才能更合乎礼仪的问题。从礼仪上说,说话时与对方离得过远,会使对话者误认为说话者不愿向他表示友好和亲近,这显然是失礼的。然而如果在较近的距离和人交谈,稍有不慎就会把唾沫溅在别人脸上,这是最令人讨厌的。有的人,因为有凑近和别人交谈的习惯,又明知别人顾忌被自己的唾沫溅到,于是先知趣地用手掩住自己的口。这样做形同"交头接耳",样子难看也不够大方。因此从礼仪角度来讲一般应该保持适当的距离。这样做,既让对方感到有一种亲切的气氛,同时又保持一定的"社交距离",在常人的主观感受上,这也是最舒服的。

### (二) 注意仪态举止

谈话时的姿态往往反映一个人的性格、修养和礼仪素质,所以交谈时,首先双方要互相正视,互相倾听,不能东张西望、看书看报、面带倦容、哈欠连天。否则,会给人心不在焉、傲慢无理等不礼貌的印象。

人们在沟通过程中除了使用有声语言外,还要使用一些体态语言,即态势语。态势语是指人们在交际过程中,用来传递信息、表达感情、表达态度的非言语的特定身体态势,如表情、手势、姿态等。根据专家的研究,在人们的沟通中,口头语言仅占7%,态势语占55%,另外38%是靠语调表现感情色彩的。美国心理学家保罗·埃克曼指出:"我们用声带交谈,但我们是用面部表情、声调乃至整个身体去表示和传递感情的。"由此可见,态势语在沟通中的重要地位,我们不仅要掌握有声语言的运用技巧,而且要掌握无声语言——态势语的运用技巧。

1. 微笑礼仪

微笑是一个人能力和品行的最好体现,它能使人感到信任和可靠。俗话说"面带三分笑,礼数已先到"。微笑是一种无言的答语,起很微妙的作用。可以说微笑是润滑剂,是礼貌之花、友谊之桥,可以缩短交谈双方之间的距离,创造良好的会谈气氛。

与对方交谈时要面带微笑,微笑是全世界通用的语言。微笑是善良、友好、赞美的表示。微笑是表情中最能给人好感,也是人与人之间最好的一种沟通方式和愉悦心情的表现方式。对人微笑,必能体现出自己的热情、修养和魅力,也易得到别人的信任和尊重。在与人交谈时,面带微笑,会使对方感到受尊重,自然也就乐于交谈。

笑态种种,笑的表情很讲究。首先,微笑必须真诚、自然。只有真诚、自然的微笑,才能使对方感到友善、亲切和融洽。其次,微笑要适度、得体。适度就是要笑得有分寸,不出声,含而不露,不能哈哈大笑,更不能捧腹大笑;得体就是要恰到好处,当笑则笑,不当笑则不笑。否则,会适得其反。

交谈时,要善于使自己的表情随交谈内容的变化而变化。切忌一脸茫然,冷漠。但表情不宜过分张扬,要让人感到自然、真实、亲切。

2. 目光礼仪

我们常说"眼睛是心灵的窗户"。目光的接触是最传神的非语言交谈,眼神所传递的思想感情也是最自然、最诚实的,它与有声语言相协调,可以表达千变万化的思想感情。眼睛凝视时间的长短、眼睛睁开的大小、瞳孔放大的程度以及眼睛的其他变化,都能传递最微妙的信息。

同微笑一样,目光、眼神也是最富有感染力的表情语言,每一种眼神都有其特定的含义。例如,目光频频乱转,给人的印象是心不在焉或心虚;目光向下,则表示害羞、胆怯、伤感或悔恨;目光向上,是沉思、高傲的反映。在交谈时,目光自上而下注视对方,一般表示"我在注意听你说话";头部微微倾斜,目光注视对方,一般表示"哦,原来是这样";眼睛光彩熠熠,一般表示充满兴趣;每隔几秒偷看一下手表,表示催促、不耐烦的意思,是希望对方结束谈话的暗示。眼神能够表达复杂多变的思想感情,运用眼神要注意以下几个方面:

(1) 注意注视的角度和方向。目光要自然、柔和、亲切、真诚,不要死盯着对方的眼睛,使对方极不自在,同时,也不要在某一局部区域内上下翻飞,使对方感到莫名其妙。不要东张西望、左顾右盼,显得心不在焉;不要低头,显得胆小猥琐或者对谈话不感兴趣;不要高高昂起头、两眼望天,显得傲慢。这些都是失礼和缺乏教养的表现。

(2) 注意注视对方时停留时间的长短和眨眼的次数。与人交谈时,目光接触对方脸部的时间占全部谈话时间的30%~60%,表示友好、重视、感兴趣;凝视的时间稍长,超过这一限度,一般认为是对对方本人比对谈话内容更感兴趣;如果对对方不在意、漫不经心甚至蔑视,则凝视时间极短,往往一瞥而过。眨眼的次数,一般情况下每分钟5~8次为正常,若眨眼次数过多,则表示怀疑对方说话内容的真实性,而眨眼时间超过一秒钟就成了闭眼,表示厌恶、不感兴趣、不屑一顾。

(3) 注意在交谈过程中的目光对视。若双方目光相遇,进行对视,不应慌忙移开,应当顺其自然地对视1~3秒,然后才缓缓移开,这样显得心地坦荡,容易取得对方的信任;一遇到对方的目光就躲闪的人,容易引起对方的猜疑,或被认为是胆怯的表现;不能直视或长时间凝视对方双眼,这是不礼貌或挑衅的行为。

眼睛是传递信息最有效的器官,礼貌而又有成效的沟通,应该是将自己的目光同对方的目光放在同一水平线上,注视对方的眼睛,使对方从内心感到双方地位平等,沟通才能在一种融洽的气氛中进行。

3. 手势礼仪

手势是用来表达思想感情的手和胳膊的动作与造型。手势的含义十分丰富,在态势语中占很重要的位置。它是体态语言中最丰富、最具表现力的传播媒介,手势得体适当,往往可以加强沟通效果、增强感染力、活跃沟通的气氛,有利于体现风度和魅力。

从不同的角度可以把手势划分为不同的类型。按表达功能特点划分可分为象形手势、指示手势、象征手势和情意手势。象形手势和指示手势很好理解,而象征手势是一种用来表示抽象意念,引起人们联想的手势。例如,当讲到"同学们,让我们用自己的行动来迎接光辉灿烂的明天吧"的时候,可以向斜上方举起手臂,伸出双手,这个手势能启发听众的联想和思考。情意手势是一种用来表达思想感情的手势,这种手势可以使抽象的感情具体化,使无影无踪的感情形象化。例如,当否定一种观念时,伴随着响亮的"不"字,右手掌与手腕垂直,从胸前向外坚决果断地推出。

按手势的活动区域划分,可分为上区手势、中区手势、下区手势。上区手势在肩部以上区域活动,一般表示兴奋、赞许、积极、肯定等内容和情绪。中区手势在肩部以下到腰部的范围活动,给人以平等、亲近、诚恳、心平气和的感觉,多用在叙事性的表达中。例如,当表示希望大家团结起来、共同前进时,可以运用中区手势,两手臂在胸前平伸,做出诚恳相邀的姿态。下区手势在最后完成时是在腰部以下的区域,一般表示反对、否定、厌恶、鄙视等感情的。

按使用的单、双手划分,可分为单式手势和复式手势。在细致的描述、轻声的漫谈、周密的分析时,或在听众比较少的场合,用一只手完成的手势为单式手势。在表达号召、前进等激昂的感情、宏伟的气势时,或在大型活动的场合,用双手完成的手势叫复式手势。

手指的不同造型可以表示不同的意思。例如,竖起大拇指,表示了不起、佩服、称赞等;伸出小拇指,表示卑贱、低劣、轻视等;手指逐一伸屈,表示数目、次序;用食指或中指加食指指点,表示特指某人、某事物,也可表示斥责之意,等等。

手掌挺直,用力劈下,可以加强语气的力量;将手掌从胸前向外推出,表示拒绝或不赞成;手臂微曲,手掌向下压,表示制止、否定;手掌向前上方冲击,表示勇往直前、冲锋、进攻等。

拳头在手势语表达中运用较少,主要有以下几种:举拳过头、前后摇摆,表示坚定的信心;拳头向上方有力挥出、收回、再伸出,表示义愤、仇恨、抗议;右臂在体侧曲肘举起,紧握拳头,即宣誓动作,表示决心坚定。

运用手势要遵循以下原则:

(1) 要协调配合。手势要和语言表达节奏相协调,出示手势不可过早或过晚,要和身体其他部位,如头、胸等相配合,共同表达情感。

(2) 要恰到好处。手势不可过多或过少。过多,易给人眼花缭乱之感;不用或过少,易给人死板呆滞的印象。手势幅度的大小根据听众的多少和会场的大小来确定,幅度不可过大或过小。幅度过大,会使自己显得太狂;幅度过小,会使听众感到表达不足。

(3) 要注意手势随着交谈内容和情绪的变化而变化。不宜单调重复,手势的使用一定要规范适度,自然亲切,恰当适时,简洁准确;切忌手势过多,幅度过大,变化过快。

4. 站姿礼仪

站姿是最基本的姿势,是一种静态美。站立时,身体应与地面垂直,重心放在两个前脚掌上,挺胸、收腹、抬头、双肩放松。双臂自然下垂或在体前交叉,眼睛平视,面带笑容。站立时不要歪脖、斜腰、屈腿等,在一些正式场合不宜将手插在裤兜里或交叉在胸前,更不要下意识地做小动作,那样不但显得拘谨,缺乏自信,而且也有失仪态的庄重性。

5. 坐姿礼仪

坐姿也是一种静态造型。端庄优美的坐姿会给人以文雅、稳重、自然大方的美感。正确的坐姿应该是腰背挺直,肩放松。女性应两膝并拢;男性两膝可分开一些,但不要过宽,一般不超过肩宽。双手自然放在膝盖上或椅子扶手上。在正式场合,入座时要轻柔和缓,起座要端庄稳重,不可猛起猛坐,弄得座椅乱响,造成尴尬气氛。不论何种坐姿,上身都要保持端正,如古人所言的"坐如钟"。如果坚持这一点,那么不管怎样变换身体的姿势,都会优美、自然。

6. 走姿礼仪

行走是生活中的主要动作,走姿是一种动态美。"行如风"就是用"风行水上"来形容轻快自然的步态。正确的走姿是,轻而稳,胸要挺,头要抬,肩放松,两眼平视,面带微笑,自然摆臂。

## 二、商务沟通的交谈礼仪

语言,是人类用以表达思想、交流感情、沟通信息的特有工具。话说得好,能拉近人与人之间的距离,达到目的,形成有效沟通;话说得不好,可能造成人与人之间的误会,使其产生对立与斗争。俗话说"言为心声","酒逢知己千杯少,话不投机半句多"。交谈是一门艺术。在日常生活中,表达同样一个意思,在语言上却有美丑之分,雅俗之别。交谈礼仪的目的是传递尊重、友善、平等的信息,给人以美的感受。交谈礼仪与一般语言的不同在于,它不能使用冒犯他人的攻击性语言,而是通过文明、礼貌的语言建立起情感沟通的纽带。在轻松、诙谐、明快、幽默、委婉、庄严、赞美的语言所营造的自然、愉快、兴奋、亲切和舒畅的氛围中培养和增进友谊。可见,交谈在人际沟通中的作用是不言而喻的。

### (一)准确、恰当的称谓

与他人沟通时使用什么称谓,一要看对方的身份,二要看双方的关系。与人交谈,不用称谓是极不礼貌的。用得不对,同样让人不愉快。所以与人交谈一定要准确、恰当地称呼对方。例如,某公司的管理人已经由原来的副经理提拔为经理,别人却还一直称呼他副经理,就会让他心生不满。在正式的人际交往中,常采用的是职务称呼或者是职业称呼,如王部长、张局长、李医生、刘律师等。如果不清楚对方的具体职务或职业应以"同志"、"先生"、"老师"等称呼。

### (二)表达要具体、准确

在交谈中,要使对方能正确理解自己的话,达到沟通的效果,表达的意思就要具体、准确。如果在交谈时词不达意,前言不照后语,毫无逻辑,就很容易被人误解,也达不到沟通的目的。因此,在与人交谈沟通前必须明确"为什么"、"想表达什么"、"目的是什么"。要把思路理清,交谈中应尽量做到吐字清晰,言简意赅,避免使用似是而非、模棱两可的语言。

### (三) 使用礼貌用语

在与人交谈中要习惯使用礼貌用语,如请、谢谢、劳驾、拜托、对不起、没关系等。使用礼貌用语,是人类文明、社会进步的标志。使用礼貌用语是最直接表达对他人尊重的方式,同样也会得到他人的尊重,是自身素质的体现。对于初次相见的客人、长辈等,称呼时应使用"您",而不是"你",以示对对方的尊重。

### (四) 语言要委婉、谦逊

交谈是一门艺术,同样的内容,可以有多种表达方式。有的方式让人喜欢,有的方式让人听了就反感。我们在与人交谈的时候要掌握分寸,不该说的话不说。例如,伤自尊的话、侮辱别人的话永远都不能说。不该说时不说,特别是双方处于气愤、焦虑、恐惧等情绪状态时。此外,遣词造句应当委婉、谦逊。要避免强硬的、高压式的、命令式的、措辞激烈的语言,要给对方留有余地,不要武断。如"一定"、"只有"、"完全不可能"等不留余地的话语应该避免。在交谈时可多采用先肯定后否定的表达方式。例如,"是的……但是……"这样的语句如果放在批评或建议的谈话中,就显得委婉,也就容易让人接受。多用协商的口吻。例如,"你看这样是不是可以呢""你看这样好吗"等等。切忌把与人交谈当成辩论赛,要牢记沟通的目的,克服逞强心理。

### (五) 语气、语调要亲切自然

音量大小要适当。讲话时声音不宜过高、过大,适当即可。其标准是,让所有参与者都能听清楚,而又不干扰与之无关的人。明朗、低沉、愉快的语调最能吸引人,放低声音比提高嗓门、声嘶力竭的喊叫让人听起来感到更舒适。其实低声交谈更能反映一个人的涵养。谈话音量的大小还取决于交谈的场合。

讲话速度要快慢适当。讲话速度快一般表示紧张、激动、愤怒、欢畅、兴奋等心情,这种速度用以叙述急剧变化的事情,或反映活泼、热情的性格,或责备不满的人和事;中速一般用于表示平和的感情,用以叙述一般的事情;而慢速一般表达沉重、沮丧、悲痛的情感。因此,讲话时要依据实际情况的需要来调整语速快慢,一般的交谈讲话速度最好适当,应尽可能娓娓道来,给他人留下稳健的印象,也给自己留下思考的余地。

语调要柔和。语言美是心灵美的语言表现,"有善心,才有善言"。因此,应加强个人的思想修养和性格培养。有理且和气更能让人心悦诚服。在交谈时语调要柔和、亲切自然,既不要嗲声嗲气、矫揉造作,又不要生硬蛮横。语调是内心情感的反映,人在高兴的时候语调往往清朗欢畅,悲伤时往往低沉抑郁,平静时语调柔和,愤怒时语调重浊。

### (六) 适度展现幽默

沟通过程中也许会出现不和谐的地方,而沟通者的随机应变及适度幽默可以化解尴尬局面,增强语言的感染力。有这样一个事例:一次,大病初愈的冯小刚接受"艺术人生"节目的访谈,主持人朱军出于对他的关心,花了好几分钟询问他的病因、病情。最后连他老母亲不幸去世的事情也翻出来了,显然偏离了访谈主题。这时冯小刚发现了话题的不妥,一句"这倒好,艺术人生成专家门诊了"这样不伤大雅的幽默话不仅将话题拉回了"艺术"上来,也让朱军有台阶下,并博得了观众的开心大笑。可见,幽默不仅反映出一个人随和的个性,还显示了一个人的聪明智慧以及随机应变的能力。需要注意的是,幽默不是耍嘴皮。幽默要在情理之中,引人发笑,给人启迪。幽默的使用还要根据具体情况具体分析,对于第一次见面的人,对于长辈、女性,一定要慎重使用幽默;同时,幽默还要注意度,把握好分寸,一旦过了头,就可能会被对方误解为取笑与讥讽,使大家感到不愉快。

### (七)有效赞美他人

赞美是沟通能顺利进行的有效良方,是交流双方互动的最佳润滑剂,是人际交往中的一个法宝。渴望别人的赞美,是人的一种天性。因此,我们和别人交流时,要以欣赏的态度去肯定对方,根据不同对象从不同的方面去赞美他们,从而取得良好的效果,让别人感到愉快。当然,赞美绝不是阿谀奉承,赞美的意愿应该是发自内心的,一定要真诚,而不是靠说话的技巧,赞美时措辞要恰当,不能太夸张。

### (八)选择恰当的话题

#### 1. 既定主题

既定主题指的是交谈双方事前已经约定好的主题。适合于正式交谈,如商务接洽、问题讨论、工作探讨、征求意见等。如果交谈中有既定主题,一定要记住围绕主题进行,要就事论事,切勿脱离主题。

#### 2. 高雅的话题

高雅的话题指的是主题内容文明、优雅、格调高尚、脱俗的话题。如文学、艺术、哲学、历史、地理、建筑等,这类话题适合各类交谈,也能够体现自己的见识、阅历、修养和品位。但要注意选择双方都感兴趣的内容,切忌不懂装懂。

#### 3. 轻松愉快的话题

轻松愉快的话题指谈论的主题是一些令人轻松愉快、不觉劳累厌烦的话题。交谈时允许各抒己见,任意发挥。主要包括文艺演出、流行歌曲、时装、美容美发、体育比赛、电影电视、休闲娱乐、旅游观光、名胜古迹、风土人情、名人轶事、烹饪小吃、天气状况等。

#### 4. 对方感兴趣的话题

在了解和观察对方的基础上,选择对方感兴趣的话题。例如,青年人对于足球、流行歌曲、电影电视等话题有比较多的关注,而老年人对于健身运动、饮食文化之类的话题较为熟悉;公职人员关注的多是时事政治、国家大事,而普通市民则更关注家庭生活、个人收入等;男人多关心事业、个人的专业,而女性对家庭、物价、孩子、化妆、衣料、编织等更容易津津乐道。

#### 5. 选择对方擅长的话题

如果对交谈对象比较了解,那么,在交谈中,尽可能选择对方擅长的话题,给对方一个展示自己的机会,很容易让对方谈得开心。谈话的本质是一种交流与合作,因此在选择交谈话题时,应根据对方的性别、年龄、性格、民族、阅历、职业、地位而选择对方擅长的话题。如果完全不考虑这些因素,交谈就难以引起对方的共鸣,很难达到沟通和交流的目的,甚至出现对立的情况。

#### 6. 流行的话题

如果不能确定对方的兴趣、爱好、擅长,那么,不妨选择时下流行的话题。流行的话题指以当今正在流行的事物作为谈论的中心。诸如网络、房价、股市、走红的明星、热播的电视剧等,都是不错的交谈话题。

### 三、商务沟通的倾听礼仪

与人沟通,只做一个好的演说者不一定成功,还须做一个好的听众。要使沟通的双方沟通畅通无阻,就必须善于倾听他人的谈话。

因为通过倾听,可以从别人的谈话中获取大量知识和信息,有利于理解他人的思想、情感,有利于搞好人际关系。认真倾听他人的谈话,满足对方的说话欲望,专注对方的表达,尊重对方的意见,能让对方体验到亲切感和信赖感,最能打动和赢得对方的人心。对方从认真倾听的态度上感到你的诚恳以及对他的重视,从而达到理想效果,给人留下良好的印象。

#### (一) 倾听时要认真、专心

在倾听对方谈话时,应该目视对方,以示专心。不要随意打断对方的谈话,要细心体会对方话语中的含义和情绪,并积极做出相应的反应。不要漫不经心地听,如果听的时候做一些无关的小动作,东张西望,左顾右盼,心不在焉,这些都是不礼貌的,是没有教养的表现。要让对方感觉到你是认真地在倾听,感受到你的诚意和对他的尊重。

#### (二) 集中精力、耐心地倾听

在对方阐述自己的意见、观点时,应该认真地听完,并真正领会其意图。倾听他人的谈话时不要带成见和结论。不要轻率地对对方所谈的观点、意见妄加评论、批驳。即使对方的观点、看法与自己的不一致,或者是自己对话题不感兴趣,也要表现出良好的耐心,不能表现出不满的情绪。如果对方言语过分,也应冷静地听完,不要急于反驳,要表现出良好的素养。

#### (三) 鼓励的言语与眼神的交流

谁都不愿意对牛弹琴,因此,我们在倾听时应该做出适当的反应。为了表示对他人交谈的内容感兴趣,可以恰当地运用眼神交流,最佳的眼神交流是温和地微笑着注视对方。用专注、期盼的眼神,表示非常感兴趣,很想继续听下去,这会营造出愉快友好的谈话氛围。讲话的人总是希望与听者进行交流,希望被人理解,被人接受,听者偶尔的提问或提示,会使讲话的人产生被认同、被接受的感觉,所以,可以在适当的时候插话、提问题,给讲话的人以鼓励。从听众那儿获得认同和激励,既是一件令人愉快的事情,又能增强自信心并认识自身价值。良好的心态,会使人语言更流畅,思路更开阔,思维更敏捷,认识更深刻,也更有利于沟通效率的提高。因此,在适当的时候可以插话、赞美,诸如,"真的啊,太有趣了""你的看法和我的差不多,我也是这样认为的""你讲得太好了""真是太精彩了""很有道理",等等。

#### (四) 恰当的举止

倾听别人的谈话时,要以适当的举止配合。例如,身体稍微向对方倾斜,表示出强烈的兴趣;当对方谈到与你的观点一致时候,点头微笑表示赞同,鼓励对方继续交谈下去。切忌对方说话时,对着他人打哈欠、伸懒腰、不时看表、看手机等表示不耐烦的举止。如果这样,对方就会觉得话不投机,也许就会闭口不再说话,友谊的大门有可能也就关闭了。

## 案例分析

### 案例

刘明是泰达公司新上任的经理助理,他平时工作积极主动,做事思路清晰,效率很高,领导很欣赏他。周一早上,刘明刚刚上班,电话铃就响了,为了节省时间,他边接听电话,边整理桌子上的资料,一边还顺手打开了电脑。正在他忙得不可开交的时候,公关部的老李来找他。老李看刘明正忙着,就站在一边等他。刘明一个电话接一个电话说个不停,手也不闲着,边说边把当天的日程安排表打印出来了。好不容易等到他电话挂了,老李终于可以和他说话了。可是听到老李叫他,刘明头也不抬,面无表情地问他什么事。当老李正要回答时,刘明突然又想起了什么,开始在桌子上乱翻起来。老李说了几句,停了下来。刘明似乎感觉到了什么,抬起头问老李:"你刚才说什么?"老李终于忍无可忍地说:"领导可真是太忙了!我什么也没说!"转身愤然离去。

### 分析

秘书在办公室常常陷入忙乱不堪的境地,但是不管多忙,都不能忽略沟通的基本礼仪。在进行沟通时,要注意通过动作、眼神、表情和语言等表现出对对方的尊重和重视,这样才能提高沟通的效果。

## 技能训练

### 训练项目一:情景分析与讨论

**情景材料**

李东是某名牌高校行政管理专业的毕业生,应聘到泰达公司做秘书,使用期三个月。泰达公司里的员工学历普遍不是很高,李东总有一种鹤立鸡群的优越感,说话也总是不由自主地流露出瞧不起同事的意味。一天,负责销售的田经理来找李东,说公司让他做一份报表,统计一下各种产品的具体销售情况和市场数据,可是田经理不会制表,想请李东帮忙设计一下。没想到李东听了之后,不屑地说:"田经理,这都什么时代了,你居然连Exelle都不会用啊?"田经理当时笑了笑没有说话。

没过几天,李东接到人力资源部的电话,通知公司不能录用他。李东非常困惑,不知道公司到底对自己哪里不满意。

**实训要求**

李东为什么没有过试用期就被解雇了?李东和田经理沟通的过程中,出现什么礼仪问题?

### 训练项目二:职场模拟

**职场模拟一**

小秦新换了一家公司,职位是总经理秘书。她上班没几天,就发现自己的新上司特别喜欢加班,就算没有应酬,也要在办公室待到晚上七点半以后。小秦家离现在的公司有一个小时的路程,每周还有两个晚上到一个培训班去学习,还要和男友约会,她有点不适应。

但是作为秘书,小秦还是严格要求自己,严格遵守"先于领导上班,迟于领导下班"的职业规则,每天都坚持到领导离开办公室,然后才冲刺一般地往家或者培训班赶。一个月后,小秦实在坚持不了了,而且经过观察,她发现上司是因为要等在附近上学的儿子放学后一起回家才晚下班的。于是,小秦决定找个机会和上司沟通一下。

请按角色模拟小秦与上司沟通的过程,注意沟通中的礼仪规范。

**职场模拟二**

上午九点,秘书小秦正在前台值班,一个理着大光头、带着大墨镜,显得很神秘的中年男士推门而入。小秦连忙站起来迎接客人,并说:"您好,请问您是……""我找你们老总!"没等小秦说完,客人就一边说一边往里走。

请按角色模拟秘书小秦和来访者的沟通,注意沟通中的礼仪规范。

# 相关知识链接

## 不要对上司说的10句话

《世界新闻周刊》最新一期报道的《不要对上司说的10句话》一文十分引人关注,看看美国版的十诫是否适合我们的社会。一条条地看,想一想自己是不是什么时候无心地说过这些话。

1. 我心情不好想休息一天。

(还不如说你感冒了等上司在工作中可以接受的借口)

2. 其实我喜欢办公室的×××。

(无论什么事都要公私分明,就算是在办公室里发生这样的感情,爱情问题也完全属于私人问题)

3. 这件事您做得不对。

(凡事保持中立是聪明的做法,就算你的上司做错了,最好也是退一步保持观望)

4. 我和老婆(老公)吵架了。

(原则上不要把工作中的上司带到你的家庭问题中去,他不是什么知心大姐)

5. 哎哟,你怎么支持这样的政治家啊!

(避开政治或者"打胎是否合理"这一类让人头疼的争辩,如果在争辩中你们相互对立,可能导致他在业务上做出对你不利的决定)

6. 昨天喝了不少酒。

(就算喝多了,只说自己头疼就够了。他希望你是全心全意对待公司业务的人,让他知道你前一天醉酒的事,可能会看不起你)

7. 我被上一家公司解雇了。

(这句话会让他怀疑你会不会犯过什么重大错误,如果有必要提起这一点,一定要强调自己是主动离开前一家公司的)

8. 上一家公司的上司啥也不是。

(看你贬低别人,会让他怀疑"说不定这人以后对我也这样")

9. 最近好像胖了。

（其实他自己也知道，不要让你的上司再次确认他已经了解到的事实，说不定他会因为不想听到这个而远离你）

10. 我不是说了会变成那样的吗？

（如果你警告过之后，上司依然失误了，那就假装不知道。他自有他的道理，在按跟你不一样的观点做事。如果你认为他无能，说不定他会让你无能）

# 第六章 秘书工作交往礼仪

秘书在工作过程中要在不同的环境与各种人进行多种方式的交往,具备比较全面的秘书工作交往礼仪,可以更好地增进感情,交流信息,塑造个人及集体的形象,促进事业的成功。

## 第一节 见面和交谈礼仪

秘书工作交往中,见面和交谈礼仪是非常重要的,它包括以下几个方面:称呼礼仪、介绍礼仪、致意礼仪、名片礼仪。

### 一、称呼礼仪

称呼是指人们在日常交往、商业活动以及应酬中彼此采用的称谓语,也是当面招呼对方,以表明彼此关系的名称。选用正确、适当的称呼,可以反映出自身的教养和知识水平以及对对方的尊重程度,体现出双方关系发展所达到的程度和社会风尚。在工作中,人们彼此之间的称呼有其特殊性,不能随意,要庄重、规范。

(一)称呼的要求

1. 礼貌得体

在工作交往中,称呼一定要符合对方的年龄、性别、身份、职业、职务等,要做到礼貌得体,亲切大方,不能用"喂""哎"等称呼对方,更不能用鄙视性称呼如"老头儿""那个女的""开车的"等,最好用尊称。

2. 讲究次序

在工作交往中,要注意称呼的次序。汉族人有从大、从老、从高的心态,即按辈分先高后低称呼,按年龄先大后小称呼,按职位先高后低称呼。同时和多人打招呼时,称呼要先长后幼、先上级后下级、先女后男、先疏后亲,或者可以按照由近及远的顺序。在一般交往中要按"女士们""先生们""朋友们"的顺序称呼。

3. 考虑亲疏关系

德高望重的前辈,可以称其为"先生";刚结识不久且年长的朋友,可以称其为"老师";上级称呼下级、长辈称呼晚辈,亲友、同学之间则可直呼其名;同事之间,可视年龄大小在其姓氏前加"老"、"小"相称,如"老马"、"小雷";对陌生年长者,可以用亲属的称谓称呼对方,如"叔叔"、"阿姨"、"伯伯"、"老奶奶"等。

4. 注意场合

在正式场合,对于熟人、朋友或者本单位的领导和客户等均应以职务相称;对于不太熟悉的人,应在姓氏后冠以先生(女士)或职务称呼,以体现其严肃性。

(二)称呼的方式

在工作岗位上或正式场合,称呼的要求应该正式、规范、庄重。称呼在商务交往中已经成为一种得体而优雅的风尚,得体的称呼能提高商务人士的品位和素质,进而提升组织形象。

1. 泛称

在交往时,由于不熟悉交往对象的详细情况,或者因为其他原因,仅以性别区分的称呼就是泛称。对男性一般称"先生";称呼女性时,特别应注意的是,要根据其婚姻状况,未婚的女性称"小姐",对已婚女性称"女士",对年长但不明婚姻状况的女性或职业女性均称"女士"。

2. 职务性称呼

职务性称呼一般在较为正式的公务活动中使用,如政务活动、商务活动、学术活动等,主要显示身份和敬意,原则上要就高不就低。可以只称职务,如书记、董事长、总经理等;可以在职务前加姓氏,如王经理、刘秘书、江主任等;可以在职务前加上姓名,如李刚董事长、杜丽书记、马志主任等,这种称呼适合于正式的场合。

3. 职称性称呼

对于具有专业技术职称者,尤其是具有高级职称者,可以在工作中直接以其职称称呼。职称性称呼可以只称职称,或者在职称前加姓氏,也可以在职称前加姓名(只适用于十分正式的场合),如教授、张工程师、刘宇主编等。

4. 学位性称呼

学位性称呼可以增加被称呼者的权威性,同时也有助于增加现场的学术气氛。称呼时可以只称学衔,或者在学衔前加姓氏,也可以在学衔前加姓名,如博士、刘博士、刘晓博士等。将学衔具体化,说明所属学科,并在后面加上姓名,如生物学博士刘晓,这种称呼最正式。

5. 职业性称呼

在工作中,可以直接以职业或行业作为称呼,如"老师""教练""警官""医生"等。对商界和服务业从业人员,一般约定俗成地按性别不同分别称为"小姐""女士""先生"等。在这些职业性称呼前后,还可以同姓名、姓氏分别组合一起使用。

6. 生活中的称呼

生活中的称呼要亲切、自然。与外人交谈时,对自己的亲属应采用谦称。称自己的长辈和比自己年龄大的亲属,可冠以"家"字,如"家祖父""家母""家兄""家姐"等;称自己的晚辈或年龄比自己小的亲属,可冠从"舍"字,如"舍妹""舍侄"等;自己的子女,可称"小儿""小女"。对他人的亲属要用敬称。可在称呼前加"令"字,如"令尊""令堂""令郎""令爱"等;对其长辈,也可加"尊"字,如"尊父""尊母"等。

对任何熟人、朋友,都可以用"你"、"您"来称呼。对长辈、平辈,可称其为"您";对晚辈可称"你";对有身份者、年长者、学问广博者可称先生,如"王国维先生""钱钟书先生";对文艺界、教育界有成就、有身份的人,可称为"老师",如"王立群老师"、"侯宝林老师";对德高望重的人可称"公"或"老",如重庆谈判时,大家都称周恩来同志为"周公",对于教育家叶圣陶,人们习惯称其为"叶老"。

### (三) 称呼的禁忌

**1. 忌无称呼**

在公务交往活动中,忌无称呼,或以"喂""哎"等来称呼对方,这是极不礼貌的行为。

**2. 忌错误的称呼**

(1) 误称

称呼对方时,记不起对方的姓名或者张冠李戴,叫错对方的姓名,这些是极不礼貌的行为。对称呼如果没有听清楚或没有把握,宁可多问对方几次,也不要随意地贸然地使称呼出错。例如,"请问您是姓'储蓄'的'储'还是姓'清楚'的'楚'",这样就可以避免称呼出错。

(2) 误读

误读就是念错对方的姓名,如仇(qiú)、查(zhā)、单(shàn)、翟(zhái)等字在姓氏中容易被误读。为了避免这种情况的发生,一定要多做先期准备,对于姓氏中的生僻字,平时要留心记忆;对于不认识的字,事先要查阅字典;如果临时遇到,要向别人虚心请教,切不可妄加称呼,信口开河。

(3) 误判

误判是指在称呼时对被称呼者的年龄、辈分、婚否以及同其他人的关系作出错误判断,如对未婚女性称"夫人",把同辈人称为"阿姨"等,都会引起他人的反感。

**3. 易产生误会的称呼**

有些称呼具有一定的地域性和民族性,不适合广泛地使用,否则就会产生误会。例如,中国人习惯把自己的配偶称为"爱人",而外国人则将"爱人"理解为"婚外恋"的"第三者";中国广泛用于称呼的"同志",在外国人的称呼里则有同性恋的意思;北京人习惯称人为"师傅",山东人爱称人为"伙计",但在南方人听来,"师傅"等于"出家人","伙计"则是"打工仔"。所以,这些易产生误会的称呼使用不规范,常常会和本意相去甚远,甚至南辕北辙,带来不必要的交往损失。

**4. 过时的称呼**

随着社会的发展,称呼也会发展变化,有些已渐渐消亡。这些称呼具有明显的时代性,会随社会发展而变化,一旦时过境迁,人们就不再使用,如果再用,便会贻笑大方。例如,我国古代称官员为"老爷""大爷",把男性称为"公子""相公",如果把它们照搬到现代社会生活中,将会显得不伦不类,洋相尽出。

**5. 低级庸俗的称呼**

在公务交往中,有些称呼在正式场合切勿使用。如"哥们儿""姐妹儿""兄弟""老大"等,称呼起来显得庸俗低级;逢人便称"老板",也往往显得不伦不类,缺乏真诚。

**6. 绰号类称呼**

姓名是一个人的代号,包含父母、家人的祝愿和期待。每个人都会看重自己的姓名。所以,要尊重别人,就要首先学会尊重别人的姓名,不能随便拿别人的姓名开玩笑,特别是公务活动中,更不能乱拿绰号称呼别人,特别像"四眼狗""秃子""恐龙""菜鸟"等带有侮辱性的绰号更要禁用。

## 二、介绍礼仪

介绍是秘书在工作交往中与他人进行沟通、增进了解、建立联系的一种最基本、最常规的方式。秘书人员正确地利用介绍礼仪,不仅可以扩大自己的交际面,而且有助于对自己及自己服务的企事业单位进行有效的展示和宣传。

### (一)自我介绍

自我介绍是指在必要的交际、交往场合,由自己担任介绍的主角,将自己介绍给其他人,以达到使对方认识自己的目的。

1. 自我介绍的要点

(1)把握时机。自我介绍最好的时机是别人想了解你的情况而且你也想了解对方情况的时候。

(2)安排顺序。自我介绍应该是位低者先介绍。

(3)时间长度。自我介绍的时间不应过短或过长,以三十秒钟左右为宜。

(4)选择辅助。在进行自我介绍时可以借助名片、工作证等介绍自己,也可以利用辅助人员如业内熟人、亲戚朋友的关系来介绍自己。

(5)自我介绍的特别提醒。在自我介绍的同时,请给对方自我介绍的机会。例如,"您好,我是庆华公司的秘书",得到对方的回应后,继续介绍,"我叫李绅,这是我的名片",然后应该继续说,"请问怎么称呼您"。

2. 自我介绍的方式

需要自我介绍的时机很多,因而进行自我介绍的具体表述方式也有所不同。依照自我介绍所表述内容的不同,可将其分为以下几种具体形式。

(1)寒暄式

寒暄式又叫应酬式,是一种对只有泛泛之交的、有距离的交际者的介绍。进行这种自我介绍只不过是为了确认自己的身份而已,因此介绍内容应少而精,它往往只包括姓名一项即可。例如,"您好!我叫马晓飞"。

(2)公务式

公务式主要是工作之中在正式场合做的自我介绍。它是以工作为自我介绍的中心,因工作而交际,因工作而交友。介绍应包括供职的单位、部门、职务、姓名。供职的单位及其部门最好全部报出,具体工作部门有时也可暂不报出;担任的职务或具体工作一项,有职务者最好报出职务,职务较低者或无职务者,则可报出目前所从事的具体工作;姓名则应一口报出,不可有姓无名,或有名无姓。例如,"您好!我叫谢晖,是滨海市市政府外事办公室的行政秘书"。

(3)社交式

社交式是一种可以寻求与交往对象进一步交流与沟通,希望对方认识自己、了解自己、与自己建立联系的自我介绍。内容包括介绍者的姓名、职业、籍贯、学历、兴趣爱好、自己和交往对象双方所共同认识的人。但在介绍时不一定面面俱到,应根据具体情况而定。

例如,"你好,我叫王美兰,现在安瑞公司做人事总监,我和您太太马霞是大学同学";"你好,我叫钟明,是大华软件公司的财务总监,是魏洋的老乡,我们都是湖北人"。

(4) 礼仪式

礼仪式用于讲座、报告、演出、庆典、仪式等正规而隆重的场合。它是一种对交往对象友好、敬意的介绍。介绍内容包括:姓名、单位、职务等,还应酌情加入一些适宜的谦辞、敬语,以示自己礼待交往对象。例如,"尊敬的各位来宾,大家好!我叫周庆云,是天马公司的总经理。现在,我代表本公司热烈欢迎大家光临我们的开业典礼,并谢谢大家的支持";"各位领导、各位专家,我叫王小言,是华中师范大学的教师。今天,我向大家谈谈自己在工作中的心得,不当之处,敬请各位批评指正"。

3. 自我介绍的原则

(1) 时间

进行自我介绍一定要力求简洁,尽可能地节省时间,以半分钟左右为宜,如果无特殊情况,最好不要长于一分钟。为节省时间,在作自我介绍前,还可以递上本人的名片或介绍信,如果使用了名片或介绍信,则上列各项内容应尽量不予重复;另外,自我介绍应在适当的时间进行。一般选择对方有兴趣时、对方空闲时、对方情绪好时、对方干扰少时、对方有此要求时。而对方无兴趣、无要求、工作忙、干扰大、心情坏、休息、用餐或正忙于其他私人交往时则是自我介绍不恰当的时间,这时应切忌干扰,另择时机。

(2) 神态

在自我介绍时,神态要自然、大方、坦然、亲切,面带笑容,忌小里小气、畏首畏尾、虚张声势、矫揉造作;要充满信心,正视对方的眼睛,不要妄自菲薄,心怀怯意;要语气自然、语速正常、语音清晰,不要语气生硬冷漠、语速过快或过慢、语音含糊不清,这些都是缺乏经验、缺少自信的表现。

(3) 真实

进行自我介绍时,介绍的内容一定要实事求是、真实可信。既不能过分谦虚,贬低自己去讨好别人,也不能不停地自我表白、自吹自擂、夸大其辞,令人反感。更不能无中生有,欺骗别人。

(二) 介绍他人

介绍他人,是指由第三方为彼此不相识的双方进行引见的一种介绍方式。介绍他人通常有以下几种情况:为两人作介绍;向一人介绍多人;向多人介绍一人,其中最常见的形式是为两人作介绍。介绍他人要注意以下几点。

1. 介绍者与被介绍者

介绍他人时,介绍者的身份是有要求的,具有下列身份者,理应在介绍他人时充当介绍者:社交活动中的东道主,交际场合中的长者,公务交往中的专职人员如公关人员、礼宾人员、文秘人员、办公室工作人员、接待人员等,正式活动中地位、身份较高者或主要负责人员,熟悉被介绍者双方的人,被介绍者一方或双方要求者,在交际应酬中被指定的介绍者,家庭聚会中的女主人。

由他人作介绍,自己处于当事人之中,若自己是身份高者、年长者或主人,在听他人介绍后,应立即与对方互致问候,表示欢迎对方。例如,"你好,小王"。若自己是身份低者或宾客,当尚未被介绍给对方时,应耐心等待;当自己被介绍给对方时,应根据对方的反应作出相应的反应,如果对方主动伸手,自己也应及时伸手相握,并适度寒暄。

介绍者应注意介绍时的神态和手势。介绍者在为他人作介绍时,态度要热情友好,语言要简洁明快,声音要清晰自然。在介绍某一方时,应微笑着用自己的目光把第三方的注意力吸引到被介绍的一方,还应配合手的姿势,手的正确姿势应该是掌心向上,胳膊略向外伸,指向被介绍一方。介绍者不能用手拍被介绍者的肩、胳膊和背等部位,更不能用食指或拇指指向被介绍的任何一方,这些都是不礼貌的行为。

被介绍时,除女士和年长者外,被介绍者一般应起立并面向对方。但在宴会桌上、谈判桌上可不必起立,被介绍者只要点头微笑即可,相距较近者可以握手,远者可举右手示意。

2. 介绍的顺序

为他人作介绍时必须遵守"尊者优先知情"的原则。介绍年长者与年幼者认识时,应先介绍年幼者,后介绍年长者;介绍长辈与晚辈认识时,应先介绍晚辈,后介绍长辈;介绍女士与男士认识时,应先介绍男士,后介绍女士;介绍已婚者与未婚者认识时,应先介绍未婚者,后介绍已婚者;介绍上级与下级认识时,先介绍下级,后介绍上级;介绍职位、身份高者与职位、身份低者认识时,应先介绍职位、身份低者,后介绍职位、身份高者;介绍个人与团体认识时,应先介绍个人,后介绍团体;介绍老师与学生认识时,应先介绍学生,后介绍老师;介绍同事、朋友与家人认识时,应先介绍家人,后介绍同事、朋友;介绍来宾与主人认识时,应先介绍主人,后介绍来宾;介绍社交场合中的先至者与后来者认识时,应先介绍后来者,后介绍先至者。

3. 介绍他人的方式

根据实际需要的不同,为他人作介绍的方式也不尽相同,一般有以下几种方式。

(1) 标准式

标准式适用于正式场合,以介绍双方的姓名、单位、职务等为主。例如,"我来给两位介绍一下。这位是德广公司人力资源部总监侯侠小姐,这位是安瑞公司总经理王晨先生"。

(2) 简介式

简介式适用于一般的交往场合,介绍的内容往往仅有双方姓名一项,甚至可以只提到双方姓氏为止。然后,被介绍者可以按自己的想法、要求行事。例如,"我来介绍一下,这位是小王,这位是老李,你们认识一下吧"。

(3) 引见式

引见式适用于普通的交往场合,作这种介绍的时候,介绍者的任务就是将被介绍双方引导到一起,不需要自己表达任何具有实质性的内容。例如,"两位认识一下如何?大家其实以前都在一家公司工作,只不过以前不认识,现在请你们自己介绍吧"。

(4) 强调式

强调式适用于各种交往场合,在介绍的时候,主要内容除了被介绍者的姓名之外,往往还会刻意强调一下自己与其中某位被介绍者之间的特殊关系,以便引起另一位被介绍者的重视。例如,"这位是大中公司的人力资源总监冯亮先生。这位是马莉,她在市中药厂工作,是我的外甥女,请冯总监多多关照"。

(5) 推荐式

推荐式适用于比较正规的交往场合,大多是介绍者有备而来,有意要将某人推荐给另一人,所以,介绍者在介绍内容上通常会对前者的某些优点或特点进行重点介绍。例如,"这位是葛小黎女士,这位是我们公司的王飞总经理。葛小黎女士不仅是一位管理方面的专业人士,而且还是一位经济学博士。王总,我相信您一定会很高兴认识她吧"。

(6) 礼仪式

礼仪式适用于正式场合,是一种最为正规的为他人介绍的方式。介绍的内容大致与标准式相同,但在语气、表达、称呼上更有礼貌,更谦恭。例如,"李小姐,你好!请允许我把深圳工贸集团的销售部经理李庆先生介绍给你。李先生,这位就是郑州金达公司的业务部经理李霞小姐"。

4. 介绍的应对

在介绍他人时,介绍者与被介绍者都要注意自己的表达、态度、语言与反应,这就是介绍的应对。

介绍者为被介绍者作介绍之前,一定要征求一下被介绍双方的意见,尽量在开始介绍时再打一下招呼,切勿上去开口即介绍,显得很唐突,让被介绍者感到措手不及;被介绍者在介绍者询问自己是否有意认识某人时,一般不应拒绝或者扭扭捏捏,而应欣然应允,实在不愿意时,则应说明原因;当介绍者走上前,开始为被介绍者进行介绍时,被介绍双方均应起身站立,面带微笑,自然大方地目视介绍者或者对方,神态要庄重、专注、亲切;在宴会桌、会议桌、谈判桌前,介绍者和被介绍者可视情况而定,有时可不必起立,被介绍双方点头微笑致意即可;如果被介绍双方相隔较远,中间又有障碍物,可举起右手致意,同时点头微笑致意;当介绍者介绍完毕,被介绍双方应该按照合乎礼仪的顺序进行握手,并且彼此问候对方。此时的常用问候语有:"你好"、"很高兴认识你"、"久仰大名"、"久仰,久仰"、"认识你非常荣幸"、"幸会,幸会",等等,必要时,可以再作进一步的自我介绍。

5. 介绍的禁忌

介绍时,应该尽量避免不得体或失礼的做法,以免引起交往的障碍,以下做法都是介绍的禁忌:主人没有把主宾介绍给所有的宾客;介绍时把应该介绍的宾客遗漏了;介绍时省略了称呼;只介绍关系而忘了介绍姓名;忘记了被介绍双方的姓名和身份;重复介绍;带一位有身份的人去见他不屑于认识的人,并且事先没有打招呼;带客人四处去认识他(她)不认识的客人,且事先没有征求客人意见;被介绍时,目光游离,心不在焉,显得不重视,不认真;在介绍或被介绍时,过多谈论自己的个人情况,冷落他人;在介绍时,贸然打断别人的谈话;介绍时过于注重一方而忽略了另一方。

## 三、致意礼仪

致意礼仪是一种不出声的问候礼仪,常用于相识的人在交往场合,主要是在不宜交谈的场合以动作去表达对人的问候。向对方致意时,应根据不同情况选择不同的致意方式。

### (一) 点头礼

点头礼又称颔首礼。在会场、剧院等场合遇到熟人,或在同一场合碰到已多次见面的人,或人多无法一一表达问候时,可用点头礼表示敬意。具体做法是,上身向前倾斜15度左右,头部向下轻轻一点,同时面带笑容。

### (二) 举手礼

举手礼适用于向远距离的熟人致意。具体做法是,右臂向前方举起,右手掌心向着对方,四指并拢,拇指叉开,向左右轻轻摆动几下。

### (三) 微笑礼

微笑礼是通过面容略带微笑传递信息的一种礼仪。在交往中,微笑意味着理解、赞赏和欢迎,不仅可以有效地改善交际环境,而且能委婉、得体地表情达意。

### (四) 注目礼

在升国旗、游行检阅、剪彩揭幕、开业挂牌等场合,应该行注目礼。具体做法是,挺身直立,抬头挺胸,双手自然下垂或贴放于身体两侧,表情庄重严肃,双目正视受注目礼的对象或随之缓缓移动。

### (五) 鞠躬礼

在一般的交往场合,晚辈对长辈、学生对老师、下级对上级、表演者对观众、服务人员对被服务者以及迎宾人员等,都可行鞠躬礼。行鞠躬礼时,应脱帽立正,双目凝视受礼者,上身弯腰前倾。男士双手自然下垂,贴放于身体两侧裤线处,女士双手下垂,轻轻搭放在腹前,上身前倾弯腰。下弯的幅度可根据施礼对象和场合而定,下弯幅度越大,表示的敬重程度就越大。一般情况下,全身或身体上部微微向前一鞠躬即可。

### (六) 拱手礼

拱手礼又称拱手致意,在我国是一种民间传统的会面礼仪,逢重大节日,邻里、朋友、同事见面时,常拱手致意表示祝愿;在团拜会上,大家互相祝愿,常拱手致意;婚礼、生日、庆功等喜庆场合,来宾可拱手致意向当事人表示祝贺;双方告别,互道珍重,亦可用拱手礼;向对方表示歉意,也可用拱手礼。

具体做法是,起身站立,上身挺直,双手在胸前高举抱拳,通常为左手握空拳,右手抱左手,拱手齐眉,自上而下或者自内而外,有节奏地晃动几下,同时可伴以"恭喜,恭喜""久仰,久仰""后会有期"等寒暄语。

### (七) 鼓掌礼

鼓掌礼是表示赞许或向别人表示祝贺的礼貌举止。通常用于聆听讲演、会议发言,观看表演等之后,表示自己的感谢、赞赏、钦佩和祝愿。鼓掌一般要出声,鼓掌时两个手掌应成相握状。

### (八) 握手礼

握手礼是最常见、使用范围最广的见面礼,可以表示欢迎、友好、祝贺、感谢、敬重、致歉、慰问、惜别等情感。

1. 握手的次序

根据礼仪规范,握手时双方伸手的先后次序是,在遵守"尊者决定法则"的前提下,具体情况具体对待。男女之间握手,女士先伸出手;主客之间握手,主人先伸出手;长幼之间握手,年长者要先伸手;上下级之间握手,上级要先伸手;师生之间握手,老师要先伸手;长辈与晚辈握手,长辈要先伸手;已婚者与未婚者握手,已婚者要先伸手;社交场合的先至者与后来者握手,先至者要先伸手;职位、身份高者与职位身份低者握手,职位、身份高者先伸手；一个人与多人握手，应由尊而卑，先年长者后年幼者，先长辈后晚辈，先老师后学生，先女士后男士，先已婚者后未婚者，先上级后下级，先职位、身份高者后职位、身份低者。

公务场合，握手时伸手的先后次序取决于双方的具体职位、身份；而在社交、休闲场合，则主要取决于双方的具体年龄、性别与婚否。

接待来访者，当客人抵达时，通常由主人先伸出手与客人相握；在客人告辞时，应由客人先伸出手与主人相握。

2. 握手的方法

(1) 手势

在介绍之后、互致问候的同时，双方各自伸出右手，彼此之间保持一步的距离，手掌略向前下方伸直，拇指与手掌分开，其余四指自然并拢，握手时两人伸出的掌心都不约而同地向着左右，然后用手掌和五指与对方相握，有以下几种握法：

① 平等式：平等式握手是为表达友好而进行的礼节性握手，一般适用于初次见面或交往不深的人。具体做法是，伸出右手，四指并拢，拇指张开与对方相握。同性握手，要虎口相握；男性同女性握手，不要满手掌接触，一般只轻握对方的手指部分。

② 手扣式：手扣式握手往往表达感情真挚、诚实可靠，被称为"政治家式握手"。具体做法是，用右手握住对方的右手，再用左手握住对方右手的手背。

③ 双握式：双握式握手常常表达深厚的情感，适用于情投意合和、关系极为密切的人之间。具体做法是，用右手握住对方的右手，再用左手握住对方的右手臂或肩膀。

(2) 表情

伸手动作要稳重、大方，态度要亲切、自然。要面带笑容，双目注视对方，不可一边握手，一边东张西望，给人不屑一顾之感。

(3) 姿态

右手与人相握时，左手应当空着，并贴着大腿外侧自然下垂；除老、弱、病、残者外，一般要站着握手，不要坐着握手。当对方伸出手来，一定要紧走几步上前相握，距离一般保持在一步左右，应双腿立正，上身稍微前倾。

(4) 时间

握手时间长短可因人、因地、因情而宜。除了关系亲近的人可以长久地把手握在一起外，一般关系握一下即可放开，一般以1~3秒为宜，3~5秒亦可。如果要表示自己的真诚和热情，也可较长时间地握手，并上下摇晃几下。

(5) 力量

握手的力量要适度，过重的"虎钳式"握手显得粗鲁无礼；过轻的抓指尖握手又显得漫不经心或敷衍了事。同初次见面或不太熟悉的人握手，不要太用力；如果双方是熟人，可适当用力甚至双手相握；男女之间握手，不管熟悉与否，都不宜用力过大，否则很失礼。

3. 握手的禁忌

忌用左手与人握手；忌抢先出手；忌目光游移，漫不经心；忌不脱手套，自视高傲；忌掌心向下，目中无人；忌用力不当，敷衍鲁莽；忌握手时另一只手拿着东西不肯放下；忌"乞讨式"握手，过分谦恭；忌时间过长，让人无所适从；忌滥用"双握式"，令人尴尬；忌"死鱼式"握手，轻慢冷漠；忌握手时戴着墨镜；忌拒绝与人握手。

## 四、名片礼仪

名片是以个人姓名为主体(有时包括身份、职业、特长、处世或志向等信息)的介绍卡片,是当代社会私人交往和公务交往中一种最为实用的介绍方式。

### (一)名片的功能

1. 通报身份

名片是交往中自我介绍的简便方式。有了名片的交换,双方的结识就迈出了第一步。递上名片,自己的基本情况就可告知别人,为进一步沟通奠定基础。

2. 方便联系

名片上最重要的信息,包括个人办公地点、通信地址、邮政编码、移动电话、办公室电话等,使人一目了然,便于在联系时查找。

3. 代替礼单

需赠送礼物或鲜花时,在礼物、花篮里或花束里放一张名片,可起到礼单的作用;收到他人礼品,也可立即回复一张名片,以示感谢。

4. 代替请柬

非正式邀请时,在名片的空白处写上邀请他人的事由、时间和地点,可代替请柬。

5. 通报和留言

拜访别人,若被拜访者是尊长,可在名片上写上"求见"、"拜谒",然后转行顶格起写上对方姓名和称谓;如果被拜访者不在家,可留下一张名片,上面写一句"很遗憾,未能一见"等,这是一种友善的表示。

6. 业务宣传

在进行业务往来时,名片是公司的招牌,具有类似广告的作用,可使对方了解自己所从事的业务,从而更方便业务的开展。

7. 通知变更

一旦调任、迁居或更换电话号码,送给周围人一张注明上述变动的名片,等于及时而又礼貌地打了招呼。

### (二)名片的制作

1. 名片的类型

通常使用的名片分为私用名片、商务名片和单位名片三种类型。

2. 名片的内容

单位名片的内容大体为两项:一是本单位的全称及徽号;二是本单位的联系方法,包括地址、邮编、电话号码、传真号码等。私用名片、商务名片的主角则是个人,内容以个人信息为主。

一张标准的私用名片或商务名片通常应该包括:本人所属的单位、单位的徽号以及自己所在的具体部门;本人的姓名、职务或职称;与本人联系的方法,包括单位所在的地址、办公电话号码、住宅电话号码和邮政编码等。

3. 名片的基本要求(如表6-1)。

表6-1 名片的基本要求

| 序号 | 项目 | 内容 |
| --- | --- | --- |
| 1 | 规格 | 一般为 9cm×5.5cm；10cm×6cm(多为境外人士使用)；8cm×4.5cm(女士用) |
| 2 | 材质 | 以耐磨、耐折、美观、大方、便宜的纸张作为首选材料,如白卡纸、再生纸等 |
| 3 | 色彩 | 宜选用单一色彩的纸,并且以米白、米黄、浅蓝、浅灰等庄重朴素的色彩为佳 |
| 4 | 图案 | 一般名片上除了文字符号外不宜添加任何没有实际效用的图案。如果本单位有象征性的标志图案,则可将其印于归属一项的前面,但不可过大或过于突兀 |
| 5 | 文字 | 应采用标准的汉字简化字,如果无特殊原因,不得使用繁体字。在少数民族聚居区、外资企业以及境外使用的名片,可酌情使用少数民族文字或外文,可印于名片的另一面 |
| 6 | 字体 | 以汉字印制名片时,一般采用楷体或仿宋体,尽量不要采用行书、草书、篆书等不易辨识的字体,采用标准、清晰、易识的印刷体为好 |
| 7 | 版式 | 横式：行序自上而下,字序由左而右；竖式：行序由右而左,字序自上而下 |

**(三)名片的交换**

交换名片是秘书交往中常用的一种介绍方式。名片交换应重视其礼仪效应,恰到好处地使用名片,能显得彬彬有礼,令人肃然起敬。

1. 递送名片

(1) 做好准备

平时公务活动或社交活动,要提前准备名片。随身携带的名片最好放在专用的名片包或名片夹里,也可以放在上衣口袋里。在公文包和办公室抽屉里也应经常准备好名片,以备随时使用。

(2) 掌握时机

名片可以在见面时相互介绍后递送,也可以在交往中感到有必要进一步联系时递送。下列几种情况需将自己的名片递送他人：希望认识对方,被介绍给对方,对方提议交换或索要名片,打算获得对方名片,初次登门拜访对方,通知对方自己的变更情况。以下几种情况则不必将自己的名片递送对方：对方是陌生人,尚未弄清对方的身份,不想认识对方,不愿与对方深交,对方对自己并无兴趣,双方身份、地位、年龄悬殊。

(3) 递送名片顺序

递送名片应讲究顺序：一是尊者优先(客人先递给主人,男士先递给女士,晚辈先递给长辈,下级先递给上级)；二是近者优先,顺时针发放(如需递名片的不止一位且分不清职务或年龄,可由近而远,按顺时针方向依次递送,切勿跳跃式进行)。

(4) 递送名片要领

递送名片时应面带微笑,正视对方；拇指、食指捏住名片上端的两角；将名片的字面朝向对方,便于阅读；起身递送,送至对方胸前；在递送过程中还可伴有敬语,如"请多多关照"等,且递送名片要讲究顺序,谦恭大方。

2. 接受名片要领

如果他人表示要递赠名片给自己或交换名片时,应立即停止手中的一切事情,起身或欠身,面带微笑,拇指、食指捏住名片下端的两角,接受名片并表示谢意;接过名片后应十分珍惜,并当着对方的面,用半分钟以上的时间仔细把对方的名片看一遍;如果有疑问,要当即问明;有来有往,若无名片回敬应向对方致歉;如果要当场将自己的名片递过去,最好在收好对方名片后再递,不要一来一往地进行;收受的名片妥当存放,以示尊重。

3. 索取名片

不要勉强索取他人的名片,既要确保要到名片,又要争取给对方留下良好的印象。可采取以下几种方法:

(1) 交易法。例如,"肖经理,您好!非常高兴认识您,这是我的名片,请多指教"。

(2) 激将法。例如,"这是我的名片,请多关照。能否有幸与您交换一张名片"。

(3) 谦恭法。例如,"希望以后能够有机会继续向您请教。不知以后如何联络向您请教比较方便"。

(4) 联络法。例如,"龚小姐您好!认识您太高兴了,不知今后如何与您保持联系"。

## 案例分析

**案例**

喜庆公司是一家经营婚庆用品的公司,因为要租赁大发建材公司500平方米场地,因而和大发公司副总电话确定了第二天下午14:00去公司现场洽谈场地租赁一事。

第二天下午1:30,喜庆公司副总经理李万一行3人来到大发公司办公楼下。大发公司刘经理代表公司在办公楼迎接。双方见面互相引见、寒暄后,刘经理引导喜庆公司的3位客人乘电梯前往8楼的公司接待室,大发公司的副总马亮、招商部经理周因、秘书张倩在接待室等候。

落座后,刘经理热情地介绍了出席本次洽谈会的所有人员,主宾双方交换了名片,洽谈会正式揭开了序幕……

**分析**

在公务交往过程中,经常遇到各种见面、会谈的场合。得体、符合礼仪的见面礼仪和会谈礼仪,会使交往过程和谐、顺利,达到较好的效果。

## 技能训练

**训练项目一:介绍礼仪训练**

1. 假如你刚刚毕业到一家外资企业工作,在公司专门为你举行的欢迎会上,请你向全体同事介绍自己。

2. A公司的副总经理张全、业务部经理李华前往B公司拜访副总经理肖丽丽女士。假如你是B公司办公室主任,请你安排了双方的会面并做介绍人。

**训练项目二:名片递接及握手训练**

1.李先生是某集团公司的经理,主要代理国内某知名品牌的化妆品。一天,他接待了来访的该化妆品生产公司主管销售的刘先生。刘先生被秘书引领到了李经理的办公室,经秘书介绍后,双方寒暄并交换名片。请学生模拟双方交换名片。

2.王经理和汪经理都是李经理的客户,但他们互不认识,李经理为两位作了介绍,汪经理(女)和王经理(男)准备握手。请学生模拟双方握手。

# 相关知识链接

## 中国古人的名、字、号

1. 名

名字是一个人区别于其他人的称号。当代中国人一般只有名而无字,名与名字的含义相同;古代中国人名与字有不同的含义和用途。古人幼时取名以供长辈呼唤。

2. 字

字是古代中国人成年后取的别名,与名相表里,又叫"表字"。名和字在意义上一般是有联系的,字往往是名的阐释或补充。例如,诸葛亮字孔明,"亮"与"明"是同义词;岳飞字鹏举,"飞"与"鹏举"意相近。另外,还有在家族中依行辈规定的"字辈名",一般其第一个字是本行辈所固有的。

3. 号

号,亦称别名,是古代中国人在名和字以外的别名,一般为尊称、美称,呼人之号比呼其字更尊重与客气。如陆游,号放翁;范蠡,号陶朱公;秋瑾,号鉴湖女侠。另有一类号叫"诨号"、"混名",即通常说的"绰号"、"外号",如梁山好汉中的"智多星""豹子头""母夜叉"等。

古代中国人在人际交往中,名具有"名以正体"的严肃性,一般用于谦称、卑称。上对下、长对少可称名,下对上、平辈之间,称字不称号,在一般情况下直呼对方的名,是不礼貌的。字具有"字以表德"之意,或以明志趣,或以表行弟,因此,对人称呼常用字,字的使用率大大超过名。名人雅士的号则更是"号为尊其名更为美称焉",号比字更加尊重、响亮。孙中山先生,"文"是其名,"逸仙"是字,而"中山"则是号。他的自称是"文",而绝不会自称"逸仙"或"孙中山",父兄长辈直呼其名"孙文"理所当然;一般直呼其"孙文"者通常是其政敌,带有咒骂、蔑视之意;称他"逸仙"的往往是其早期的同辈和挚友;特别是辛亥革命以后,人们大都称之为"中山先生"或"孙中山先生"。

### 职场商业套语

初次见面说"久仰";

麻烦别人说"打扰";

陪伴朋友说"奉陪";

赞人见解用"高见";

欢迎购买用"光顾";

称人家庭用"府上";
向人祝贺说"恭喜";
求人原谅说"包涵";
客人到来用"光临";
与人分别用"告辞";
归还原物用"奉还";
老人年龄用"高寿";
请人勿送用"留步";
等候帮忙说"劳驾";
看望别人用"拜访";
请人解答用"请教";
赠送作品用"斧正";
很久不见说"久违";
请人指点用"赐教";
求人方便说"借光";
中途先走说"失陪";
托人办事说"拜托";
对方来信用"惠书";
到己家里用"寒舍"。

# 第二节 通讯礼仪

通讯礼仪是指人们进行通讯联络时所应遵守的基本行为规范。它主要包括电话使用礼仪、手机使用礼仪、网络使用礼仪等。

## 一、电话使用礼仪

随着科学技术的飞速发展,现代人的沟通和交往在极大程度上依赖于各式各样的便捷通讯工具,电话就是其中之一。接打电话不仅成为一种便捷的沟通手段,而且成为人们日常生活中重要的交际方式。

### (一) 电话使用礼仪的一般要求

接打电话的具体方法人们都会,一点也不难,难的是正确利用电话,自觉维护自己及集体的电话形象。所谓电话形象是指人们在接打电话的整个过程中语言、声调、内容、表情、态度、时间等的集合。它能够真实地体现个人的素质、待人接物的态度以及通话者所在单位的整体形象。为了正确使用电话,树立良好的电话形象,无论是发话人还是受话人,都应遵循接打电话的一般要求。

1. 态度礼貌,面带微笑

拿起电话就应该面带微笑,虽然打电话时交谈对方看不到通话者,但语调温和、友善优雅都是可以被听出的,对方不仅可以听到说话者轻松愉快的声音,还可以感觉出说话者的神态和表情,并能判断出其修养和水平。

2．语速适当,语调温和

通话时,语速要适当,语调要温和,声音不要太大,话筒距口保持三厘米左右,在表述重要信息的时候可以稍微提高音量,以示强调;为了让对方听明白,必要时可以把重要的话重复一遍。

3．内容要简洁而明确

现代社会生活节奏很快,人们时间观念很强,所以,在各种电话交往中,表达的内容要简洁而明确,忌海阔天空地闲聊或不着边际地交谈。

### (二) 拨打电话礼仪

在整个通话过程中,发话人通常始终居于主动、支配的地位。如果要使自己所打的电话既能准确无误地传递信息,联络感情,又能为自己塑造完美的电话形象,就必须时间适宜,内容简洁,礼貌文明。

1．时间适宜

拨打电话,首先应该考虑什么时间最适宜,最忌讳不论什么时间想起来就打电话,这样会造成不良影响。

通话的最佳时间通常是双方预先约定的时间,或者是对方方便的时间。除有要事必须立即通告外,不要在他人的休息时间打电话。最佳的打电话时间要根据对方的行业性质、作息时间、个人生活习惯等来确定。一般不要在早上七点之前、晚上十点以后打电话;也不要在用餐时间、午休时间、节假日打电话,否则,既有失礼貌,又影响通话效果;打公务电话,尽量要公事公办,不要在他人的私人时间,尤其休假期间麻烦对方;要避开对方的通话高峰、业务繁忙时间、生理厌倦时间,否则也影响通话效果。

正常情况下,一次打电话的全部时间,应当不超过三分钟。除非有重要问题必须反复解释、强调,一般通话时都要有意识地简化内容,尽量简明扼要。

2．内容简洁

通话时内容一定要简洁明了,需要做好以下几点。

(1) 事先准备

每次通话之前,发话人应该做好充分的准备,把受话人的姓名、电话号码、通话要点等必不可少的内容列出一张清单,通话时就不会再有现说现想、缺少条理、丢三落四的情况了。尤其是业务电话,内容涉及时间、数量、价格等,要随手记录,这样可以避免遗忘时反复询问,耽误他人时间。

(2) 简明扼要

通话时,应开宗明义、直言主题,切忌没话找话、东拉西扯,更不要在电话里与人玩"捉迷藏",不要有"猜猜我是谁"、"知道我在哪吗"、"想知道我在干什么吗"、"不想问问还有谁跟我在一起吗"等语言,这样更令人讨厌。

(3) 适可而止

发话人要自觉控制通话的时长。要讲的话说完了,应由发话人提出结束,彼此客气道别。

3. 礼貌文明

发话人在通话过程中,自始至终都要以礼待人,尊重通话对象。

(1)发话人在通话过程中,不能使用"脏、乱、差"的语言,并且有三句必说的话:问候语,如"您好";介绍语,如"我是大发建筑公司人力资源总监吉晓伟";道别语,即终止通话前,在预备放下话筒时,应有明确的结束语,说一声"再见",再轻轻挂断电话,不可只管自己讲完就挂断电话。

(2)态度要文明。对受话人不能厉声呵斥或态度粗暴,忌阿谀奉承,低三下四;若找的人不在,需接听电话的人代找,或为之转告、留言时,态度亦应谦和有礼;如果通话时电话突然中断,发话人要立即再拨,并说明通话中断是由线路故障所致等原因,不能不了了之或等候受话一方打来电话;如果拨错了电话,应对接听者表示歉意,不能一言不发就挂断电话。

(3)举止要文明。当众拨打电话要特别注意举止。不要把电话筒夹在脖子下,不要抱着电话机随意走动,不要趴着、仰着、坐在桌角上或高跷双腿与人通话,不能边吃东西边打电话;通话时不能发音过高,免得受话人承受不了;如果要终止通话,应双手轻放话筒,不能用力摔话筒,令对方震耳欲聋;通话由于各种原因中断,或拨号时对方一再占线,要表现出应有的耐心,不能用粗暴的举动拿话机出气。

(三)接听电话礼仪

1. 接听及时

一般在听到完整的两次铃响以后,就应拿起话筒,尽快予以接听,否则显得不礼貌。如果铃声响起后立即拿起,会让对方觉得唐突;但如果是在响铃超过三声以后再接听,则是缺乏效率的表现;响了四次以上,因特殊情况未能及时接听,应首先向对方表示歉意并作出适当解释。例如,"您好,对不起,让您久等了"。

2. 礼貌通话

拿起话筒,应首先问候"您好",然后报上自己的姓名或单位名称。不能开口就说"喂,找谁",这样十分不礼貌。如果不是找自己,且对方没有主动报上姓名,切不可先问对方是谁,应礼貌地请对方稍候。如果应接听电话的人不在,可以说,"对不起,他不在,需要我转告吗"。

3. 做好记录

平时电话机旁应该常备笔和记录本,以便通话时做记录。要仔细倾听对方的电话内容,掌握好记录的5W1H技巧,即When(何时)、Who(何人)、Where(何地)、What(何事)、Why(为什么)、How(如何进行),对重要的事要认真记录,记录完毕后,最好向对方复述一遍,特别是号码、数字、日期、时间等,应再次确认,以免遗漏或记错。

4. 及时反馈

听电话时,应尽量避免打断对方的讲话,并给予对方积极反馈。可不时以"嗯"、"好"、"对"、"是的"等作答,让对方感到你在认真听,感到你的重视。电话交谈结束时,应该再问一下对方"请问,您还有什么事吗",这既是必要的客套话,同时又是提醒对方是否讲完了。最后,还要以"再见"等结束语礼貌寒暄。

## 二、手机使用礼仪

目前,在各种现代化的通讯手段中,移动通讯工具越来越普遍。其中,手机更是独领风骚,成为人们不可缺少的、使用最频繁的一种通讯工具。手机使用时,需遵守以下礼仪规则。

### (一)明确用途,不作炫耀

使用手机是为了方便个人联络并确保信息交流的畅通无阻,在交往中,不论自己使用的手机多么昂贵、多么先进,它毕竟仅仅是被人使用的通讯工具而已,而绝非可以抬升个人身份的道具。所以,在任何场合都不能用手机炫耀。

### (二)遵守公共秩序

在公共场合保持肃静既是遵守社会公德,又是个人修养的体现。参加会议或庆典、听讲座、听音乐会、观看体育比赛、看病等在公共场所进行的活动,要关闭手机或将手机调至静音状态,以免产生噪音,影响他人;不要在影剧院、图书馆、医院等公共场所通电话,如果不得不当众使用,应事先向周围的人致歉,并走出去接打电话;不要在公共场合,尤其不要在楼梯、电梯、路口、人行道等人来人往之处旁若无人地使用手机;上班期间尤其不要在办公室、操作间里因私事使用手机;不能在开会、会见、上课时使用手机,以免分散他人注意力,此时尤其不能使用手机偷拍他人。

### (三)考虑他人感受

手机虽然方便,但不管是打电话一方还是接电话一方,通话都是要占时间的。所以,通话时间不要太长,说话要简明扼要,有时三言两语说不清楚的,可以询问对方是否有时间,如果有时间可以接着谈,否则另约时间。不要设置招摇、滑稽的手机铃声使人注意;在公共场合不要让手机铃声频频响起,以免造成声音污染。

### (四)注意安全

使用手机要注意安全,不要在驾驶汽车时进行手机通话,以免发生车祸;不要在飞机飞行期间启用手机,以免造成飞机迷航;不要在病房、油库等处使用手机,以免手机发出的信号有碍治疗或引发火灾、爆炸。

### (五)尊重他人隐私

一般情况下,不要借用他人手机,更不能随意翻阅他人手机的电话簿、通话记录和短信等;不经本人允许,不要将别人的手机号码随便告诉他人。

### (六)注意携带方式

在公务交往中,手机应放在随身携带的公文包内或上衣口袋内;在正式场合,不要将其拿在手上、挂在脖子上或别在腰带上;参加会议时,可将手机暂交秘书或会务人员代管;与人交谈时,可将手机暂放于不起眼处,如手边、身旁等,或放在口袋中不必取出。

## 三、网络使用礼仪

所谓网络,就是将多台计算机连接在一起,使各用户之间能通过电子邮件、数据库和其他共享方式得到更多的信息与交流。随着信息技术的不断发展和计算机应用的普及,网络在人们的工作、学习和生活中扮演越来越重要的角色。

网络已经成为人们交往的主要方式之一,办公现代化与网络化使秘书工作和网络密不可分。在使用网络时必须遵守一定的规则,这就是网络使用礼仪。

### (一) 网络基本规范

**1. 公私分明**

政府机关、公司、企业的计算机是办公的工具,所以在因公使用计算机时必须明确使用目的,一定要做到公私分明。不能在工作时间占用公家计算机进行私人活动,如网上购物、网上炒股、收发私人邮件等,也不能在闲暇时间用单位的计算机玩网络游戏、网上聊天、收发私人邮件、进行"网上约会"等与公务无关的事情。

**2. 上网适度**

使用网络是为了提高工作效率,所以,在上网前最好对自己要查找的内容和登录的网站有大致的了解,并要提前做好下载或者打印的准备。要目标明确,能直奔主题,节约时间,以免在网上无目的地临时查找而浪费时间。另外,长时间使用网络,甚至不分昼夜地上网,既妨碍身体健康,又增加网络负担,影响他人的使用。

**3. 确保安全**

网络作为使用广泛、信息传递便捷的交际工具,在使用时必须谨言慎行,严守机密,不可掉以轻心。特别在工作过程中,一定要严守国家机密或商业机密,尽量避免在网上谈及与自己所知机密相关的话题,更不可借网络传播渠道故意泄密;保管好电脑,不能随意将计算机借给他人使用,以免其中的机密泄露;不要随便在网上留下单位电话、个人联系方式等,以免被骚扰;公用账户、私人密码均不能在公共场合使用;使用网络时还要注意防止"黑客"入侵。"黑客"往往凭借其高超的计算机知识和网络操作技术进入重要机构的服务器,或偷窃机密,或擅改程序,造成网络混乱,并借机牟利,进行高科技犯罪,所以,要严防"黑客"的入侵。

**4. 文明交流**

网络具有匿名的性质,无法根据外观、举止对其作出评价,但能通过语言了解一个人的品行、修养、教养,所以网络具有塑造形象的功能。网络道德与现实生活是相同的,遵守法律是对每一个网民最基本的要求。禁止盗用他人的 IP 和密码;禁止中伤、诽谤他人;禁止侵犯他人隐私;禁止妨碍网络系统;禁止网上劝诱等商业行为;禁止宗教、政治方面的劝诱行为;禁止违反公德的行为。

网络世界和现实生活相同,往往鱼龙混杂,经常会出现一些虚假的信息,甚至暴力、色情、反动的内容,所以,一定要保持冷静的头脑,分清是非,既不能轻易相信他人,又不要人云亦云或以讹传讹,更不可发布虚假消息使谬论流传。

### (二) 电子邮件礼仪

电子邮件,即通过计算机网络在用户之间传递各种信息的一种交往、沟通方式,是目前最方便、快捷的通信方式之一。收发电子邮件是网络使用中最重要的一件事。

**1. 撰写与发送**

要使用正确的主题。邮件主题是内容的概括和总结,应简单明了,最好在主题中就能说明邮件的主要内容,如"通知"、"会议"、"展览照片"等,使其一目了然。如果怕麻烦,随便写上两个字或者什么都不写,会被误认为是垃圾邮件而被删除。内容要精简,电子邮件和普通书信的功能一样,是为了交流沟通、通报信息、联系业务,所以,撰写时应遵照普通信件或公文所用的格式和规则,如果有篇幅较长的文字或过大的图片,最好用附件的形式发送;不发垃圾邮件,不无端增加网络的拥挤程度。

2. 接收与回复

要及时接收电子邮件。最好每天一早就打开邮箱查看有无新邮件,以免遗漏或耽误重要邮件的阅读或回复;要及时回复电子邮件,一般应在收件当天予以回复,以确保信息的及时交流和工作的顺利开展。如果涉及较难处理的问题,则可先发一份邮件告知发件人已收到邮件,再择时另发邮件予以具体回复。如果因出差或其他原因而未能及时查阅和回复,应迅速补办,尽快回复,并向对方致歉;回复电子邮件的时候,没有必要引用对方的全文,对原文较长的,只需引用对方邮件的开头一部分,然后加上自己要回复的那部分内容就可以了,否则容易产生混淆,影响信息的接收。

3. 保存与删除

要养成定期整理收件箱的习惯,按照需求,对不同类型、不同内容的电子邮件分别予以保存或删除,以免使邮箱过于拥挤;对需要保存的邮件,应复制成其他形式安全保留,既可复制在硬盘或软盘上,也可打印成稿,与公文归为一类;对那些不重要的、没有实际价值或者已经被复制的邮件,应该及时删除,以节约资源。

(三)查阅资料礼仪

由于工作需要,秘书往往要利用网络查阅一些重要的资料。在上网前,应该对要查找的内容和登录的网站大致了解,并提前记录要下载或打印材料的名称,以节省时间;应熟练掌握、运用网上查阅资料的技巧和方法,从而提高工作效率。对所需要的资料及时下载,不要在网上长时间浏览。

(四)网络聊天礼仪

网络聊天是网络交往、沟通的一种具体形式,也是联络老朋友、结识新朋友、减轻压力、进行现代沟通的有效手段,主要方式有虚拟社区、网络聊天室、网络论坛等。网络聊天应遵守与真实生活中相同的社交场合交谈的一般规则,而且还要有特定的礼仪规范。要尊重他人,使用文明语,不要频繁地更换网名,不要强加对方为好友;进入聊天室,年龄小的应主动向资深前辈打招呼,"后来者"应向"先来者"报到,不要随意打断别人的讨论,聊天时不能三心二意,对于善意的招呼、问候,要及时回应,不可置之不理。不可满口谎话、怪话,不能讽刺挖苦别人,否则网络聊天就失去了意义。

(五)发送传真礼仪

目前,在公务交往中,经常需要将某些重要的文件、资料、图表即刻送达身在异地的交往对象手中。传统的邮寄书信的联络方式已很难满足这一方面的要求。在此背景之下,传真便应运而生。

传真,又叫传真电报。它是利用光电效应,通过安装在普通电话网络上的传真机对外发送或接收外来的文件、书信、资料、图表、照片、真迹等的一种现代化通讯联络方式。现在,传真机早已成为不可或缺的办公设备之一。

利用传真的主要优点是,操作简便,传送迅速,可以将包括一切复杂图案在内的真迹传送出去。它的缺点主要是发送的自动性能较差,需要专人在旁边进行操作,有时它的清晰度难以保证。

在利用传真对外联络时,必须注意以下三个方面的礼仪。

1. 必须合法使用

国家规定,任何单位或个人在使用自备的传真设备时,均须严格按照电信部门的有关要求,认真履行必要的使用手续,否则即为非法之举。安装、使用传真设备前,须经电信部门许可,并办理相关的手续,不准私自安装、使用传真设备。

安装、使用的传真设备,必须配有电信部门正式颁发的批文和进网许可证。如果要安装、使用自国外直接带入的传真设备,必须首先前往国家所指定的部门进行登记和检测,然后才可到电信部门办理使用手续。

使用自备的传真设备期间,按照规定,每个月都必须到电信部门交纳使用费。

2. 必须正确使用

使用传真设备,具体的操作必须力求标准而规范。不然,也会令其效果受到一定程度的影响。

应该把本人或本单位所用的传真机号码正确无误地告诉自己重要的交往对象。一般来说,在商用名片上,传真号码是必不可少的一项重要内容;对于主要交往对象的传真号码,必须认真地记好,为了保证万无一失,在有必要向对方发送传真前,最好先向对方通报一下,既提醒对方,又不至于发错传真;发送传真时,必须按规定操作,并以提高清晰度为要旨。同时要注意其内容简明扼要,以节省费用;单位所使用的传真设备,应当安排专人负责;无人在场而又有必要时,应使之自动处于接收状态;为了不影响工作,单位的传真机尽量不要同办公电话共用同一条线路。

3. 必须依礼仪使用

在使用传真时,必须牢记维护个人和所在单位的形象,必须处处不失礼。在发送传真时,要有问候语与致谢语,特别是发送文件、书信、资料时,更应如此;出差在外,有必要使用公共传真设备,即付费使用电信部门所设立在营业场所内的传真机时,除了要办好手续、防止泄密之外,对于工作人员也应依礼相待;人们在使用传真设备时,最看重的是它的时效性,所以,在收到他人的传真后,应在第一时间即刻采用适当的方式告知对方,以免对方惦记不已;需要办理或转交、转送他人发来的传真时,不可拖延时间,以免耽误对方的要事。

## 案例分析

### 案例

一天,××公司总裁秘书王小姐刚到办公室,电话就响了起来。她像往常一样接听电话,并礼貌地说了一句:"你好,这里是××公司总裁办公室。"

这时,电话那端传来一个陌生男子的声音"你好,你好",之后就再也没有声音了。

王小姐又礼貌地问:"请问,你有什么事情吗?"

听筒里传来那名男子不紧不慢的声音:"小姐,你们公司肯定需要打印纸吧?"

王小姐一愣:"啊,先生,您说什么?"

"我这里有一批打印纸质量很好,价格又低廉,如果贵公司需要的话,我们可以商量商量？"

直到此时，王小姐才知道对方是推销打印纸的业务员，心情有些不悦，不过，她还是礼貌地说："对不起，我们公司暂时不需要。你可以留下电话号码，需要的话我们会联系您，好吗？"

但是对方似乎并不死心："现在哪家公司不用打印纸啊？你们这么大的公司需求量一定很大，只要进我的货，其他一切都好商量。"

无奈之下，王小姐只好说，"对不起，我们公司暂时不需要"，然后就挂断了电话。

一会儿，电话铃再次响起来，王小姐接起电话，还是刚才那个推销员。王小姐觉得此人很无礼，甚至有些胡搅蛮缠。"对不起，刚才碰巧有人来找我，没有及时接听您的电话。我这里来电显号，我们这里需要的话我再打电话找您好吗？"王小姐仍然温和地说。

"哦，那好吧，请你记下我的电话号码，有需要随时找我。"对方说完挂断了电话。

王小姐长长地出了口气……

**分析**

秘书在工作中经常会接到如王小姐接到的这般出乎意料的电话，如推销员，或一位怒气冲冲的同事，或不知所云的人打来的电话……为了保持单位的形象，也为了体现秘书良好的素质，都需要采取最佳的方式，合情合理地解决此类问题。

## 技能训练

**训练项目一：接打电话礼仪训练**

1. 接听电话训练：接听顺序、表情、语调、距离、姿势、时间。
2. 拨打电话训练：拨打顺序、表情、语调、距离、姿势、时间。
3. 代接电话训练：告知对方、做好通话记录、表情、语调、距离、姿势、时间。
4. 两人对话模拟训练：大发建筑公司营销部王经理在外地出差，公司办公室李主任打电话通知：8月21日（周三）上午10:00在公司办公楼二楼会议室召开各部门经理会议，共同商议公司2012年发展计划。请模拟两人的通话过程。

**训练项目二：网络礼仪训练**

大发建筑公司要进行一座商厦落成典礼。请你为大发公司拟写一份邀请函并用邮件发送给好友。

## 相关知识链接

### 接打电话常用礼貌用语

1. 您好！这里是×××公司×××部（室），请问您找谁？
2. 我就是，请问您是哪一位？……请讲。
3. 请问您有什么事？
4. 您放心，我会尽力办好这件事。
5. 不用谢，这是我们应该做的。

6. ×××同志不在,我可以替您转告吗?
7. 对不起,这类业务请您向×××部(室)咨询,他们的号码是……
8. 您打错号码了,我是×××公司×××部……没关系。
9. 再见!
10. 您好!请问您是×××单位吗?
11. 我是×××公司×××部(室)×××,请问怎样称呼您?
12. 请帮我找×××同志。
13. 对不起,我打错电话了。
14. 对不起,这个问题……请留下您的联系电话,我们尽快给您答复,好吗?

# 第三节 馈赠礼仪

馈赠作为交往活动的重要手段之一,受到古今中外的普遍肯定。馈赠,也叫赠送,就是人们为了向他人表达自己的情意,而将某种物品不求报偿、毫无代价地送给对方。馈赠作为一种非语言的重要交往方式,是以物的形式出现的,以物表情,礼载于物,起到寄情表意的作用。

## 一、馈赠者的礼仪

馈赠要遵守5W1H的原则,即送给谁(Who)、为什么送(Why)、送什么(What)、何时送(When)、在什么场合送(Where)、如何送(How)等,不仅要通晓赠送规则,还要对受赠者一清二楚。

### (一)馈赠的目的

1. 以交际为目的的馈赠

以交际为目的的馈赠是一种为达到交际目的而进行的馈赠,其目的和交际目的应该一致,选送的礼品应该能够反映送礼者的寓意和思想感情的倾向,并使寓意和思想倾向与送礼者的形象有机地结合起来。

2. 以巩固和维系人际关系为目的的馈赠

以巩固和维系人际关系为目的的馈赠就是人们所说的"人情礼"。人与生俱来的社会性要求人们重视各类关系和感情,以"来而不往非礼也"的礼尚往来为行为标准,这类馈赠在礼品的种类、价值的大小、档次的高低、包装的精美与否、蕴含的情意等方面都呈现出多样性和复杂性,在民间交往中尤其具有特殊作用。

3. 以酬谢为目的的馈赠

以酬谢为目的的馈赠是为答谢他人的帮助而进行的馈赠,所以在礼品的选择上非常强调其物质价值。馈赠礼品的贵贱应取决于他人的帮助是物质的还是精神的,物质的是有形的、可估量的,精神的是无形的、难以估量的;馈赠礼品的贵贱还取决于帮助的目的是慷慨无私的还是另有所图的,真正无私的帮助才是值得真心酬谢的;最后,还取决于帮助的时机,一般情况下,危难之中见真情,所以,得到帮助的时机是日后酬谢他人的最重要的衡量标准。

4. 以公关为目的的馈赠

以公关为目的的馈赠是一种为达到某种目的而用礼品的形式进行的活动,它表面上看不求回报,其实其索取的回报往往更深地隐藏在其后的交易中,或是金钱,或是权势,或是其他的功利,多发生在对经济、政治利益以及其他利益的追逐活动中。

(二) 馈赠的基本原则

1. 轻重得当

馈赠礼物既要注意以轻礼寓重情,又要入乡随俗地根据馈赠目的和自己的经济实力选择不同的礼物。除有特殊目的的馈赠,其他馈赠礼物的贵贱厚薄都应以对方能愉快接受为原则。

2. 选择时机

"雨中送伞"、"雪中送炭"都说明了馈赠礼物的时效性。一般来说,时间贵在及时,通常是在需要向对方表达自己的友情时,或是在需要对对方曾给予的恩惠选择回报时进行馈赠,主要有以下几种时机:(1) 节假日,我国传统节日如春节、端午节、中秋节等,法定节日如元旦、五一劳动节、六一儿童节、教师节、国庆节等;(2) 喜庆婚嫁日,如乔迁新居、生日、庆祝寿诞、结婚、生孩子等;(3) 其他喜庆之日,如开业典礼、周年纪念、校庆、重大科技成果投产、毕业典礼等;(4) 探视病人时;(5) 亲友远行时;(6) 拜访、做客时。

3. 效用性

一般来说,物质生活水平的高低,决定人们对礼品的不同要求。在物质生活较为贫困时,人们多选择实用性的馈赠品,如食品、水果、衣料、现金等;在生活水平较高时,人们则倾向于选择艺术欣赏价值较高、趣味性较强和具有思想性、纪念性的物品作为馈赠品。

(三) 馈赠品的选择

1. 馈赠品应具有的特点

(1) 适合性

馈赠品要投其所好,适合对方的某种需求,或者有助于对方的工作、学习、生活,或者可以满足对方的兴趣、爱好。

(2) 纪念性

在大多数情况下,馈赠品要有纪念意义,没有人希望自己所送的礼品很快被人忘掉,所以,尽量选择有纪念性的馈赠品。

(3) 独创性

馈赠品应该精心构思、独具匠心、富于创意,力求避免千人一面,突出新、奇、特,即馈赠品的独创性。

(4) 时尚性

馈赠品的时尚性在此指的是送人的礼品一定要注意符合时尚,不可过时或落伍。馈赠品不一定很前卫,但一定不要脱离时尚,否则会有对受赠者轻视或应付之嫌。

归纳起来,对不同的人馈赠品应有所区别。对贫困者,以实惠为佳;对富裕者,以精巧为佳;对爱人,以纪念性为佳;对朋友,以趣味性为佳;对老人,以实用性为佳;对孩子,以启智、新颖性为佳;对外宾,以特色为佳。

**2. 馈赠品的禁忌**

下列馈赠品是受赠者难以接受的：违法的物品；违规的物品；败俗的物品，即与受赠方所在地的风俗习惯相矛盾、相抵触的物品，例如，给老人不能送"钟"，给夫妻或恋人不能送"梨"或"伞"等；犯忌的物品，例如，给糖尿病患者不能送含糖高的食品；有害的物品；废弃的物品；广告类物品等。

对外宾馈赠的"五不送"：不送触及外宾习俗的礼品，不送过于昂贵的礼品，不送过于廉价的礼品，不送印有广告的礼品，不送使异性产生误会的礼品。

**（四）馈赠的礼仪**

1. 精美的包装

精美的包装不仅使礼品的外观更具有艺术性和高雅的情调，而且显示出馈赠者的文化和艺术品位，还可以使馈赠品产生和保持一种神秘感，既有利于交往，又能引起受赠者的关注和兴趣，并感到自己受重视。

2. 馈赠得体

馈赠者一般应站着用双手把馈赠品递送到受赠者手中，并辅以以下得体的说明。

（1）馈赠原因

说出馈赠原因。例如，送生日礼物说"祝你生日快乐"，送结婚礼物说"祝两位百年好合"，等等。

（2）得体的态度

馈赠时切勿自我贬低，诸如"顺路买的"、"没有准备，临时买的"等强调礼品微薄的话语不可使用，应以"区区薄礼，不成敬意，请笑纳"、"这是我特意为你准备的"等寒暄语表达馈赠的心愿。

（3）馈赠品的寓意

介绍馈赠品的寓意时，多讲几句吉祥话是必不可少的。

（4）馈赠品的用途

馈赠品如果较为新颖或罕见，应向受赠者说明其具体特点、用途、用法。

## 二、受赠者的礼仪

受赠者在接受礼品时，不可对他人的馈赠品漠然无视，也不宜在接受礼品时行为失当。

**（一）受赠或拒收**

1. 欣然笑纳

一般情况下，对他人所诚心赠送的物品，推却是不恭之举。在接受他人礼物时要起身站立，双手接过，并表示感谢，要从容大方，恭敬有礼。如果条件允许，可以把礼品当面打开，动作要文雅，并要采用适当的动作和语言对礼品表示欣赏，然后将礼品放置在适当之处，向赠送者再次道谢。切不可再三声明获赠之物不适合自己，或对其吹毛求疵。

2. 拒收有方

由于种种原因不能接受他人所赠的礼品，要讲究方式、方法。可婉言相告，用礼貌的语言向赠送者暗示自己难以接受对方的好意。例如，对方向自己赠送时可告知对方，自己已有这种物品了，也可以直截了当而又所言不虚地向赠送者说明不能接受的原因，在公务交往中拒绝馈赠品时,这种方法尤其合适;拒绝他人的馈赠品,如果在大庭广众之下进行,会使赠者异常尴尬,非常失面子,所以,最好采用事后退还的方法,即当面接受礼品,但不拆启包装,事后,尽快单独将其物退还原主,最好在24小时之内退还,切勿将退还之物私下拆封,尤其不要试用过之后再去退还。

(二) 依礼还礼

古人云"来而不往,非礼也"。在交往中,要做到礼尚往来,互赠礼品。在接受他人礼品后,要在适当的时候,以适当的方式,向对方回赠礼品,即还礼。

1. 还礼的时间

还礼的时间非常重要,如果还礼太早,就像在"等价交换";拖延太久,又像没有还礼的打算。应选择以下时间:适逢与对方馈赠自己相同的机会还礼;在对方及其家人的某一喜庆活动中还礼;此后登门之时还礼。另外,还礼次数不必多,否则会使其成为一种负担。

2. 还礼的形式

可用对方相赠之物的同类物品作为所还礼品,但要注意在具体品种上,所还礼品不要与所赠礼品完全相同;可用与对方相赠之物价格大体类似的物品作为所还礼品,一般来说,所还礼品与所赠礼品的价格相仿即可,不必有过之而无不及。即使所还礼品在价格上较所赠礼品差一些,也未必不可;可用某种意在向对方表示尊重的方式来代替还礼。例如,受礼后,口头或书面向对方致谢,或是再见到对方的时候,可以使用对方所赠的礼品,表示不忘,等等。

### 三、商务馈赠

日本有一个流传很广的商务馈赠故事。一个部门主管在餐厅和客户谈项目时,邻桌专门安排了一个本公司的职员,这位职员不是来吃饭的,而是来记录上司和客户的谈话的。当上司旁敲侧击地让对方把自己以及家人的喜好和盘托出时,这位职员立刻出去安排礼物。当双方的会谈愉快结束时,这位职员或公司其他人会不失时机地把选好的礼物送上来。客户笑逐颜开,自己和家人喜爱的礼物成了合作成功的契机。所以,在商务活动中,巧妙地馈赠极为重要。

商务馈赠现在已经成了一种艺术和技巧。馈赠时间、地点、选择馈赠品、送馈赠品的场合、送馈赠品的人物选择等,都是商务馈赠需要考虑的细节。很多大公司都有专门的储存记录,对一些有关系的主要公司中的主要人物之身份、地位、家庭、喜好、生日等都有记录,逢年过节、婚庆嫁娶,或是什么合适的日子,总有例行或专门的馈赠,以巩固和发展自己公司的关系网,确立和巩固自己的商业地位。商务馈赠要注意以下几点:

(1) 商务活动中馈赠品一般不宜太贵重,但包装一定要非常讲究,因为在商务活动中,这样能够凸显品位和面子。馈赠品一般要选择纪念性的礼品。

(2) 馈赠礼品给外国人,要先了解对方的文化,避免送有禁忌的礼品,可以选择一些有中国特色的礼物。

(3) 公司的纪念印章,对于项目合作方来说是一份很好的纪念礼物。

# 案例分析

**案例**

## 献上一束玫瑰花

乔伊·吉拉德被《吉尼斯世界纪录大全》誉为"全世界最伟大的销售商",创造了12年推销1.3万辆汽车的最高纪录。

他始终认为人品重于商品,一个成功的推销商,首先要有一颗爱人的心。

有一天,一位中年妇女从对面的福特汽车销售商场走进了吉拉德的汽车展销室。她说自己很想买一辆白色的福特车,就像她表姐开的那辆一样。可是在福特车行,推销商让她过一个小时再去,于是先到这儿来瞧一瞧。

"夫人,欢迎您来看我的车。"吉拉德微笑着说。

妇女兴奋地告诉他:"今天是我55岁的生日,想买一辆白色的福特车送给自己作为生日礼物。"

"夫人,祝您生日快乐!"吉拉德热情地祝贺道。随后,他轻声地向身边的助手交代了几句。

吉拉德领着那位中年妇女从一辆辆新车面前慢慢走过,边看边介绍。在来到一辆雪佛莱车前时,他说:"夫人,您对白车情有独钟,瞧这辆双门式轿车,也是白色的。"

就在这时,助手走了进来,把一束玫瑰花交给了吉拉德。吉拉德把这束漂亮的花送给夫人,再次对她的生日表示祝贺。夫人感动得热泪盈眶,非常激动地说:"先生,太感谢您了,已经很久没有人给我送生日礼物了,刚才那位福特车的推销商看到我开着一辆旧车,一定以为我买不起新车,所以在我提出要看一看车时,他就推辞说要出去收一笔钱,我只好上您这儿来等他。现在想一想,也不一定非要买福特车不可。"这位妇女就在吉拉德那儿买下了那辆白色的雪佛莱轿车。

**分析**

乔伊·吉拉德作为"全世界最伟大的销售商",并非仅仅在于他精湛的推销能力,在这件事情上,更重要的是他把单纯的商业推销行为用馈赠的方式人情化,从而获得成功,馈赠是人际交往的重要手段。

# 技能训练

**技能训练项目一:综合训练**

1. 单位的同事(异性,未婚)过生日,他(她)请你参加生日派对,请结合本节内容,详细列出注意事项。

2. 如果去你的同事(或者上司)家中作一次礼节性的拜访,请就礼品、到达时间、停留过程、话题等做一次书面策划。

**技能训练项目二:商务馈赠训练**

美国人约翰要调回美国总部了,在他离职前,公司按照惯例要为他举行一个party。公关部经理美森在工作时是他的伙伴,他打算在这个party上给约翰送上一份得体的礼物。这时,老板也给他下达了一个命令,让他代表整个公司为约翰挑选一件礼物。美森想把约翰的女友邀请为特约嘉宾,因为当年约翰被派往中国时,其女友放弃了在美国的工作随之前来,开始学习汉语重新找工作。现在,约翰要回国了,她又随他而去。

请你为美森设计一个欢送 party,并为美森选择代表公司和美森个人的两种礼品赠送给约翰。

## 相关知识链接

### 不同情况如何赠花

1. 新春佳节,可赠送大丽花、牡丹花、水仙花、桃花、吉庆果、金橘、状元红、吉祥果等表示吉祥。
2. 祝贺开业,可赠红月季、牡丹、一品红等,表示开业大吉,生意兴隆。
3. 看望父母,可赠剑兰、康乃馨、百合花、菊花、满天星插成花束或花篮,祝父母身体健康,百年好合,幸福美满。
4. 探望病人,可赠素净淡雅的马蹄莲、素色苍兰、剑兰、康乃馨表示问候,并祝愿早日康复。
5. 送别朋友,赠一束芍药花,表示依依惜别之情。
6. 迎接亲友,可赠紫藤、月季、马蹄莲组成花束表示热情好客。
7. 夫妻之间,可互赠合欢花,合欢花的叶子两两相对合抱,是夫妻好合的象征。
8. 热恋的情人,可互赠玫瑰花、蔷薇花或桂花,这些花以其美丽、雅洁芬芳而成为爱情的信物和象征。
9. 祝贺新婚,可赠花色艳丽、花香浓郁的鲜花,如百合、玫瑰、牡丹、月季等,表示富贵吉祥,幸福美满。
10. 祝长辈华诞,可赠送长寿花、大丽花、迎春花、兰花等,寓意"福如东海,寿比南山"。
11. 祝同辈生日,可赠石榴花、象牙花、红月季等,含有青春常驻、前程似锦的祝愿。
12. 送工商界朋友,可赠杜鹃花、大丽花、常春藤等,祝福其前程似锦,事业成功。
13. 送离退休同志,可赠兰花、梅花、红枫、君子兰,敬祝正气长存,保持君子的风度与胸怀。

### 中外送礼大观

与中国人不同,西方人送礼有独特之处,例如,西方人在送礼、收礼时,很少有谦卑之辞。中国人在送礼时习惯说"礼不好,请笑纳",但西方人认为这有遭贬之感;中国人习惯在受礼时说"受之有愧"等自谦语,而西方人认为这是无礼的行为,会使送礼者不愉快甚至难堪。所以,当接受宾朋的礼品时,绝大多数国家的人通常是用双手接过礼品,并向对方致谢。

送礼花费不必太大,礼品不必太贵重。太贵重的礼品送人不妥当,易引起"重礼之下，必有所求"的猜测。一般可送点纪念品、鲜花或给对方儿童买件称心的小玩具。

外国人送礼十分讲究包装精美。

送礼一定要公开大方。把礼品不声不响地丢在某个角落然后离开是不恰当的。

西方人大都喜欢在收到礼品后立即打开，并说出感谢的话，以示对送礼人的尊重，不用介意其是否喜欢。

拒绝收礼一般是不允许的。若因故拒绝，态度应该委婉而坚决。

给美国人送礼。可"以玩代礼"，邀请对方共度良宵就算送礼。当然也可送葡萄酒或烈性酒，高雅的名牌礼物他们很喜欢，尤其要尽量送一些具有浓郁乡土气息或别致精巧的工艺品，以满足美国人的猎奇心。送礼可在应酬前或结束时，不要在应酬中将礼物拿出来，送礼一般在晚上。有两种场合可通过送礼来自然地表达祝贺和友情，一是每年的圣诞节期间，二是抵达和离开美国的时候。如果是工作关系可送些办公用品，也可送一些具有民族特色的精美工艺品。在美国，请客人吃顿饭，喝杯酒，或到别墅去共度周末，被视为普遍的"送礼"形式，只要对此表示感谢即可，不必再作其他报答。去美国人家中做客一般不必备厚礼，带些小礼品如鲜花、美酒或工艺品即可，如果空手赴宴，则表示将回请。

给英国人送礼。给英国人送礼要轻，可送些鲜花、小工艺品、巧克力或名酒，但他们对饰有客人所属公司标记的礼品不太欣赏。送礼在欧洲不太盛行，即使是重大节日和喜庆场合，送礼也仅限于家人或亲密朋友之间。来访者不必为送礼而劳神，主人绝不会因为对方未送礼或礼太轻而产生不快。

给德国人送礼。德国人喜欢价格适当、典雅别致的礼物，包装一定要尽善尽美。

给法国人送礼。法国人最讨厌初次见面就送礼，一般可在第二次见面时才送礼，礼品通常是几支不加捆扎的鲜花。

给日本人送礼。送礼是日本人的一大喜好，他们比较注重牌子，喜欢名牌礼品并重视礼品的包装，但不一定是贵重礼品。送礼通常送对其本人用途不大的物品为宜。送礼者不要在礼物上刻字作画以留念，因受赠者还要将此礼品继续送出去。日本人将送礼看作向对方表示心意的物质体现。礼品不在贵重，赠送得当便会给对方留下深刻印象。送给日本人礼品要注意选择，中国的文房四宝、名人字画、工艺品等最受欢迎，但字画的尺寸不宜过大。所送礼品的包装不能草率，哪怕是一盒茶叶也应精心打理。中国人送礼成双，日本人则避偶就奇，通常用1、3、5、7等奇数，但又忌讳奇数中的"9"，因为在日语中"9"的读音与"苦"相同。按日本习俗，向个人送礼须在私下进行，不宜当众送出。

给韩国人送礼。韩国人喜欢本地出产的东西，故在送礼时只需备一份本国、本民族、本地区的特产就好。

给阿拉伯人送礼。阿拉伯人喜欢赠贵重礼品，也喜欢得到贵重礼品，喜欢名牌和多姿多彩的礼品，不喜欢纯实用性的东西。初次见面不能送礼给他们，不能送旧物品或酒。在阿拉伯国家中国的工艺品很受欢迎，造型生动的木雕或石雕动物，古色古香的瓷瓶、织锦或香木扇，绘有山水花鸟的中国画或唐三彩，都是馈赠的佳品。向阿拉伯人送礼要尊重其民族和宗教习俗，不要送古代仕女图，因为阿拉伯人不愿让女子的形象在客厅高悬;不要送酒,因为多数阿拉伯国家明令禁酒;向女士送礼,一定要通过她们的丈夫或父亲,送饰品给女士更是大忌。

给新西兰人送礼。受基督教、天主教的影响,新西兰人讨厌13与星期五。要是某一天既是13日又是星期五,那么新西兰人不论干什么都会提心吊胆。对于在这一天外出赴宴、跳舞、观剧之类的邀请,他们能推就推。因此不要在这些日子送礼。

朝鲜人喜欢送花,斯里兰卡人喜欢赠茶,澳大利亚、新加坡人喜欢赠美酒。外国人一般喜欢中国的景泰蓝、刺绣品等。

(选自羽西的《听礼仪专家讲故事》)

# 第七章　秘书文书礼仪实务

随着人类社会变成"地球村",国与国、人与人之间的交往变得更加频繁、密切,在全球化经济贸易的狂潮中,人们不可避免地需要运用各种文书进行沟通、协商,构建友好关系,协调处理各种矛盾。在这种交往过程中,文书礼仪则成了不同国家、不同地域、不同主体之间交流、融合的载体,所以,文书礼仪越来越受到重视和关注。文书礼仪不仅能展现一个团体的形象,还能反映一个秘书从业者的个人职业素养,这就要求秘书在文书写作过程中要遵循文书惯例,做到不卑不亢,落落大方,礼在文中,以礼示人。

## 第一节　秘书文书礼仪的基本要求

### 一、文书礼仪的概念

文书礼仪是指在文书书写过程中,文字的表达、语气的运用、文体的格式要体现礼仪原则,符合相应的礼仪规范。

### 二、文书礼仪的特点

文书礼仪的正确运用不仅能展现个人的修养与水平,而且能在某种意义上展示单位的良好形象。因此,掌握文书礼仪的特点对于恰到好处地运用文书礼仪显得尤其重要。一般而言,文书礼仪的特点主要包括以下三个方面。

#### (一) 礼节性

俗语说"礼多人不怪",这里的礼就是指礼貌、礼节。在日常的人与人交往中,我们都会要求自己讲礼貌、注重礼节,而在文书写作中这一点同样不能忽视。书信中礼貌的称呼、委婉的语气、坦率的语言、温馨的祝福都属于基本的礼节,这些礼节的展示与表达会有助于发挥文书传递信息、沟通感情、洽谈工作的基本功能,实现既定目标与愿望。

#### (二) 规范性

文书作为一种应用文体,语言选择要准确恰当,行文遵守既定格式和约定俗成的习惯。文字表述的错误可能带来不必要的麻烦,轻则不欢而散,重则造成不可估量的损失,所以,文书写作要讲求文字表述恰当准确。若文书的基本行文格式不规范就草率成文,不仅会贻笑大方,而且会让效果大打折扣。

### （三）针对性

文书承担表情达意、沟通交流的具体任务，通常带有很强的目的性。不同的文书有不同的表达功能和社会功能，在实际应用中必须根据具体的情况选择合适的文书种类。同时，在具体的文书写作中根据不同的情况和对象，要把文书写得恰到好处。有时候要多写实质性内容，有时候要以情感人，有时候要委婉含蓄，有时候则需坦诚以待，这样才能使文书具有很强的针对性。不能把文书写成"官样文章"，以致成了"有形式，无内容"的垃圾文书。

## 三、文书礼仪的基本要求

文书写作能力是优秀文秘人员的核心能力之一，一个好的文书写作人员应具有良好的文书礼仪修养。文书礼仪涉及各行业的礼仪规范，掌握文书礼仪是公务交往中必不可少的关键环节。因为它不仅体现个人的文化修养，而且展现企业、单位的良好风范。要掌握文书礼仪的基本要求和规范，需要注意以下几个方面。

### （一）文化修养

文书写作需要一定的写作方法和技巧，但又不完全如此，文书写作能力的逐步提高"既在文章之内，又在文章之外"。文章之内指扎实的文字功底和写作知识，文章之外指开阔的文化视野、合理的知识体系、深厚的人文知识。需内外兼修，为秘书的文书写作提供必要的文化支撑。因此，一篇合格的应用文书蕴含着作者深厚的文化修养。

### （二）谦虚、恭敬

古人的书信有"自谦而敬人"的美德，人际交往日益密切的今天，这种美德依然需要发扬。要注意以下几点：一是文书写作中的称呼应该使用全称。例如，电文中的国名，通常要用全称，如果有国际通用的正式简称，可使用这样的简称，不能使用简称的不要擅自简称。文书中的单位名称，第一次亦应使用全称，对方的职衔、姓名也要用全称。二是称谓要表现出尊重。在称谓前要加敬称，以示对别人的尊重。称谓要得体，不能为了套近乎而使用一些过于亲昵的称呼。三是公私称谓不可混淆，根据文书的性质和内容选择合适的称谓。如果是公务信件，称职务为佳。四是就近称谓，如果该人身兼多职，既是某公司的董事会主席，又是政协常委，向该人写信时则应根据写信人身份对其进行称呼。

### （三）恰当准确

在工作过程中单位与单位、个人与个人、个人与单位都有可能使用一定的文书往来方式，如邀请函、传真等，在撰写时应当力求准确、适当地表达出礼仪方面的素养，凡涉及具体时间、地点、人物、事件要尽量准确翔实，文书中转引的有关资料，一定要仔细核对，做到准确无误，以便使文书达到更好的效果。

### （四）文从句顺

文书最基本、最重要的功能就是传递信息，信息能否准确地传递则取决于行文能否做到文从句顺。从表面来看，文从句顺是文秘人员基本素养的体现，从深层次来看，文从句顺关系公司的形象，体现对收信人的尊重。试想，当对方收到一个病句百出的信函，怎么可能放心地与你所在的公司合作。

### (五) 用语得体

文书交往过程实际是一个双向交流沟通的过程,在这个过程中尊重对方是十分重要的,字里行间不能有轻视、冷嘲热讽的语言,那样的语言会引起对方的反感、进而影响合作,但尊重也要注意把握分寸,不能有阿谀奉承的言语,它不仅会让对方不舒服,怀疑你的诚意,还会影响本单位的形象。因此,用语一定要做到不卑不亢,得体合理,合乎礼仪规范。例如,请柬的用语要恳切、谦虚、热情,不能用命令的语气;祝辞的用语要庄重、热烈、恰如其分。讣告既要严肃、郑重又要简洁、明确。

### (六) 文体规范

各种文书在长期的使用中形成了一套约定俗成的格式,不同的文体有其固定的格式,把各种文体混淆或张冠李戴则会让人哑然失笑。例如,请柬和邀请函虽然都是邀请对方出席会议或庆典,但行文格式的区别还是很大的;通知和公告虽然都要告知大众信息,但通知往往带有一定的要求和规定,公告更多的是告知信息;请示和报告都是送给上级领导或单位的,请示要求给出回复和批示,而报告只是向上级反馈情况,不需要批示。

文书礼仪更多的是一种礼仪规范,所折射的却是中华民族几千年来恭敬和谦虚的传统美德。因此,在各类文书的写作中应充分体现出礼仪文化修养。

## 案例分析

**案例一**

### 法拉第与一封求职信

法拉第是英国物理学家、化学家,是著名的自学成才的科学家。青年时期,出于对科学的向往,法拉第鼓起勇气给皇家学会会长约瑟夫·班克斯爵士写了一封求职信,表示愿意到皇家学会工作,不管干什么都行,只要能为科学服务,他就满足了。然而,他只得到了班克斯爵士的一个仆人的一句话:"不予回复!"然而,法拉第绝不屈从于命运,他顽强地与之搏斗。法拉第又给戴维教授写了一封信,恳切地表达了自己的愿望和追求,他把信和自己整理、装订的戴维讲演录一起送到了皇家学会。

戴维教授觉得很奇怪,自己从来没有出版过什么讲演录,哪来这么一本讲演录?难道是欧洲大陆上的国家抢在英国前面出版了他的讲演录?看完信,原来是一个叫法拉第的小伙子编的,他的信就像这本书一样,清晰明了。戴维教授被感动了,从法拉第身上,戴维看到了自己的前尘往事——敢于向命运挑战,勇于追求理想,以及青春、奋斗、憧憬……

看,这本装订好的讲演录,它的记录、整理、抄写、装订,做得多么漂亮!那是有条不紊、严密细致的工作作风的产物。戴维教授十分懂得,这样的习惯和作风在科学研究中有多么大的价值。

从此,法拉第进入了科学的殿堂。

(资料来源:个人图书馆 www.360doc.com)

**分析**

法拉第的求职信与其他人的求职信相比可谓别出心裁,与众不同,他之所以能打动当时赫赫有名的戴维教授,并不只是这封信,而是求职信以及附带内容所表达出的真诚、尊重与用心。真诚是我们对别人的期待与愿望,也是我们取得别人信任的不二法宝。作为一种文书礼仪来讲,文书中蕴含的尊重与真诚则是一个基本的要求。

**案例二**

**三八国际妇女节慰问信**

亲爱的姐妹们:

春意融融,百草吐绿,在全国两会召开的阵阵喜讯声中,伴随着春天的脚步,我们迎来了第101个全世界妇女姐妹的节日——三八国际妇女节。在此,青海省地税系统工会、女工委谨向辛勤工作、默默奉献在六州一地一市的地税女干部职工致以节日的祝贺和亲切的问候!祝愿姐妹们有幸福的人生、美满的家庭、自信的心情、美好的日子!并通过你们向你们的家人表示衷心的感谢!

冰心老人曾经说过,世界上若没有女人,这世界至少要失去十分之五的"真",十分之六的"善",十分之七的"美"。因此,伴随着青海省地税的跨越式发展,我们也看到了青海省地税系统全体女干部职工最亮丽的风采。你们不断地加强学习、完善自我、进步成长,在高原雪域、在戈壁荒漠、在地税事业的各个岗位上发挥着重要作用,不怕吃苦,排除万难,甚至忍受着和家人长期分离的痛苦,默默地奉献着,许多同志已成为推动青海省地税事业发展的中流砥柱。你们思路开阔,扎实肯干,既熟悉各项税收业务,又富有实践经验;你们既有吃苦耐劳的意志,又有开拓创新的精神,在工作中充满自信,积极进取,敢于挑战,乐于奉献,担起了"半边天"的重任,不但用自己的聪明才智和强烈的责任心,为青海省地税的和谐发展及不断跨越的税收收入辛勤地耕耘着,而且以巾帼不让须眉之势,充分展示了青海省地税系统女干部职工自尊、自立、自信、自强的巾帼风采。

2011是中共建党90周年,也是国家"十二五"规划的开局之年,90年风雨历程,90载辉煌成就,特别是青海省地税17年的发展成果和"十二五"规划更让青海省地税人豪情满怀,同时也为青海省地税的发展提供了难得的机遇。希望全体女干部职工团结一心,扎实工作,开拓进取,创先争优,以"四个发展"为主线,全面落实2011年全省地税工作会议精神,为完成2011年工作目标尽一份心,献一份力。

细细体味事业和生活的积淀和意蕴,这是职业女性在尘嚣中的一份独然,机遇让我们获得发展,挑战使我们走向成熟。让我们做快乐的女人、智慧的女人,在知性和感性的天平上,都能收放自如,脚步轻盈,在事业和家庭的舞台上舞动春天。

青海省总工会

2011年3月7日

(资料来源 www.5ykj.com)

**分析**

结合上述案例我们可以看出,慰问信通常有标题、抬头(称谓)、正文、结尾、落款五部分构成:

1. 慰问信的标题通常由以下三种方式构成:单独由文种名称组成,如《慰问信》;由被慰问对象和文种名共同组成,如《给抗震救灾一线官兵的慰问信》;由慰问双方和文种名共同组成,如《××大学致全体教职员工的一封慰问信》。

2. 抬头(称呼)：慰问信的开头要顶格写上被慰问者的名称或姓名称呼。如果是写给单位的，则是单位的全称加冒号，如"开封市人民政府："；如果是写给个人的，应在姓名之后加上"女士"、"先生"等字样，再加冒号，如"胡适先生："。

3. 正文要另起一行，空两格写慰问的内容。慰问的正文一般由发文目的、慰问缘由或慰问事项等部分构成。

4. 结尾表示共同的愿望和决心。例如，"让我们团结起来，为重建家园而并肩战斗"，又如"我们坚信，在市委、市政府的正确领导下，我们一定能破除万难，实现既定目标……"等等。接着写祝愿的话，如"祝百尺竿头，更进一步"、"祝新年快乐"、"节日快乐"，等等，但"祝"字后面的话应另起一行，空两格写，不得连写在上文末尾。

5. 慰问信的落款要署上发文单位或发文个人的名字，并在署名右下方写上成文日期。

## 技能训练

**训练项目：撰写两篇应用文书**

1. 当前就业形势严峻，好的求职信会大大增加求职成功率，要求同学们写一封应聘涉外秘书的求职信，抽出部分进行点评。

2. 教师节即将来临，号召同学们向辛勤教育、培养自己的全体教师写一封致老师的感谢信。

## 相关知识链接

### 个人礼仪五大基本要素

个人礼仪是我们自尊、尊人之本，更是我们立足、立业之源。倡导个人礼仪，旨在提高个人礼仪素养。强化公民的文明观念，树立良好的礼仪风范和出众的形象风采。学习个人礼仪，要记住个人礼仪的五大基本要素：

第一，以个人为支点。个人礼仪是对社会成员个人自身行动的种种规定，而不是对任何社会组织或其他群体的行为限定。但由于每个群体都是由一定数量的个体所组成的，每一个社会组织也都是由一定数量的组织成员所构成的。因此，个人行为的良好与否将直接影响群体、社会组织乃至整个社会的生存与发展。从此种意义上来看，我们强调个人礼仪，规范个人行为，不仅是为了提高个人自身的内在涵养，而且是为了促进社会有序、文明地发展。

第二，以修养为基础。个人礼仪不是简单的个人行为表现，而是个人的公共道德修养在社会活动中的体现，它反映的是一个人内在的品格与文化修养。若缺乏内在的修养，个人礼仪对个人行为的具体规定也就不可能被自觉遵守、自愿执行。只有"诚于中"方能"行于外"，因此个人礼仪必须以个人修养为基础。

第三，以尊重他人为原则。在社会活动中，讲究个人礼仪，自觉按个人礼仪的诸项规定行事，必须奉行尊重他人的原则。"敬人者，人恒敬之"，只有尊敬别人，才能赢得别人的尊敬。在社会主义条件下,个人礼仪不仅体现人与人之间的相互尊重和友好合作的新型关系,而且可以避免或缓解某些不必要的个体或群体的冲突。

第四,以完美为目标。遵循个人礼仪,尊重他人的原则,按照个人礼仪的文明礼貌标准行动,是为了更好地塑造个人的自身形象,更充分地展现个人的精神风貌。个人礼仪教人们识别美丑,帮助人们明辨是非,引导人们走向文明,它能使个人形象日臻完美,使人们的生活日趋完美。因此,我们说,个人礼仪是以完美为目标的。

第五,以长远为方针。个人礼仪的确会给人们以完美,给社会以文明,但所有这一切,都不可能立竿见影,也不是一日之功所能达到的,必须经过个人长期不懈的努力和社会持续不断的发展,因此,对个人礼仪规范的掌握切不可急于求成,更不能有急功近利的思想。

# 第二节　信函类文书礼仪

文书礼仪是现代礼仪十分重要的一个组成部分,在各种社交活动、工作交往中频繁使用。要想在人际交往、工作中展现自己的实力,体现秘书人员应有的素质和修养,成为胜任工作、懂礼仪、善于交际沟通的专业人才,掌握各种文书礼仪的写作是必要的。

## 一、邀请类:邀请函、请柬等

### (一) 邀请函、请柬的含义

邀请函也叫邀请书或邀请信,是邀请知名人士、专家、合作机构的相关人士等参加某项活动时所发的邀请性书信。它是现实生活中常用的一种应用写作文体,在国际交往以及日常的各种社交活动中,这类书信使用非常频繁。

请柬也叫请帖,是用于邀请相关人士在预订的时间、地点参加庆典、宴会、纪念会、展览会等活动时常用的请邀性的人际交流形式。

### (二) 邀请函、请柬的格式

邀请函一般由标题、称谓、正文、落款四个部分构成,如果是商务邀请函、大型庆典邀请函还会附上邀请函回执,以便邀请方根据回复情况做出妥善安排。

(1) 标题。标题一般由礼仪活动名称和文种名组成,也可直接在第一行正中写上"邀请函"三字,还可包括个性化的活动主题标语。

(2) 称谓。顶格写受邀方单位名称或个人姓名,写给个人的,人名前要加敬称,人名后要加先生或小姐,有职务的可直接写职务,后加冒号。如"尊敬的××先生/小姐:"、"尊敬的××局长:"。

(3) 正文。一般在称谓下方另起一行,空两格写邀请函的内容,一般要正式告知被邀请方举办礼仪活动的缘由、目的、事项及要求,写明礼仪活动的日程安排、时间、地点,并对被邀请方发出得体、诚挚的邀请。正文结尾一般要写常用的客套语。如"恭候您的光临"、"期待您的回复"等。

(4) 落款。另起一行,在正文的右下角,落款要写清楚主办单位的全称和成文日期并盖章。如果以个人名义邀请,最好是亲笔签名,以示对受邀方的尊重。

请柬主要指新式请柬,抬头顶格写被邀请者(单位或个人);另起一行空两格写明活动内容及时间、地点;正文之后是落款(邀请人和发出日期);行文横写、竖写均可。主要由称谓、正文、邀请人姓名、成文日期等要素组成。

### (三)邀请函、请柬的写作要求

写邀请函、请柬,要感情真挚、诚意十足;语气要恭敬谦和;时间、地点准确,文字简洁、行文规范;在两个姓名之间应该写上"暨"或"和",不用顿号或逗号。

### (四)邀请函、请柬的异同

相同点:二者措辞讲究、外观制作精美,受邀时间、地点都是不可缺少的要素。

不同点:邀请函是一种比较复杂的邀请文书,其内容相对详细、丰富。学术研讨会、纪念会,邀请的事项比较复杂或者需要说明的事项较多时多用邀请函。隆重的礼仪场合、单一事项多用请柬。

**示例一**

第七届中国—东盟博览会邀请函

尊敬的×××女士/先生:

我们诚挚地邀请您参加2010年10月20~24日在中国广西南宁举办的第七届中国—东盟博览会,分享中国—东盟自由贸易区的无限商机。

中国—东盟博览会是由中国和东盟10国政府经贸主管部门及东盟秘书处共同主办的国家级、国际性经贸交流盛会,每年定期在中国广西南宁举办。

自2004年始,中国—东盟博览会已成功举办了6届。以11国政府强力支持为动力,依托中国—东盟自由贸易区的广阔市场和便利化政策,中国—东盟博览会得到11个国家政界、商界的普遍赞誉,逐步成为促进中国与东盟商品贸易、投资合作、服务贸易和旅游合作的最佳平台。

中国—东盟博览会秘书处<br>2010年6月1日

**示例二**

请 柬

×××女士/先生:

兹定于9月12日晚7:00~9:00在市政协礼堂举行中秋茶话会,届时敬请光临。

此致

敬礼!

××市政协<br>××年9月10日

## 二、庆贺类：贺信、贺电、祝辞、题词等

### （一）贺信、贺电

**1. 贺信、贺电的含义**

贺信是表示庆贺类书信文本的总称，它从古代祝辞演变而来的。贺信是机关、单位、社会团体或个人对某人或某团体已经取得的成绩、成就、庆祝集会等表示祝贺的言辞或文章。根据发信和受信对象的不同将贺信分为四类：一是上级对下级的贺信；二是平级之间的贺信；三是下级给上级的贺信；四是个人与单位的贺信。

贺电是对收电对象表示祝贺赞颂的电报，是在涉外场合使用较多的一种祝贺方式。国家领导人、外长、驻外使节一般采用外交函件、外交电报或正式照会的方式发送贺函、贺电。

贺电由收电人住址、姓名、收电地点、电报内容、附项等部分构成。拍发礼仪电报要用电信局印制的礼仪电报纸按栏、按格写。具体行文时应简练明白，按格填写，附项应如实填写；遵循阿拉伯数字专用，电报挂号号码专用的原则。

**2. 贺信、贺电的格式及写作要求**

贺信、贺电一般由标题、称谓、正文、结尾和落款五部分构成。

（1）标题：贺信、贺电的标题通常由文种名构成。例如，在第一行正中书写"贺信"或"贺电"二字。也可在"贺信"或"贺电"前写上受贺人或受贺单位及祝贺事由。

（2）称谓：顶格写受贺单位或个人姓名。写给个人的，要在姓名后加上相应的礼仪称呼，称呼之后要加冒号。

（3）正文：贺信、贺电的正文一般会有以下几方面的内容：第一，根据目前的形势、情况，说明受贺方取得成绩的背景。第二，祝贺的原因，首先要客观陈述对方有哪些成绩、分析取得成绩的主客观因素，这一部分是贺信、贺电的核心部分。第三，表示热烈的祝贺，以由衷的诚意表达自己真诚的慰问和祝福。

（4）结尾：一般以礼仪性的语言表示祝贺、激励。

（5）落款：写单位全称或个人姓名，并署成文时间。

**示例**

××市委、市政府致××大学的贺信

××大学：

欣悉贵校举办首届"挑战杯"大学生科技节，我谨代表××市委、市政府并以我个人的名义，向科技节表示诚挚的祝贺！

多年来，××大学坚持党的教育方针，大力推进教育改革，发挥自身优势，教科研并举，培养输送了大批符合现代化建设要求的合格人才，为全省特别是××市的经济社会发展做出了重要的贡献，赢得了社会各界的广泛赞誉。

世纪之交，继往开来。当今世界竞争日趋激烈。科技和人才的竞争已成为经济腾飞的关键因素。大学是培养和造就高素质、创造性人才的摇篮。举办大学生科技节活动，对于引导大学生树立崇尚科学、锐意创新的精神，促进教科研结合具有积极的推动作用。相信贵校一定能够在跨世纪发展的历史进程中，坚持教育改革和发展的正确方向，不断开创

人才培养、知识创新的新局面,为我省、我市改革开放和现代化建设提供更多的人才支持和知识贡献。

预祝科技节圆满成功!

市委书记×××<br>2000.5.18

## (二) 祝辞

### 1. 祝辞的含义

祝辞,也称"祝词",原指祭祀时祝祷之语或文辞。《旧唐书·音乐志三》:"祝词以信,明德惟聪。"现在主要指在各种喜庆场合中表示祝贺的言辞或文章。上面我们讲的贺信是对事情已取得的成果表示祝贺,而祝辞一般是在事情未果时表示的祝愿和希望。

### 2. 祝辞一般包括标题、称谓、正文、结尾和落款五部分组成,与贺信的行文要求基本一致。

祝辞的字里行间要洋溢喜悦、鼓励、真诚的赞扬之意,以便使对方感到愉悦、快乐,受到激励与鼓舞;赞美与祝贺要恰如其分、防止过犹不及,篇幅长短要适宜。

**示例**

**新年祝辞**

律回春晖渐,万象始更新。在这辞旧迎新,继往开来的时刻,我谨代表×××市物价局全体干部职工,向关心和支持我市价格工作的市委、市政府及省物价局各位领导拜年,向父老乡亲以及各位亲朋好友拜年,向关注、支持价格工作的社会各界人士拜年,向辛勤工作在价格岗位的全国价格工作同仁及他们的亲属拜年。祝大家身体健康,新年吉祥,阖家欢乐,万事如意!

刚刚过去的一年,在市委、市政府的正确领导下,在省物价局的指导下,市物价局领导班子带领全市价格工作人员,坚持以"三个代表"重要思想和科学发展观为指导,紧紧围绕全市经济社会发展大局,积极推进价格改革,强化价格监管,整顿价格秩序,规范价格行为,保持了价格总水平的基本稳定,为促进全市经济社会的快速、健康、和谐发展做出了一定的贡献。取得的成绩,是市委、市政府和省物价局正确领导的结果,是全体价格工作人员团结拼搏,奋发进取的结果,也是社会各界领导及广大人民群众关心支持的结果。在此,对你们一年来给予我们价格工作的热情支持表示衷心的感谢!并致以美好的祝愿!一元复始,万象更新!新的一年,我市价格工作将继续积极适应构建和谐社会和新农村建设的新要求,紧紧围绕全市改革、发展、稳定的大局,以保持价格总水平基本稳定为目标,以强化价格服务、价格管理和价格检查为手段,努力促进全市经济社会又好又快地发展。因此,真诚地希望你们能一如既往地关心、关注和支持价格工作,共同推进我市价格工作再上新台阶,再创新辉煌!

最后,再次衷心祝贺你们及家人新春愉快,身体健康,万事如意!欢度一个如意、平安、祥和的春节!

××市物价局<br>×年×月×日

(资料来源:www.wenmi114.com)

### (三) 题词

题词,也称"题辞",是为纪念而题写的简短、精炼,具有一定审美教育意义的集公关、书法、艺术等多种功能为一体的文字。就题词的范围和对象而言,一般包括题人、题事、题物三类,题词的格式有横式和竖式两种。题词,要注意两个方面:一是文辞,二是美术。文辞体现中国人对所言人与事的种种观念与情感,乃至中国人独特的思维方式。题词的内容要积极健康、充实、富有深意。语言要简洁,字体要美观,符合书写的习惯和格式。

## 三、送迎类:欢迎词、欢送词等

### (一) 欢迎词、欢送词的含义

欢迎词是在迎接宾客的仪式、集会、宴会上主人对宾客的光临表示热烈欢迎的一种礼仪性文书。

欢送词是在欢送宾客的仪式、集会、宴会上主人对宾客即将离去表示热烈欢送的一种礼仪文书。

### (二) 欢迎词、欢送词的格式及写作要求

欢迎词、欢送词和祝词的格式、写法基本一样,只是内容有迎和送的区别。

(1) 标题。直接以文体"欢迎词"、"欢送词"为题;也可以以场合和文体为题,如"在开学典礼上的欢迎词"等;还可以以主人的名称、被欢迎或欢送的宾客和文种为题,如"周恩来总理在欢迎美国总统尼克松宴会上的祝酒词"。

(2) 称谓。称谓前可加修饰语"尊敬的"、"敬爱的"之类;称呼后可加头衔,也可加"先生"、"女士"等。

(3) 正文。欢迎词的正文一般先写表示欢迎的话;接着写宾客来访的目的、意义、作用;继而回顾双方交往的历史与友情,赞扬宾客在某些方面的贡献及双方友好合作的成果,表示继续加强合作的意愿、希望;结尾写祝颂语,对宾客的光临再次表示热情的欢迎和良好的祝愿。

欢送词的基本格式及写法与欢迎词大致相同。它的正文一般包括以下内容:对宾客的离去表示热烈欢送的话;写有关欢送的具体内容,如宾客逗留的时间及离别的日程,叙述访问的行程及收获,对宾客的希望及要求,表示继续加强交往的意愿;结尾常需再次对宾客的即将离去表示热烈的欢送。

(4) 落款。在正文右下方写明致欢迎词、欢送词的机关、人物的名称和日期。如果在标题或正文中已经写明,则此处不必再落款。

### (三) 欢迎词、欢送词的写作注意事项

动笔前了解欢迎、欢送对象的基本情况,取得的成就;感情要真挚,用词礼貌而又有分寸,既尊重对方,又不卑不亢;有分歧的问题或意见不表露于言辞;有的放矢,言之有物。

**示例一**

欢 迎 词

尊敬的各位领导、各位来宾:

今天,古城新密荣幸地迎来了参加河南省社会化管理服务工作会议的各位贵宾。在

此,我代表中共新密市党委、新密市人民政府向莅临我市指导工作的各位领导和各位来宾表示衷心的感谢和热烈的欢迎!

新密市位于郑州市区西南40公里。早在8000多年前的新石器时代,我们的远古祖先就繁衍生息在这片富饶的土地上。这里有距今8000年的莪沟裴李岗文化遗址,有5000年前黄帝时期的轩辕丘,有4000年前的祖融氏之墟,有3000年前的古郐和古郑国历史遗址。诗经中的《郑风》《郐风》在这里诞生。这里还有享誉中外的打虎亭汉墓和《水经注》中描写的山水绝佳香峪寺、神仙洞等文物古迹40余处。在这片古老而又文明的土地上,先民们用智慧和汗水构筑了历史的辉煌。溱洧河畔古风荡漾,大隗山下文化灿烂,新密是一片物华天宝、人杰地灵的土地。

新密市资源丰富,经济发达。总面积1001平方公里,总人口83万。全市辖有16个乡、镇(街道办事处)和1个风景区管委会,312个行政村(居委会)。改革开放以来,新密市以煤炭、建材、造纸、耐火材料为龙头的四大支柱产业得到了迅猛发展,综合经济实力位居河南省县级行政单位中的第2位。2007年全市生产总值257.8亿元,财政收入10.69亿元,城镇居民人均可支配收入11178元,农民人均纯收入6485元,城乡居民储蓄存款超亿元。当前,全市人民正以科学发展观为指导,以建设社会主义新农村为契机,朝着"打造工业强市,构建和谐新密,全面建设小康社会"的总目标奋力前进!

"天意怜幽草,人间重晚情",伴随着"人口老龄化"步伐的加快,离退休人员社会化管理服务工作成为社会关注的热点。为了使每位离退休人员都能真正感受到党和政府的温暖,享受到社会改革发展的成果。近年来,新密市离退休人员社会化管理服务工作按照党中央、国务院的指示精神,从有利于加强离退休人员管理服务,有利于发挥退管组织作用,有利于帮助解决离退休人员实际问题和困难出发,坚持以优化退管服务为中心,以退管机构建设为重点,以规范管理为主线,以队伍建设为保证的指导思想,通过积极探索和大胆实践,走出了一条离退休人员社会化管理服务工作的新路子。

目前,全市16个乡、镇(街道办事处)和1个管委会已全部建立了离退休人员社会化管理服务所(简称退管所),并在312个行政村(居委会)建立了离退休人员社会化管理服务站(简称退管站),全市17个退管所和312个退管站,已按照办公场所到位、工作经费到位、工作制度到位、规范服务到位、活动场地到位、设施器材到位的"六到位"标准全部达标。形成了市、乡镇(街道办事处)、村(居委会)两级管理、三级服务的网络格局。实现了乡乡设有退管所,村村建有退管站,组织机构健全,场地设施完善,管理服务规范的工作局面。保证了社会化管理服务工作的经常化、制度化和规范化,全市1万多名行政机关、企事业单位、自由职业离退休人员以及遗属供养人员全部纳入社会化管理和服务,为离退休人员又营造了一个新的"家园"。

我市的离退休人员社会化管理服务工作虽然取得了一些成绩,但与上级的要求和兄弟单位相比还有一定差距。恳请各位领导对此项工作做出重要指示,提出宝贵意见,从而促使我市离退休人员社会管理服务工作再上一个新的台阶。

最后,祝愿各位领导身体健康,工作顺利,万事如意!

谢谢大家!

(资料来源:www.doudouc.com)

示例二

## 欢 送 词

尊敬的×××先生:

再过半小时,您就要起程回国了。我代表×××集团公司,并受×××副部长之托,向您及您率领的代表团全体成员表示最热烈的欢送!

我十分高兴地看到,近一个星期以来,我们双方本着互惠互让的原则,经过多次洽谈,达成了四项实质性协议,取得了令人满意的成果。在此,我们对您在洽谈中表现出的诚意和合作态度,深表感谢!我衷心地希望您和您的同事们今后一如既往,为进一步发展我们双方的经济贸易往来而不懈努力!

我们期待着您和您的同事们明年再次来这里访问。

谨致以最良好的祝愿!

×××集团公司总经理×××

2011年7月9日

(资料来源:www.zk168.com.cn)

## 四、公关类:求职信、辞职信、推荐信等

### (一) 求职信

**1. 求职信的含义**

求职信又称"自荐信"或"自荐书",是求职人向用人单位介绍自己情况以求录用的专用性文书。目的是让对方了解自己,相信自己,录用自己,它是一种私人对单位并有求于单位的信函。求职信的格式有一定的要求,内容要求简练、明确,切忌模糊、笼统、面面俱到。

**2. 求职信的写作原则和技巧**

第一,语气自然。语言和句子要简单明了,不能为了卖弄、炫耀而掉书袋子。

第二,言简意赅。在重点突出、内容完整的前提下,尽可能简明扼要,切忌面面俱到。

第三,具体明确。不要使用模糊、笼统的字眼;多使用实例、数字等具体的说明。

**3. 求职信礼仪技巧**

第一,谨慎礼貌。求职信的目的在于求职,带有"私"事公办的意味,因而称呼要严肃谨慎,不可过分亲近,以免给人以"套近乎"或者阿谀奉承之嫌。当然礼貌性的致辞还是可以适当使用的。

第二,问候真诚。无论是经常通信者还是素昧平生者,信的开头应有问候语。向对方问候一声,是必不可少的礼仪。问候语可长可短,即使短到"您好"两个字,也能体现出写信人的真诚,而不是"应景文章"。问候要切合双方关系,以简捷、自然为宜。

第三,内容真实。求职人一定不能为了获取某个职位而在求职信中有弄虚作假的言辞,一定要实事求是地说明自己的能力、经历。让读者在字里行间感受到你的真诚。

**4. 写求职信的误区**

以信求职是一种常见的求职方式,但必须避免以下四种失误以提高求职命中率:

第一,不够自信,过于谦虚。求职者应当在信中强调自己的强项,即使不可避免地要说明自己的弱项,也没有必要太谦虚。

第二,主观意愿,推理不当。许多求职者为了取悦招聘单位,再三强调自己的成绩,而不知有关经验与能力对职业的重要性。

第三,语气过于主观。对于招聘单位来讲,他们大都喜欢待人处世比较客观的人,因而求职者在信中要尽量避免用"我认为"、"我觉得"、"我看"、"我想"等表达方式。

第四,措词不当,造成反感。写求职信最忌措词不当,因此不宜过分夸大自己的能力和水平。

### (二) 辞职信

#### 1. 辞职信的含义

辞职信也叫辞职书或辞呈,是辞职者向原工作单位辞去职务时写的书信。辞职信是辞职者在辞去职务时的一个必要程序。

#### 2. 辞职信的写作原则

第一,态度恳切,措辞委婉。

第二,不要批评对方,以免节外生枝。

第三,含蓄凝练,不卑不亢。

#### 3. 写辞职信应注意的问题

第一,理由要充分、可信。写辞职信,一定要充分考虑辞职的理由是否充分,可信。因为只有理由充分、可信,才能得到批准。但陈述理由的文字应扼要,不必展开论述。

第二,措辞要委婉、恳切。用委婉、恳切的言词来表明辞职的诚意。

**示例**

辞职信

尊敬的××总:

您好!

很抱歉在这个时候提出辞职,不过,这个想法其实已经在我心里酝酿了很久,只是到现在才做出决定。

由于××总和公司对我的信任,使我得以加入贵公司,原本期待全力以赴和公司一起成长、发展,可长久以来工作上的毫无成就感让我自己很彷徨,否定自己很痛苦,但总是要面对现实的,自己的兴趣是什么,自己适合做什么,这些问题一直让我很沮丧,也让我萌生了辞职的念头。今年妈妈身体明显不好,一再生病住院,我希望换个环境,能够照顾家人,有更多的时间和家人在一起,这些最终让我坚定了辞职的念头。

在公司的这段时间我得到了很多的机会和挑战,在专业和管理领域上都学到了很多,也积累了一定的经验,对此我非常感谢!在公司工作的日子是我一生中宝贵的经验和财富!

由此为公司造成的不便,真的很抱歉。同时也希望公司和领导能体谅我个人的实际情况,对我的辞职申请予以批准。

如果无问题的话,我离职的时间定在元旦,在离职前的这一个月时间里,我会尽力完成各项工作,并且会配合公司协助新员工尽快熟悉岗位的工作内容。谢谢!

此致

敬礼!

李××
×年×月×日

### (三) 推荐信

1. 推荐信的含义

推荐信是一个人或一个单位为推荐另一个人而写的信件,是一种应用写作文体。推荐信的类别通常有工作类、学术类、个人情况类。

2. 推荐信的格式

推荐信的格式是比较统一的,尤其是开头和结尾两段大概表现的意思基本上是一样的。第一部分首先应该介绍一下推荐人(单位)与被推荐人的关系,在什么情况下认识的。第二部分一般就是推荐人(单位)对被推荐人的评价,也可以表达一下推荐人(单位)为何对被推荐人印象深刻,然后举例证实一下推荐人对于被推荐人的评价。如果所表达的东西比较多,这一部分也可以分为两段来写。

3. 推荐信写作注意事项

第一,客观准确,尽可能客观、准确地评价某人的能力和业绩。第二,真实可信,不要过分夸大和渲染。第三,推荐人的信息要翔实、清楚。

**示例**

推 荐 信

推荐人姓名:××

推荐人工作单位:××大学

推荐人与被推荐人的关系:班主任与学生的关系

推荐人电话:×××××××

××同学自××年进入我校就读以来,具备了良好的专业知识水平,具备出色的学习能力并且乐于学习,敢于创新,不断追求卓越;作为参与者,具备诚实可信的品格,富有团队合作精神;作为领导者,做事有干练、果断的风格,有良好的沟通和人际协调能力。受过系统的相关专业知识训练,有在多家单位和公司实习和兼职经历;有很强的忍耐力、意志力和吃苦耐劳的品质,对工作认真负责,积极进取,乐观执著,敢于面对困难与挑战。

我毫不犹豫地推荐他,希望您优先考虑他的申请。

谢谢!

推荐人:×××
××年××月××日
(资料来源:http://www.diyifanwen.com)

## 五、示谢类：感谢信、答谢词等

### （一）感谢信

1. 感谢信的概念

感谢信是某人或某单位对关心、帮助、支持自己的单位或个人表示衷心感谢的信函。感谢信是文明的媒介和载体，从文体方面来说，它属于应用文体，是礼仪性文书。

2. 感谢信的格式

（1）称呼。顶格，有的还可以加上一定的修饰语。

（2）问候语。如"你好"、"近来可好"等，且独立成段。

（3）正文。这一部分是信函的主体，可以分为若干段从不同角度来书写。

（4）祝颂语。祝颂语很多，但如果使用"此致"、"敬礼"时，要注意位置，"此致"可以有两种正确的位置来进行书写，一是紧接着主体正文之后，不另起段，不加标点，二是在正文之下另起一行在倒数第四、第五两格书写；"敬礼"写在"此致"的下一行，空两格书写，后面应该加上一个感叹号，以表示祝颂的诚意和强度。

（5）署名和日期。写信人的姓名写在祝颂语下方右侧。最好还要在写信人姓名之前写上与收信人的关系，如你的朋友×××等。再下一行写日期。

3. 感谢信写作注意事项

第一，内容要真实，评价要恰当。感谢信的内容必须真实，确有其事，不可夸大溢美。感谢信以感谢为主，兼有表扬，所以表达谢意时要真诚，说到做到。评价对方时要恰当，不能过于抬高，以免给人一种失真的印象。

第二，用语要适当，叙事要精练。感谢信的内容以主要事迹为主，详略得当，篇幅不能太长，话不在多，点到为止。感谢信的用语要求是精练、简洁，遣词造句要把握好一个度，不可过分雕饰，否则会给人一种不真实或虚伪的感觉。

第三，要以说明事实为主。事实是感谢信的核心要素，内容必须以事实为依据，切勿不着边际地大发议论。

**示例**

### 致员工家属的感谢信

尊敬的员工家属：

你们好！

值此新春佳节即将来临之际，请允许我代表陆氏纽扣厂向你们致以节日的问候！祝你们新春快乐，万事如意，家庭和睦，生活美满，恭喜发财！您的亲人来到陆氏纽扣公司，为了陆氏纽扣公司的明天，为了陡陆氏纽扣公司的发展，默默地辛勤工作着，在此我特表衷心的谢意！

在过去的一年中，你们的亲人用勤劳的双手和智慧与同事们共同战斗在生产经营第一线，以公司为家，任劳任怨，忘我地工作，为公司今年和将来更好地发展奠定了坚实的基础，为公司取得良好的业绩做出了贡献！作为他们家属的你们，不辞劳苦，无私奉献，大力支持他们的工作，你们为创造公司的美好前景做出了贡献！对此，我衷心地感谢你们为公司的发展所奉献的一切,真诚地向你们道一声"谢谢!辛苦了"!

陆氏纽扣公司引进了先进的现代化管理模式,采用先进的服务理念和科学的管理方法,定期对员工进行培训,经过测试评定,保证用人质量。陆氏纽扣公司也是个人学习和发展的好地方,公司为员工的发展提供了空间,为员工创造了良好的文化氛围,为有上进心的员工提供很多学习和提升的机会,我们公司的很多高层领导也是从一线员工成长起来的,而且公司的一贯宗旨就是培养自己的专业人才。

公司有非常良好的生产环境、洁净的工作场所、自动化的设备、人性化的管理,为缔造一流企业打下了良好的基础。在这样的环境中工作,确实是一个正确的选择。

展望未来,我们信心倍增。陆氏纽扣公司将进一步强化市场竞争机制,深化内部改革,使我们的产品在本行业同类产品中处于先进或领先水平,要实现这一宏伟目标,依然需要你们的理解、支持和奉献。我相信,有你们的关心和支持,我们的事业一定能再创辉煌!为了陆氏纽扣公司的美好明天,我们需要全体同仁同心同德、齐心协力,共同迎接机遇和挑战;衷心希望你们一如既往地给予我们理解和支持,再次向你们表示深深的谢意!并希望你们和我们保持联系!

祝阖家欢乐,身体健康,虎虎生威,心想事成,万事如意!

董事长:×××<br>×年×月×日

(资料来源:www.DiYiFanWen.com)

**(二)答谢词**

1. 答谢词的含义

答谢词是在专门仪式、宴会、招待会上宾客对主人的热情接待表示衷心感谢的致词。

2. 答谢词的结构和写法

答谢词的基本结构及写法与欢迎词基本相同。正文部分包括的内容是对对方的热情接待、帮助表示由衷的感谢。如果是访问,则概述访期间留下的美好印象,赞扬主人某方面的业绩、崇高的精神,或对双方共同关心的问题表达自己的观点、看法和愿望。结尾一般需对对方再次表示谢意。

**示例**

答 谢 词

尊敬的各位来宾:

感谢大家在这个美好的夜晚,和水文章人一起欢度成立十年的庆典。

十年树木,十年水文章,我们之所以能成为植根于中华大地的参天大树,就是靠朋友们的呵护。各位朋友们的目光就是我们生长的阳光,广大经销商的提携关爱是我们生长的雨露。十载功劳,十载恩,你们心里流淌着水文章人心中的感情,你们的行动激励着水文章人拼搏与奉献。现在,我怀着真诚的心,第一表示感谢,第二表示感激,第三表示感恩。我想起黄庭坚先生的一句话:"桃李春风一杯酒,江湖夜雨十年灯。"今晚,我们要献出所有的鲜花和美酒,感谢朋友,祝福朋友,感谢来宾,祝福大家。

(资料来源:shuiwenzhang.china.b2b.cn)

## 六、慰唁类：慰问信（电）、讣告、悼词等

### （一）慰问信（电）

1. 慰问信（电）的概念

慰问信（电）是组织、个人向有关集体、个人表示慰劳、问候、致意的书信或电报，也是礼仪文书的一种。

2. 慰问信（电）的格式

（1）标题。标题中应带"慰问信"三个字。

（2）称谓（抬头）。顶格写受慰问的单位或者个人的称呼，写单位要写全称；写个人，在个人姓名前边往往还要加上"敬爱的""尊敬的""亲爱的"等字样，以表示尊重。

（3）正文。空两格起写正文。正文的内容，应该首先说明写慰问信的原因，其次要对对方进行鼓励和肯定，并向对方表示慰问。然后写一些鼓励和祝愿的话。

（4）结尾。表示共同的愿望和决心。

（5）署名和时间。如果写慰问信的单位、个人不止一个，也都要一一写上。时间写在署名的下边，年、月、日都要写上。

**示例**

慰 问 信

各位同仁：

你们不辞劳苦地陪着公司度过每一天，而每一天都不轻松。高强度的工作让你们几乎没有周末，在这个本是你们陪伴家人迎接新年到来的日子，你们却依然愿意继续留在公司，在繁重的工作里，在家人的不解中挣扎，为公司多尽自己的一份力量。你们在家人与工作两者中，选择了工作。这并不是一个简单的抉择，把自己大量的时间放在了工作上，让你们的家人对你们的不满一天胜过一天。对此，公司领导都很抱歉。但我们相信，你们是因为热爱这份工作，热爱公司才愿意付出的。你们的付出，我们看在眼里，也会记在心里。公司的每一次进步，度过的每一个难关，都少不了你们的支持与努力。

2011年，将会是比去年还要艰难的一年。整个市场形势越来越严峻，我希望大家能有一定的思想准备。但我相信，大家有能力面对即将到来的困难。不但因为你们有一股愿意为工作付出的热情，而且因为经历了这么多年工作的洗礼。只要大家一如既往地对工作充满热情，就没有什么能阻碍我们前进的道路。

但更加辛勤工作的代价就是让你们与家人在一起的本就不多的时间更少了，亲人们的责备或多或少地会影响你们的工作，但我希望大家懂得权衡利弊，不要让大家以前的付出白费。我相信大家！

你们是一群非常有能力的工作伙伴，公司为拥有你们这样的金牌员工而骄傲，工作上有你们的帮助公司才能一步一步走向更高处。

金字塔的顶端只有拥有强健翅膀的雄鹰才能飞到，而你们就是公司不可缺少的翅膀，你们的辛勤工作才让这双翅膀能抵抗狂风暴雨，往最高处冲刺。

最后，衷心祝愿大家虎年行大运，与亲人间少一分责备，多一分理解。祝所有人身体

健康,家庭和睦!平平安安!

×××公司董事会<br>2011年元旦

### (二)讣告

讣告,也可叫讣文,是一种报丧的文书,一般由死者的亲属或治丧委员会发出。讣告应在遗体告别仪式之前发出,以便亲朋故旧及早做出相关的安排和准备。

讣告有四种基本形式:家庭式讣告、一般式讣告、消息式讣告、公告式讣告。无论哪种讣告,语言都要郑重、严肃,简洁、明确。

**示例**

鲁迅先生讣告

鲁迅(周树人)先生于一九三六年十月十九日上午五时二十五分病卒于上海寓所,享年五十六岁。即日移置万国殡仪馆,二十日上午十时至下午五时为各界瞻仰遗容的时间。依先生的遗言"不得因为丧事收受任何人的一文钱"。除祭奠和表示哀悼的挽词、花圈等以外,谢绝一切金钱上的赠送。

谨此讣闻。

鲁迅先生治丧委员会<br>蔡元培、内山完造、<br>宋庆龄、A.史沫特莱、<br>沈钧儒、萧三、曹靖华、<br>胡风、周作人、周建人<br>一九三六年十月十九日

### (三)悼词

1. 悼词的概念

悼词是追悼会上由专人宣读的、对死者表示哀悼、缅怀与敬意的文章。现在的悼词是在古代哀辞、吊文、祭文、诔文四种哀悼性文体的基础上形成的。悼词按表现手法分,可分为记叙式悼词、议论式悼词和抒情式悼词;按用途分,可分为宣读体悼词和书面体悼词。

2. 悼词写作注意事项

第一,尽可能多地掌握死者的生平事迹,以求客观准确。

第二,对逝者的评价要客观公正。

第三,逝者生前的某些缺点、错误,一般不宜写入悼词。

第四,悼词语言要讲究,既要充分表达对死者的哀思和追念之情,又要给人以慰藉与鼓舞。

第五,悼词稿写成之后,要征求有关领导及死者家属意见。在追悼会上,要照原文宣读,不能一边读一边解释。

**示例**

## 悼 词

各位亲友、各位来宾：

今天我们怀着十分沉痛的心情，深切悼念我队退休干部、高级工程师××同志。

××同志因病医治无效，于2006年4月10日在宜昌市中心医院与世长辞，享年69岁。××同志生于1937年4月，原籍辽宁沈阳人，1964年毕业于长春地质学院，同年9月参加工作，1984年4月加入中国共产党，1964～1973年4月先后在地质部第一矿产公司655队综合组、分队从事水晶技术工作，任技术员；1973年5月～1974年3月在湖北省水晶收购管理公司任收购管理员；1974年4月～1975年4月在湖北省第三地质大队水晶分队大别山普查组工作，任组长；1975年5月～1978年4月先后在湖北省第三地质大队五分队、一分队、四分队从事煤矿普查钻机编录工作；1978年5月～1981年12月先后在湖北省第九地质大队直属普查组、三分队从事硫铁矿、煤矿、重晶石普查，任组长、矿区负责人、工程师。1982年1月～1992年12月，先后在湖北省鄂西地质大队六分队、对外技术服务小组、生产科、对外办公室、经营办公室、八分队从事综合研究、技术咨询等工作；1993年3月退养，1994年2月退休。在长期的野外艰苦环境中，他为祖国的地质找矿事业作出了积极贡献。

××同志工作近30年，主要是在野外一线从事地质技术工作，具有丰富的实践经验和较高的技术水平，先后担任技术负责人、组长等职，主持并参加了多个矿种、矿区的技术工作，编写报告30余份，论著8篇，荣获地矿局找矿奖2项，成果丰富。他一生勤勤恳恳，任劳任怨，总是一心扑在工作中，做到干一行，爱一行，精一行，敬岗爱业，默默奉献，得到领导和同志们的肯定和赞誉，多次被评为先进工作者。

××同志为人忠厚，襟怀坦荡，谦虚谨慎，平易近人。他生活节俭，艰苦朴素，家庭和睦，团结邻里。他对子女从严管教，严格要求，子女个个遵纪守法，好学上进。

××同志的逝世，使我们失去了一位好同志。虽然他离我们而去，但他那种勤勤恳恳、忘我工作的奉献精神；那种艰苦朴素、勤俭节约的优良作风；那种为人正派、忠厚老实的高尚品德，仍值得我们学习。我们为他的家庭失去这样的好丈夫、这样的好父亲而惋惜。但人死不能复生，我们只能控制自己的感情，抑制自己的悲痛，以更加高昂的热情加倍工作，再创佳绩，以慰××同志的在天之灵。

××同志的一生，是光荣的一生，兢兢业业为人民服务的一生。我们怀着沉痛的心情，向××同志致以深切的哀悼，并向××同志的亲属致以亲切地慰问！

××同志安息吧！

（资料来源：文秘114网）

## 案例分析

**案例一**

### 中央军委致全国抗洪军民的慰问电

各省、自治区、直辖市党委和人民政府，各大军区党委，军委各总部、各军兵种党委：

今年入汛以来,我国一些地方遭受严重洪涝灾害,特别是长江发生了自1954年以来又一次全流域性的大洪水。在国家和人民生命财产受到严重威胁的关键时刻,各级党委、政府发挥了坚强的领导核心作用,组织广大军民以顽强的拼搏精神,战胜了一次又一次的洪峰,保障了大江大河大湖、重要水库、重要城市和重要交通铁路干线的安全,保护了人民群众的生命安全,为国民经济发展和社会稳定做出了重大贡献。在这场抗洪斗争中,我们的党员和干部经受了考验,我们的人民和军队经受了考验,涌现了许多可歌可泣的英雄事迹和模范人物。这又一次证明,在中国共产党的领导下,我们的人民和军队能够战胜任何艰难险阻。党中央、国务院、中央军委向你们,并通过你们向战斗在抗洪抢险第一线的广大干部群众、解放军官兵、武警官兵、公安干警和受灾群众表示亲切的慰问。

当前,全国的防汛抗洪正处在最关键的阶段。党中央、国务院、中央军委号召防汛抗洪第一线的各级党组织要发挥领导核心和战斗堡垒作用,广大共产党员、共青团员要发挥先锋模范作用,人民解放军、武警部队和公安干警要发挥突击队作用。全国各条战线的干部群众要以搞好生产和工作的实际行动,支持抗洪救灾。在以江泽民同志为核心的党中央领导下,各级党委和政府要进一步组织和动员广大军民继续发扬不怕疲劳、连续作战的精神,再接再厉,团结奋斗,夺取抗洪救灾斗争的全面胜利。

中共中央、国务院、中央军委<br>1998年8月6日

(资料来源:新华社北京8月6日电)

**分析**

中共中央、国务院、中央军委向所有战斗在抗洪一线的军民表示亲切的慰问,对他们齐心协力、克服困难、不怕牺牲的抗洪精神给予了充分肯定和赞扬。并针对抗洪的形势,提出了希望和要求。这封不到600字的慰问电,从形式上看,五个要素齐全;从内容上看,语言简洁、气势磅礴,情感饱满;可以作为模板和范本进行学习。

**案例二**

**湘潭师范学院致新生欢迎词**

各位老师,各位同学:

你们好!

首先,我谨代表全院教职员工,请97级的新朋友们猜个谜语。谜底是一件大家非常熟悉、一辈子都离不开的东西。谜语是:"再穷的人家也至少拥有一个它,每天少不得几十次上百次地同它打交道。但是,人们往往对它漠然置之,熟视无睹。"请问这是什么?很遗憾,大家都没有猜中,只好由我自己亮谜底,这就是我今天演说的题目——门。不是吗?再穷的人家至少拥有一个门。

世界上最有名的门是法国的凯旋门,中国最有名的门是天安门。我们今天不讲凯旋门,也不讲天安门,只说一说湘潭师范学院的大门。这个门线条流畅,姿态优雅,造型别致新颖,号称湖南高校第一门。那么它的造型有何深刻的寓意?我院十个教学系的教授都有不同的看法,愿为诸位一一介绍。

中文系:研究汉语言学的教授认为,这个造型代表"湘潭师范学院"第一个字"湘"的汉

语拼音的第一个字母"X",它表示,当你踏进这座大门,你就成为湘潭师范学院的一员,成为一名光荣的大学生。

研究文学的教授认为,校门的上半部分是浪漫主义的诗歌,下半部分是现实主义的散文,因此它是革命的浪漫主义与现实主义结合的产物!

数学系:研究代数的教授认为,字母"X"在数学王国里代表未知数,昭示着我们要不断探索,对社会、对科学、对人生中各种各样的方程式去求解求根,但永远不能生成。它告诉我们,科学与真理没有终点,因此要不断地攀登,不懈地追求!

物理系:研究力学的教授认为,这是一条抛物线。它的寓意是,学习如逆水行舟,不进则退。研究声学的教授认为这是声波振动示意图。它的寓意是,人生如波如潮,有起有落,胜不骄败不馁才算真英雄。

化学系:研究无机化学的教授认为,这是最新合成的第109号化学元素的原子结构模型。研究有机化学的教授认为,这是酒精灯与烧瓶的模型,正在做有机物的化合与分解反应实验。

外语系:研究英语的教授认为,这是由两个英文字母"S"组成的图案,S是英文"科学"的第一个字母,说明这是一座科学的大门。研究俄语的教授认为,它是俄语单词"哈拉索"的第一个字母"X","哈拉索"是"好"的意思,它告诉你,湘潭师院学院天好地好环境好,山好水好人更好!

政治系:研究哲学的教授认为,它代表哲学上一分为二与合二为一这两种理论命题的探讨。研究经济学的教授认为,它代表工农业产品价格的剪刀差。

历史系:研究中国史的教授认为,这是两件著名的出土青铜器模型的组合。上半截是四羊方尊,下半截是司母戊大方鼎。研究世界史的教授认为,这是一座凯旋门,祝贺你们,高考战场的凯旋英雄!

地理系:研究自然地理的教授认为,这是地球结构的剖面图,高的是喜马拉雅山,低的是马里亚纳海沟,中间是地壳,底下是岩浆涌动的地心。研究人文地理的教授认为,它像稻穗,像鱼在跃,说明湖南是鱼米之乡。

艺术系:研究美术的教授认为,这是一件抽象派的艺术雕塑。研究音乐的教授认为,这是五线谱中的一个符号。

生物系:研究植物学的教授认为,它象征细胞一分为二。研究动物学的教授认为,它像只老母鸡在下蛋,也像蛋壳里孵出的小鸡。它代表生物学上一个永恒争论的话题,世界上到底是鸡生蛋,还是蛋生鸡。

咱们的学校大门寓意深刻,真可谓仁者见仁,智者见智。这是一座幸运之门,这是一座光荣之门,这是一座科学之门。你们从三湘四水踏进这个校门,你们是时代的骄子,社会的宠儿;到2001年你们将步出校门奔向五湖四海,你们将是社会的栋梁、中国的希望!希望你们在校的四年勤奋刻苦,门门功课优秀,为学校大门添砖加瓦;跨出校门后献身科学,献身教育,争当中国的爱因斯坦、门捷列夫,为学校大门增色添彩!

湘潭师范学院校委会<br>1997年9月1日

(资料来源:www.china-b.com)

**分析**

这篇欢迎词的特别之处就是能够创新,能够改变传统的千篇一律的众口一词的老套,先向师生问好,然后从猜谜开始引出"门"这个话题,并从十个教学系的教授不同的见解出发来阐释校门,顺便言简意赅地介绍了学校各院系的情况。这些激发了新生的兴趣并且从寓意深刻的"门"中认清了自己的使命、目标。最后发言人再次致谢。无论是谁,都不能否认这篇欢迎词是成功的,给人留下了深刻印象,起到非同凡响的作用。

## 技能训练

1. 比较欢迎词与欢送词的异同,为即将离校的学兄学姐写一篇欢送词。
2. 假如你是某公司老总,请为曾经在你公司工作的小张写一封推荐信。

## 相关知识链接

求职信的六点错误写法

求职信的内容要简短,要切中主题,要根据雇主需求来剪裁经历,还要说明个人对这份工作的兴趣,同时应强调个人学习经历与所要应聘的工作是多么的适合。求职信的错误写法主要有以下六点。

**一、羞于列出自己的成就**

成功属于那些懂得推销自己的人。要旗开得胜,首先必须学会推销自己,不要羞于列出自己的成就。但勇于列出自己的成就之时,别忘了也要注意勿用夸大的陈述,免得引起企业主的反感。

**二、列举太多不相关的信息**

写求职信的最初及最终目的在于推销自己,因此一些个人的大学求学过程、兴趣以及个人的观点等都可以在面谈时简要提出,但不要列举太多不相关的信息。因为列举太多的信息,可能会模糊求职本身的焦点,分散雇主的注意力。

**三、重复太多**

不要一再地重复,这样会让人觉得太累赘,而且看了会精疲力尽。

**四、在信中一再提及介绍人**

不管你应聘什么职务,只要找到介绍人,你的介绍人都会为你大力推荐。因此并不需要特别在求职信中一再提及介绍人。

**五、批评前任主管或雇主**

一味批评前任主管或雇主的不是,不管是求职信或是面试时都应尽量避免。

**六、提及有关个人隐私或是完全不相关的资料**

在求职信里,不必提和所应聘工作不相关的事情。例如,不必提及个人宗教信仰、婚姻状况或是个人有几个孩子。企业主管不会注意这些事情,相反,会觉得你谈及三姑六婆,冗言太多,而予以淘汰。

(资料来源:www.ayrc.net)

# 第三节　英文文书礼仪

## 一、英文文书的礼仪要求

在长期的书信交往过程中，英文文书形成了一套特有的书信礼仪规范与写作要求。一封正式的英文文书不仅要求内容完整，而且要措词得体，合乎惯例。英文文书的总体要求有六点：(1) 完整(Completeness)；(2) 具体（Concreteness）；(3) 简洁(Conciseness)；(4) 正确(Correctness)；(5) 礼貌(Courtesy)（6）积极(Constructiveness)。英文文书写作的礼仪规范主要表现在以下三个方面。

### （一）表达准确、规范

在撰写英文信函时，首先要注意的是语言的表达方法，应使用流畅的英文，使语言明白易懂、规范、表达准确，用词方面多使用常用词语，以保证所用词语具有国际通用性，在商务和特别正式的信函中尽量采用优美的字句，充分运用正确的句式结构、语法、标点符号等。同时，要正确运用缩写词，就构成上来说，缩写词基本上是选取某一专有名词各单词的第一个字母构成。例如，HK 就是由 Hongkong 缩略而成的。

### （二）注意英文书信中英式、美式英语之间的差异

美式英语与英式英语之间的差异近年来表现得越来越明显，主要的原因在于社会发展状况与人群构成情况不同，英国社会稳定、外来人口相对较少，英式英语的变化缓慢。与此相反，美国经济发展迅速、移民人口增加迅猛，所以，很多美国人把英国的古老式书信批评为老一套和过时的。因此，当我们写信的对象属英国时，要尽量使用英式英语（King's English）；如果写信的对象属美国或美国影响的地区时，即美钞地区（Dollar Area）时，书信语言要有活力，有生气；同时还要注意英美国家及其文化差异与传统习惯的区别。

### （三）真诚与礼貌

撰写文书时不仅要注意语言的明白晓畅，而且要做到"真诚待人"，要站在对方的立场上，把收信人放在心上，使对方能感到应有的尊重。尽量设身处地地考虑收信人的愿望、问题、背景、感情以及对此信所可能作出的反应，等等。为了体现出礼貌，在人称上少用第一人称(I,we)作主语，宜采用第二人称或第二人称物主代词＋名词。英译汉时，多采用谦辞。例如，称对方为"贵公司"，称自己一方为"本公司"、"我公司"、"敝公司"等。

礼貌是人类文明的标志，是人类社会活动的共同准则。礼貌是社会学的一个重要的原则。对于文秘人员来说，掌握礼貌得体的语言能使各种社交活动更加顺利地进行，是文书礼仪在书信写作中的应用与体现。

## 案例分析

### 案例一：信封格式

Ye Manshu(寄信人姓名)
No1 Xihuan Road（地址）
Kaifeng，Henan province，475004(城市，邮编)
P. R. C(国名)

              Mr. John Somali（收信人姓名）
                 Slaying Street（地址）
               Fotermalin 365（城市，邮编）
                    U. S. A(国名)

### 案例二：英文书信（混合式）

                 Mail box No. 23，
                  KF University
                Kaifeng，Henan，China
                   27 Jan，2008

Peace Hotel
Ling Gong Road 1818
Beijing，China
Dear Sir/Madam，
 I'm writing in response to your advertisement for a PA / Secretary to the Managing Director. ⋯ Although I did not have to travel in my previous job, I would be very willing to do so.
 I will be available for interview at any time, and look forward to hearing from you.

                  Yours faithfully,
                 William Jeremy Smith

案例三:英文书信(齐头式)

> Mail box No. 23,
> KF University
> Kaifeng, Henan, China
> 27 Jan, 2008
>
> Compact System
> 96 Rose wall Drive, South town, SO3 4BT
>
> Dear Sir/Madam,
> I'm writing in response to your advertisement for a PA / Secretary to the Managing Director. … Although I did not have to travel in my previous job, I would be very willing to do so.
> I will be available for interview at any time, and look forward to hearing from you.
>
> Yours faithfully,
> William Jeremy Smith

分析

从信封格式中我们可以看出,与中文信封格式相比,英文信封的格式有以下几点需要注意:一是在信封的左上方写寄信人的姓名、地址、邮编等,在信封的中间或右下角写收信人的姓名和地址;二是收信人的姓名前则必须加上尊称 Mr. 或 Mrs. 或 Miss 以示礼貌;三是英文住址原则上是由小至大,地址第一行写门牌号码、街道名称,第二行写城市、州(省),往右空两个字母写邮政编码,第三行写国家名称,正好与中文地址写法相反;四是地址中常用字有简写的多用简写。

从英文书信的两个实例我们可以看出,英文书信包括信头、信内地址、称呼、正文、结尾语、签名五个部分组成。如果是纯私人信函可以不写信内地址。注意地址、称呼和人名的大写字母;注意齐头式和混合式两种写法中寄信人姓名、地址、签名的位置,收信人姓名、地址的位置,注意姓名要单独成行;语言要言简意赅,西方人不太喜欢过多的铺垫和修饰。

## 技能训练

1. Imagine that you are the President of your college Union. Write a letter to the Principal requesting him to give permission to organize a tour.

2. Write a letter to your friend congratulating him on his success in the TEFL examination.

## 相关知识链接

### 英文 e-mail 的写法

随着电脑走进千家万户,一张无形的巨网也悄然织起。这就是 Internet(因特网或称国际互联网)。一旦连接了 Internet,信息传递就成为一件非常轻松惬意的事情。在网上最常使用的服务就是 E-mail(电子邮件,electronic mail,常缩略为 e-mail, E-mail 或 email),这是因为电子邮件不但使用方便,传播快捷,可以一信多发,而且价格十分低廉,特别适合国际间的交流。

那么,该怎样写 e-mail 呢?

首先,必须要在标题(Heading)栏的"收件人(To)"框中输入收信人的 e-mail 地址。"主题(subject)"框的内容应简明地概括信的内容,短的可以是一个单词,如 greetings;长的可以是一个名词性短语,也可以是完整的句子,但长度一般不超过 35 个字母。"主题"框的内容切忌模糊不清。像 News about the meeting 这样的表达,应改为 Tomorrow's meeting canceled。一般来说,只要将位于句首的单词和专有名词的首字母大写即可。另外一种较为正规的格式可将除了少于 5 个字母的介词、连接词或冠词之外的每一个单词的第一个字母大写,如 New E-mail Address Notification。视信的内容是否重要,还可以在开头加上 URGENT(紧急)或者 FYI(For Your Information)。例如,URGENT:Submit your report today!

e-mail 一般使用非正式的文体,因此正文前的称呼通常无须使用诸如"Dear Mr. Brown"之类的表达。在同辈的亲朋好友或同事间可以直呼其名,如 Tommy;但对长辈或上级最好使用尊称加上姓,如 Mr. Smith.

e-mail 文体的另外一个特点是简单明了,便于阅读,太长的内容可以以附件的方式发出。一个段落大多仅由一到三个句子组成。信尾客套话通常也很简明。常常只需一个词,如"Thanks""Best""Cheers",不需要用一般信件中的"Sincerely yours"或"Best regards"。称呼和正文之间,段落之间,正文和信尾客套话之间一般空一行,开头无须空格。

e-mail 的非正式的文体特点并不意味它的撰写可以马虎行事,特别是给长辈或上级写信,或者撰写业务信函更不能马虎。写完信,一定要认真检查有无拼写、语法和标点符号的错误。当然 Outlook Express 等软件的"拼写检查"功能可以助你一臂之力。

(资料来源:《英语画刊》)

# 第八章　秘书餐饮礼仪

秘书餐饮礼仪是指秘书在日常工作和交往过程中，以酒水、饮料、菜肴款待他人及在这些餐饮活动过程中所应该遵循的行为规范。它要求秘书知晓不同宴请的礼仪规范，运用不同的餐饮礼仪，根据各种宴请的不同礼仪规范去完成自己的工作。

## 第一节　宴请、赴宴礼仪

### 一、宴请礼仪

宴请是人们为了交往的需要，按一定规格用菜肴和酒水、饮料招待宾客的一种形式。在宴请过程中进行交流和沟通，是各类交往中较为普遍的现象和形式，所以，无论是宴请活动的组织者还是宴请活动的参与者，都应该对宴请礼仪有所了解。

#### （一）宴会的种类

宴会的种类很多，名目繁杂。按是否正式划分，有国宴、正式宴会、便宴和家宴；按餐型划分，有中餐宴会、西餐宴会和中西合餐宴会；按照用途划分，有欢迎宴会、欢送宴会、答谢宴会、庆功宴会、节日宴会、招待宴会等；按时间划分，有早宴、午宴和晚宴；另外，还有鸡尾酒会、冷餐会、茶会、工作餐、野餐会等。

#### （二）宴请的准备

1. 确定宴请对象

宴请之前，应该按照宴请所要达到的目的认真地列出所要宴请的宾客名单。谁是主宾，谁是次主宾，谁作陪客都要列清楚，一定要做到该请的必请，不该请的不请。每次宴请客人都是为了一定的目的，或是交流感情，或是洽谈业务，或是接风迎客，或是饯行话别，或是庆功答谢，等等。按照常规，不宜把毫不相干的两批客人合在一起宴请，特别是不能把平时有芥蒂的客人请到一起吃饭、饮酒，以免出现不愉快的场面。

2. 宴请准备方案

按照宴请的程序，宴请方应该根据设宴的规模、标准、内容设计出相应的准备方案。此方案应该包括宴请的规格、宴请的标准、宴请的时间、宴请的地点、宴请的形式及宴请范围等。另外，还应该确定菜单和席次。

### 3. 确定宴请的时间

宴请的时间，可以按照主办方的时机需要而定，如企业开张、朋友聚会时；也可以按照客人的活动安排而定，如庆功、迎来送往、接风送行时；还可以根据事情的进展情况而定，如谈判成功时。如果条件允许，在确定时间之前，最好征求一下主宾的意见，原则上要考虑客人是否方便，按照多数客人能来参加为准则。晚宴的规格最高，尽量避开重要的节假日、重要的活动和双方或一方的禁忌日。

### 4. 确定宴请的地点

宴请的地点要根据活动的性质、规模、宴请的形式、主人的意愿、交通是否方便以及实际可能性而定。有时为了显示宾主之间亲密的关系，也可选择在家中进行；有时为表现对客人的尊重，则宜在星级宾馆进行。越隆重的活动，越要讲究环境和条件，因为它体现了对对方的礼遇。

### 5. 宴请的邀请方式

宴请的邀请方式主要有书面邀请和口头邀请两种。凡是正式邀请，都应该发送请柬，这是对他人的尊重，也能起提醒、备忘的作用。请柬要注明被邀请人的姓名、尊称、设宴的目的、方式、邀请范围、时间、地点或其他提示等。

请柬发出时间一般应在宴会前3～7天，以方便被邀请人及早安排时间；需要安排座次的宴请必须在请柬上明确要求被邀请人答复能否出席，正式宴会会在请柬上注明席次。

非正式的宴请通常只需口头打个招呼，在得到对方明确答应后进行。

### 6. 拟订菜单和酒水

菜单的拟订，总的原则应该考虑设宴的规格、客人的身份以及设宴的目的，做到丰俭得当。整桌菜应有冷有热，荤素搭配。一桌菜要有主菜，以显示菜的规格，也要有一般的菜，以调剂客人的口味。具体菜肴的确定，还应该以适合客人的口味爱好为前提，尤其要照顾主宾的饮食习惯、口味好恶、宗教禁忌和健康状况等具体情况。规模较大的宴请，酒水品种应在三种以上。

### 7. 桌次、席次安排

国内通行的宴会桌次排列方法有四种：其一是"居中为上"，即各桌围绕在一起时，居于正中央的那张餐桌应为主桌；其二是"以右为上"；其三是"以远为上"；其四是"临台为上"。

在排列每张桌子的具体席次时，主要有"面门为主""右高左低""各桌同向"等三个基本的礼仪惯例。所谓"面门为主"，是指在每张餐桌上，以面对宴会厅正门的正中座位为主位，通常应请主人在此就座；所谓"右高左低"，是指在每张餐桌上，除主位之外，其余座位位次的高低，应以面对宴会厅正门为准，右侧的位次高于左侧的位次。所谓"各桌同向"则是指，在举行大型宴会时，其他各桌的主陪之位，均应与主桌主位保持同一方向。

在排定宴会的桌次之后，应及时采用一切行之有效的方法向全体应邀赴宴者通告，通告宴会的桌次有下列四种常规方法：其一是在请柬上注明每一位赴宴者所在的桌次；其二是在宴会厅入口附近悬挂宴会桌次示意图；其三是在现场安排引位员，负责来宾，尤其是贵宾的引导；其四是在每张餐桌上放置桌次牌以及每一位用餐者的姓名卡，以便大家对号入座。

### (三)宴请时主人的礼仪

1. 迎宾入座

宴会开始前,主人应该站在大门口迎接客人。主人要对所有客人表示热烈欢迎,应当确保不冷落每一位客人,不应依客人的身份不同而明显地区别对待,应当关照每一名客人,令其感到备受重视并享受主人的友谊。如果客人有相互间不熟悉的,主人需要逐一介绍,使彼此有所了解,以增进宴会的友好气氛。然后按预先安排好的座位,依次引客人入座。如果客人有坐错位置的,一般应"将错就错",或很巧妙地加以换座,以不伤害客人的自尊心为宜。

2. 按时开宴

客人入座以后,主人要按时开宴。不能因为个别客人误时而影响整个宴会的进行。如果是主要客人或是主宾在开宴时尚未到达,应尽快取得联系,在弄清楚原因后,根据情况采取应急措施,并向其他客人表示歉意。一般来说,开宴延迟10～15分钟是允许的,万不得已时最多不能超过30分钟,否则将冲淡宾客的兴致,影响宴会的气氛。

3. 致辞敬酒

宴席开始时,宴请方应作简短致辞,说明宴请的目的,并致各位来宾以良好的祝愿。在宴会进行过程中,主人一般要按桌次向所有宾客敬酒,不能顾此失彼,不能冷落任何一方。为客人斟酒需至酒杯三分之二处即可。

4. 亲切交谈

宴会进行过程中,主人要不时地寻找彼此都感兴趣的话题亲切交谈。从增进友谊来考虑,对一方避讳的事情,特别是涉及个人隐私的,切不可谈起。对一些要达到一定目的的宴会,不宜深入谈判具体、实质性的问题。一般宴会要做到只叙友情,不谈工作,不可把餐桌变成谈判桌,以免陷入僵局,使双方不快。

5. 注意安全

设宴方应时刻注意全体客人的安全,特别是在使用煤气的火锅店,必须严防火灾,并应警惕防范失窃和流氓行为等;设宴方有责任确保驾车赴宴的宾客不饮酒;当客人进餐完毕时,应呼唤服务人员结账付款,个人的宴请也应索要发票。最好应叮嘱餐厅的服务员就用餐的费用向客人保密。

6. 话别送客

宴会结束前,应征求大家的意见,适时以委婉的方式提出结束宴会,并真诚地感谢各位宾客的光临;设宴主人应热心询问如何安排宾客返回住处。例如,亲自叫出租车,并详细叮嘱交通线路;如果有礼物相赠,应统一规格,以免产生误会。

### (四)宴请的程序

宴请的程序为:迎宾→等候→入席→致辞→就餐→结束→送客

迎宾:主人在门口迎候来宾,客人抵达后,宾主相互握手问候,然后由工作人员将客人引进休息厅;等候:在主宾未到之前,客人应进休息厅等候,如果没有休息厅,客人可直接进入宴会厅,但不入席,等客人到齐后,主人或礼宾员可以邀请众宾客入席进餐;入席:主人应陪同主宾一起入席,待全体客人入座后,宴会即开始,也有的宴会一般宾客先坐好,主人陪同主宾最后就座,此时其他宾客应起立致意;致辞:宴会开始一般由主人致辞,主要内容是欢迎宾客的光临,也可简单解释一下有关宴请的原因,一般致辞宜短不宜长,主人致辞后,主宾可以接着致辞;就餐:宾主双方致辞完毕,宴会进入比较轻松的就餐阶段,此时宾主之间可以相互敬酒、交谈、就餐;结束:宴会水果上来,一般是接近尾声的标志,吃完水果后,通常由主宾先起身离席,宴会即宣告结束;送客:宴会结束后,主宾告辞,主人要送到门口,主宾离开以后,原迎宾人员按顺序排列,与其他客人握手告别。

## 二、赴宴礼仪

宴会是比较隆重的交往场合,赴宴礼仪非常重要。赴宴礼仪掌握得好,能使自己的仪态、形象与风度给他人留下良好的印象。

### (一) 应邀

不管接到任何方式的邀请,都应该尽早答复对方能否按时出席,以便主人能够掌握人数,合理安排。宴请时间临近还未通知主人自己是否出席是不符合礼仪要求的。接受邀请后,不要随意改变,确实有意外情况不能前往,要提前解释,并表示歉意。特别是作为主宾,不能如约前往,更应郑重其事地致歉,甚至登门解释致歉。绝不能在同一天拒绝参加一个宴会以后又赴另一个宴会,这样会使人产生厚此薄彼的感觉。

### (二) 仪表修饰

出席宴会前了解宴会的层次,才能按不同宴会的要求做好着装礼仪。赴宴时应注意仪表修饰,尽可能仪表干净、美观地赴宴。无论男女都要穿既符合自己身份,又合乎宴会层次的服装,参加宴会不能穿拖鞋,不能穿背心,不能浓妆艳抹,另外,要注意皮鞋和袜子的协调,因为这些部位也是宴会上被人关注的地方。

### (三) 守时

赴宴要守时,既不要过早,以免给人急于就餐的感觉而且影响主人待客的准备;又不能迟到,迟到对主人和来客是不礼貌的,会影响宴会的进行。迟到、早退或逗留时间过短,会被认为是有意冷落,都是失礼的行为。可以比主人约定的时间早到一会儿。到达后,要向主人打招呼,可以先到休息室等候,在主人的引导下与其他宾客一起入席。如果没有休息室可以直接进入宴会厅,但不要提前在餐桌旁落座。

### (四) 入席

应邀出席宴请活动,客人应听从主人的安排。进入宴会厅前要先了解自己的桌次和座位安排,入座时注意桌子座位卡是否写着自己的名字,不要随意坐。当主人邀请宾客入席时,首先入席的应该是主人夫妇与主宾夫妇,依次为其他宾客及陪客人员。当长辈、女性入座时,晚辈、男性应该走上前去将他们的座椅稍向后撤,等他们进入合适的位置时,再轻轻地将椅子向前推一点,待其坐稳后,可离开。待同桌的位高者、长者、女士落座后,其他客人一起就座。落座后的椅子与餐桌之间不要过近或过远,20厘米左右的距离最适宜。坐姿要端正,双腿靠拢,双脚平放于地,双手不宜放在邻座的椅背或餐桌上,更不要用两肘撑在餐桌上。

### (五) 进餐

入席后,举止要文雅,不能东张西望或急于翻动菜单、摆弄餐巾、餐具,也不要在众目睽睽之下整理衣装或妆容。进餐过程中,遇到自己不能吃或不爱吃的菜肴,不要拒绝主人的让菜,可取少量放入自己盘中,并表示"谢谢,够了"。劝酒让菜停留在口头上,不要用自己的筷子给别人夹菜,这样会让被敬者为难。吃东西要文雅,闭嘴咀嚼,喝汤不要啜,喝汤、吃东西不要发出响声。汤菜太热,不要用嘴吹,可待稍微凉后再吃。嘴里的鱼刺、骨头不要直接外吐,要用餐巾掩嘴,用筷子或手取出,放在自己的盘内。吃剩的菜、用过的餐具、牙签等,尽量不要放在桌上,要放在自己的盘内。

### (六)交谈

边吃边谈是宴会的重要形式和交往手段。无论是主人还是主宾、陪客,静食不语都是不礼貌的。应该主动和同桌人交谈,不要只同自己的熟人或只同一两个人说话。如果遇到邻座不相识的人,可先自我介绍,认识之后礼貌地与对方交谈。交谈的内容要轻松、高雅,不要涉及对方敏感、不快的问题,也不要对餐馆的服务和饭菜的质量妄加评论。交谈的音量要适当,餐桌上高声地说话是不文雅的,但近乎耳语又会给人以说悄悄话的感觉,同样是不礼貌的。与人交谈时要放下手中的餐具,暂停进食。主人和主宾致辞、祝酒时应暂停进餐,停止交谈,注意倾听。

### (七)致谢

如果主人将餐巾放在餐桌上则意味着宴会结束。如果主人从座位边站起,客人们应随之站起,主人和主宾离席后,其他宾客才能离席。结束时,参加宴会的客人需对宴会主人表示真诚的感谢,感谢主人的热情款待,千万不能吃完饭就立刻离开。无论参加的宴会多么乏味,道别时都不能向主人流露出厌倦或不悦,否则为失礼。

## 案例分析

**案例**

餐饮礼仪过时了吗

周末,小王和小李接到某合作公司的邀请,晚上去饭店参加这家公司的宴会。小王要回家换上正式的衣服,并积极准备送给主人的礼物,小李则认为小王太认真,这些举动毫无意义,两人因餐饮礼仪问题发生了争执。小王认为餐饮礼仪非常重要,必须遵守;小李则认为社会已经发展了,新时代的年轻人更应该讲求个性化,繁琐的就餐礼仪规矩太多,执行起来浪费时间,没有必要,完全可以简化些、轻松些,两人争得面红耳赤。

**分析**

在时间就是金钱的现代信息社会,餐饮文化也在发生变化,如自助餐、冷餐会、野餐会越来越多,AA制也走近我们身边。但在正式餐饮场合,特别是公务交往餐饮场合,餐饮礼仪必不可少,必须遵守。

## 技能训练

**技能训练项目一:设宴情景模拟及实训**

**背景资料**

程苗是一家著名跨国公司的总经理秘书,总经理王先生吩咐其筹备一次正式的晚宴,宴请该公司在国内最大的客户李总裁,答谢李总裁及其公司各位员工一年来对该公司的支持。根据王总经理的要求,晚宴时间定于下周五傍晚6:30,地点由程苗选择,大致范围为市内较高档的酒店,准备邀请客户公司的总裁李先生、副总裁宋女士、业务主管唐小姐、丁先生和公关经理张先生;本公司则安排市场总监赵先生和程苗作为王总经理的陪同人员参加宴会。因为在工作中有过多次接触,程苗与李总裁已经比较熟悉,知道李总裁是四川人,不太喜欢海鲜,非常爱吃麻辣味的食物;而王总经理是广东人,偏爱清淡的食物。

### 情景模拟

1. 模拟李总裁等做赴宴的准备。
2. 模拟程苗等宴会组织方的筹备工作,包括如何发出邀请函,如何与对方确定宴会的时间、地点,如何选择酒店、拟订菜单等。
3. 模拟宾主双方的会面,包括程苗等宴会组织方的迎宾、赴宴方的见面寒暄。
4. 模拟王总经理、程苗和市场总监赵先生在入席、开宴、致辞、进餐和送别等各个环节中的语言、表情和动作。

### 实训作业

根据情景模拟,请为此次宴请做一份请柬并拟一份菜单。

### 技能训练项目二:操作训练

假如你打算在家中宴请几位客人,来宾共有七位且都是男性,其中一位是你的老师,另一位是你的部门经理(顶头上司),另两位是你的同事(其中一位与你的上司曾是中学同学),其他三位是你的朋友,他们与你的关系都不错。这七人中最年长的是你的上司,其次是你的老师,其他人年龄都比较接近。试排列出就餐时的席位(圆桌),并说明理由。

# 相关知识链接

## 主人的餐前准备

莎士比亚说过,在宴席上最让人开胃的就是主人的礼节。如果你是主人,记住餐前细心的准备会减少不必要的麻烦。主人的餐前准备包括以下几个方面:

1. 考虑客人的口味。如果可能的话,尽量了解客人特别的口味喜好或禁忌,或者是民族差异。可以在邀请时简单地问一下,当然也可以提出两三个餐馆请客人选择。如果是请一群人,最好找一个食物选择范围大的餐馆,这样客人们可以找到适合自己口味的食物。

2. 选择熟悉的餐馆,以免新地方的厨师做菜不细心或是环境太吵不适合交谈。另外,记住选择离客人较近的地方,宁可自己多走一点儿路。

3. 提前邀请客人。至少提前一周邀请,可以让客人有充分的时间安排日程。

4. 让客人知道谁是主人,以免结账时客人问"让我来付钱好吧"。另外,如果同客人经常见面,已经建立了一种亲密的工作关系,也可以选择平摊消费。要是这样的话,这样邀请是比较得体的:"下周四一起吃午饭吧?"或"下周四午饭AA制怎么样?"

5. 告诉客人交谈的内容,以便他可以提前准备,并携带相关材料,而且可以使他明确谈论的话题。

6. 提前预订席位。不预订意味着要把时间浪费在等待上,尤其是时间宝贵的早餐和午餐。如果对席位有偏好,例如,喜欢安静的地方,预订时一定要说清楚。

### 就餐举止十忌

1. 忌用餐时口中或体内发出巨大的声响。
2. 忌用餐时整理自己的衣饰,或是化妆、补妆。
3. 忌用餐期间吸烟。
4. 忌再三劝说别人饮酒,甚至起身向别人灌酒。
5. 忌用自己的餐具为别人夹菜、舀汤或选取其他食物。
6. 忌乱挑、翻拣菜肴或其他食物。
7. 忌用餐具对着别人指指点点,或者把餐具相互敲打,搞得铿锵作响。
8. 忌直接以手取用不宜用手取用的菜肴或其他食物。
9. 忌毫无遮掩地当众剔牙。
10. 忌随口乱吐嘴里的不宜下咽之物。

## 第二节 中餐礼仪

中国是文明古国、礼仪之邦,历来崇尚礼仪。在中国这个讲究民以食为天的国度里,餐饮礼仪自然成为饮食文化的一个重要部分。

### 一、中餐餐具及其使用礼仪

中餐的餐具主要有杯、盘、碗、碟、筷、匙六种。在正式的宴会上,水杯放在菜盘正上方,酒杯放在右上方。筷子与汤匙可放在专用的座架上,或放在纸套上。下面介绍一下筷子、勺子、盘子、碗、水杯的使用礼仪。

#### (一) 筷子

筷子是中餐最主要的进餐用具。握筷子姿势应规范,进餐需要使用其他餐具时,应先将筷子放下。使用筷子时要注意以下禁忌:

1. 忌敲筷子。在等待就餐时不能坐在桌旁手拿筷子随意敲打桌子,或用筷子敲打碗碟或茶杯。
2. 忌掷筷子。在餐前发放筷子时,要把筷子一双双理顺,然后轻轻地放在每个人面前。距较远时,可以请人递过去,不能随手掷在桌上。
3. 忌叉筷子。放筷子时不能一横一竖交叉摆放,同一方向不能一根是大头,一根是小头。筷子要摆放在碗的旁边,不能搁在碗上。
4. 忌插筷子。如果在用餐过程中因故需暂时离开,要把筷子轻轻地搁在桌子上或餐碟边,不能插在饭碗里。
5. 忌挥筷子。在夹菜时,不能把筷子在菜盘里挥来挥去,上下乱翻,遇到别人也来夹菜时,要有意避让,不能与别人争菜。

6. 忌舞筷子。在说话时,不能把筷子在餐桌上乱舞;也不要在请别人用菜时,把筷子戳到别人面前,这样做十分失礼。

### (二) 勺子

勺子的主要作用是舀取菜肴和食物。有时,用筷子取食物时也可以用勺子来辅助。尽量不要单用勺子去取菜。用勺子取食物时,不要过满,免得溢出来弄脏餐桌或自己的衣服。在舀取食物后,可以在原处"暂停"片刻,汤汁不会再往下流时,再移回来享用。

暂时不用勺子时,应放在自己的碟子上,不要把它直接放在餐桌上或是插在食物上。用勺子舀取食物后,不要用嘴对着吹,要立即食用或放在自己碟子里,不能再把食物倒回原处。如果取用的食物太烫,也不可用勺子在菜盘中舀来舀去,可以先舀回放到自己的碗里,等凉一些再吃。不要把勺子塞到嘴里,或者反复吮吸、舔食勺子。

### (三) 盘子

盘子在餐桌上一般要保持原位,不要堆放在一起。食碟的主要作用是暂放从公用的菜盘里取来食用的菜肴的。

用食碟时,一次不要取放过多的菜肴,不吃的残渣,如骨、刺等不要吐在地上或桌上,而应轻轻取放在食碟前端。放的时候不能直接从嘴里吐在食碟上,要用筷子夹放到碟边。如果食碟放满了,可以让服务员换一个。

### (四) 碗

碗主要是用来盛放主食、羹汤的,所以要注意以下一些礼仪细节:不能双手端起碗来进食;不能向碗里乱扔废弃物;不能将碗倒扣在桌上。

### (五) 水杯

水杯主要用来盛放清水、汽水、果汁、可乐等饮料时使用。不要用它来盛酒,也不要倒扣水杯。另外,喝进嘴里的东西不能再吐回水杯。

## 二、桌次和位次的排列

中餐的席位排列是中餐宴请活动中最重要的一项,因为它关系到来宾的身份和主人给予对方的礼遇,其席位的排列,在不同情况下,有一定的差异,可分为桌次排列和位次排列两部分。

### (一) 桌次排列

中餐宴请,往往采用圆桌。不仅在不同位置摆放的圆桌有尊卑的区别,而且每张圆桌不同的位次也有尊卑之分。排列圆桌的礼宾次序,主要有以下两种:

1. 两桌组成的小型宴请。通常采用的是两桌横排或两桌竖排的形式。当两桌横排时,面对正门右边的桌子是主桌;当两桌竖排时,距离正门最远的那张桌子为主桌。

2. 三桌或三桌以上组成的多桌宴请。安排多桌宴请的桌次时,除了要注意上面提到的"面门定位"、"以右为尊"、"以远为上"等规则外,还应兼顾其他各桌距离主桌的远近。通常,距离主桌越近,桌次越高;距离主桌越远,桌次越低;相同距离,主桌的右侧桌次高于左侧桌次。

有的餐厅设计的主桌会比其他餐桌大一些,这样便于让宾客分辨哪张是主桌。

## （二）位次排列

宴请时，每张餐桌上的具体位次也有主次尊卑之分，通常要注意以下几点：

1. 主人大都应面对正门而坐，并在主桌就座。
2. 举行多桌宴请时，每桌都要有一位主桌主人的代表在座。位置一般和主桌主人同向，有时也可以面向主桌主人。
3. 各桌位次的尊卑，应以与这桌主人的距离远近来定，离主人比较近的位置比较尊贵。
4. 与本桌主人的距离相同的位次，则以本桌主人面向为准，主人座位右边的位置比较尊贵。
5. 如果主宾身份高于主人，为表示尊重，可以安排在主人位置上坐，主人则坐在主宾的位置上。

排列少于5人的便餐席位时，位次的排列，可以遵循以下四个原则。

1. 右高左低原则

当两人一同并排就座，通常以右为上座，以左为下座。这是因为中餐上菜时多以顺时针方向为上菜方向，靠右坐的人因此要比靠左坐的人优先受到照顾。

2. 中座为尊原则

当三人一同就座用餐，坐在中间的人在位次上高于两侧的人。

3. 面门为上原则

用餐的时候，按照礼仪惯例，面对正门者是上座，背对正门者是下座。

4. 特殊原则

在高档餐厅里用餐，往往有优美的景致或高雅的演出供用餐者欣赏。这时，观赏角度最好的座位是上座。在某些中低档餐馆用餐时，通常以靠墙的位置为上座，靠过道的位置为下座。

## 三、点菜及上菜礼仪

中餐点菜讲究色香味俱全，荤素搭配合理，并且菜名要吉祥，主菜的价格较贵。点菜时还要注意照顾客人的口味与忌讳或是宗教习俗，客人应该遵循客随主便的原则。

一顿标准的中餐大菜，不管什么风味，上菜的次序都相同，一道一道分先后次序上。上菜的一般顺序是，首先是冷盘，接下来是热炒，随后是主食，然后上点心和汤，最后上果盘。上菜的基本原则是，鲜嫩清淡的先上，拼盘先上，名贵的食品先上，店里的名牌菜先上，容易走味的菜先上，时令季节性强的菜先上。

上菜时还要注意，如果上全鱼、全猪、全羊等有头有尾的菜时，头的一边一定要朝向第一主宾的位置，表示对主宾的尊重。如果所上的菜配有佐料，一定要配齐了再上，一般是先上佐料后上菜，也可以把佐料和菜一起上。

## 四、中餐进餐礼仪

与长辈一起用餐时，长辈动筷子后晚辈才能动筷子；不要把汤匙和筷子同时抓在手里，使用筷子时要把汤匙放在盘子上；不要把汤匙和筷子搭放在碗上，不要端着饭碗用汤匙吃饭；用汤匙先喝汤再吃别的食物；饭和汤类用汤匙吃，其他菜用筷子夹；用餐时不要吃出声音,也不要让汤匙或筷子碰碗而发出声音;不要用汤匙或筷子翻腾饭菜,不要挑出自己不吃的食物或佐料;用餐时,不要让食物粘在汤匙和筷子上;共享的食物要夹到各自的碟子上再吃,醋酱和辣酱也最好拨到碟子上蘸着吃;用餐时,不能咽的骨头或鱼刺,避开旁人悄悄地包在纸里放入自己盘中,不要扔在桌子上或地上;用餐时咳嗽或打喷嚏,要把脸移开后用手或手绢捂着嘴,以免失礼;用餐不要太快,也不要太慢,要与别人统一步调;与长辈一起用餐时,要等长辈放下汤匙或筷子以后再放下;用餐后,汤匙和筷子要放在最初的位置,使用过的餐巾叠起来放在桌子上;尽量不要当众剔牙,非剔不可时,用一只手掩住口部,另一只手可以拿牙签剔。剔出来的东西,不要当众观赏或再次入口,也不要随手乱弹或随口乱吐。剔牙后,不要长时间叼着牙签,更不要用来扎取食物。

## 案例分析

### 案例

贾母命王夫人坐了。迎春姊妹三个告了座方上来。迎春便坐右第一,探春左第二,惜春右第二。旁边丫鬟执着拂尘、漱盂、巾帕。李、凤二人立于案旁布让。外间伺候之媳妇丫鬟虽多,却连一声咳嗽不闻。

寂然饭毕,各有丫鬟用小茶盘捧上茶来。当日林如海教女以惜福养身,云饭后务待饭粒咽尽,过一时再吃茶,方不伤脾胃。今黛玉见了这里许多事情不合家中之式,不得不随的,少不得一一改过来,因而接了茶。早见人又捧过漱盂来,黛玉也照样漱了口。盥手毕,又捧上茶来,这方是吃的茶。

(资料来源:《红楼梦》第三回"贾雨村夤缘复旧职 林黛玉抛父进京都")

### 分析

进餐礼仪作为传统礼仪的一部分,在我们日常的礼仪中起着重要作用,而在当今社会生活日益繁杂,社交圈子日益扩大的背景下,为避免尴尬或失礼,学习进餐礼仪是非常有必要的。

## 技能训练

### 技能训练项目一:总结

筷子是享用中餐最重要的工具。结合自己的亲身体会,总结一份使用筷子的失礼备忘录。

### 技能训练项目二:模拟训练

1. 中餐宴会情景模拟训练  2. 中餐的私人宴请席次安排  3. 中餐的工作宴请席次安排

### 相关知识链接

#### 用餐礼仪八个"不"

1. 不宜涂过浓的香水,以免香水味超过菜肴味。
2. 女士出席隆重晚宴时不要戴帽子或穿长筒靴。
3. 刀叉、餐巾掉在地上时不要随便趴到桌下捡回,应请服务员另取。
4. 食物屑塞进牙缝时,不要一股脑儿用牙签把它弄出,应喝点水,试试情况能否改善。若不能,到洗手间处理一下。
5. 菜肴中有异物时,不要面容失色地告知邻座的人,以免影响别人的食欲。应保持镇定,赶紧用餐具把它挑出来扔掉。
6. 不要在妙语连珠的时候不自觉地挥舞刀叉。
7. 不应在用餐时吐东西,如果遇太辣或太烫之食物,可赶快喝水作调适,实在吃不下时到洗手间处理。
8. 女士用餐前应先将口红擦掉,不要在杯或餐具上留下唇印,给人不洁之感。

## 第三节 西餐礼仪

西餐文化源远流长,十分注重礼仪,讲究规矩。秘书人员在公务活动中,会经常代表单位安排宴请或和上司一起参加宴请,其中免不了西餐。西餐桌前的一举一动,都有较讲究的礼仪规范,所以懂得西餐礼仪不论对开展工作还是对交流感情都是非常必要的。

### 一、西餐的特点和"4M 原则"

#### (一)西餐的特点

1. 完整的餐具和器皿

西餐非常讲究餐具。一顿饭虽不像中餐那样复杂,但餐具的使用却很讲究。喝什么酒,用什么样的酒具;吃每一道菜,应该取相应的刀叉。

2. 特有的烹调方法和调味特色

西餐的许多烹调方法和调味特色与中餐不同。例如,同样是鸡,西餐烹调与中餐烹调使它有很大的区别,味道也大不同。同样用白菜做冷盘,中餐可腌制成泡菜,西餐则可制成蔬菜沙拉,味道迥然不同。

3. 标准的出菜顺序

西餐先用什么,再用什么,什么时候用甜点,什么时候上色拉都有固定的安排,一般不能颠倒顺序。

4. 严格的用餐要求

用餐时,如何使用餐具,如何取食物,不同的食物用什么样的吃法,等等,都有严格的要求。

### (二) 西餐的"4M 原则"

要了解西餐礼仪,必须要了解西餐的"4M 原则":第一,Menu,即精美的菜单;第二,Mood,即迷人的气氛;第三,Music,即动人的音乐;第四,Manners,即优雅的礼节。西餐宴会自始至终都要坚持"4M 原则"。要重点了解其中的第四个原则,即"优雅的礼节"。

## 二、赴宴前的准备

### (一) 回复请柬

看清请柬要求,如需回复(在请柬的左下方印有 R.S.V.P 字样即"敬请答复"),就得在一天之内答复主人是否能赴宴。

### (二) 选择服装

穿着得体是欧美人的着装要求,再昂贵的休闲服,也不能随意穿着上高档西餐厅吃饭。去高档的西餐厅,男士要穿正装;女士穿晚礼服或套装并配有跟的鞋子;女士化妆要稍重,因为餐厅内的光线较暗;如果指定穿正式服装的话,男士必须打领带;如果请柬上有服装要求,应选择符合主人要求的服装,力求干净整洁,讲究个人卫生。

### (三) 准时赴宴

到西餐厅赴宴最好准时。在约定时间到达是基本的礼貌,有急事时要提前通知取消定位,并且一定要道歉。

西餐午餐时间为上午 11 点半开始,晚上 6 点半后开始为晚餐,如果客人早到了可以先在酒吧喝点酒,然后再进入餐厅。进入餐厅时,男士应先开门,请女士先进入。

## 三、入席的礼节

### (一) 注意座次安排

座次安排的不同是中西餐礼仪中差别较大的一点。西餐桌一般为长方形,主客间隔、男女间隔,以便大家都有结交新朋友的机会。西餐座次安排如图 8-1。

图 8-1 西餐座次安排

### (二) 入座

赴西餐宴会应首先向女主人打招呼、握手,然后再转向男主人,这是西方的习俗,颠倒次序是失礼的。

客人要在主人的带领下依次入座。次序是,男主人带领女主宾第一个入座,女主人引领男主宾最后入座。女主人的右边是男主宾,男主人的右边则是女主宾。男宾入席时如果发现座边有女宾时,应替女宾拉开椅子,待其就座后,自己才可坐下,女宾此时也应表示感谢。现代女性多自己拉开椅子入座。其他客人由服务员引座。商务宴请,一般没有女主人,双方身份最高者先入座。

入座时从座椅左侧入座,要轻、稳、缓,避免相互碰撞。走到座位前,转身后轻稳地坐下。如果椅子位置不合适,需要挪动椅子的位置,应当先把椅子移至欲就座处,然后入座。坐在椅子上移动位置是违反社交礼仪的。女子入座时,若是裙装,应用手将裙子稍稍拢一下,不要坐下后再拉拽衣裙,那样不雅观。

入座后,坐姿端正,双手放在膝盖上;双膝自然并拢,双腿正放或侧放,双脚并拢,或交叠或成小V字形。男士两膝可分开一拳左右的距离,步态可取小八字步或稍分开以显自然洒脱之美,但不可尽情叉开腿脚,不可跷腿。如果长时间端坐,可双腿交叉重叠,但要注意将上面的腿向回收,脚尖向下。女士入座要娴雅、文静、柔美,两腿并拢,双脚同时向左或向右放,两手叠放于左右腿上。

就座后,不要用手托腮或将双臂肘放在桌上。不要随意摆弄餐具或餐巾,要避免一些不合礼仪的举止体态。例如,随意脱下上衣,解下领带,卷起衣袖;说话时比比画画,频频离席,或挪动座椅;头枕椅背打哈欠,伸懒腰,揉眼睛,摇头发,等等。

女主人拿起餐巾打开,表示宴会正式开始,这时客人才可以动餐巾,将餐巾对折轻轻放在膝上,准备享用美餐。

### 四、使用餐巾与餐具的礼仪

#### (一) 餐巾的使用

餐巾是西餐特有的,餐巾可以对角折,也可以对边折,小餐巾可以不折,放在膝盖之上,用来保护服装。不能围在脖子上或塞在衣兜里。

入座后摊开餐巾或离座前收起餐巾,都要以主人为先。宴会开始的信息是女主人拿起餐巾打开,结束的信号是女主人拿起餐巾沾沾嘴,然后把餐巾放在桌上。

干杯、致辞,或中途要临时离席,或者接打电话,应把餐巾放在自己椅子的靠背上,以示还要回来。如果放在盘子旁边,就意味着结束进餐了,服务员将把餐具收走。

餐巾只能用来擦嘴、擦手指尖,而不能用来擦脸或脖子,更不能用来擦餐具和桌子。用餐过程中可用餐巾轻轻擦去嘴边和手上的油渍或脏物,女士注意擦嘴时不要让口红弄脏餐巾。

宴会结束离席时,应将餐巾大致折叠一下放在桌子上,表示不想再吃了。

#### (二) 餐具及其使用

1. 餐具

西餐的主要餐具是刀、叉、勺,另有瓷器器皿和其他餐具。

(1) 刀。刮牛油应该用牛油刀,牛油刀短小,刀面稍宽,便于刮牛油;吃鱼应该用鱼刀,鱼刀的刀面宽,无刀齿;吃牛排应该用牛排刀,牛排刀较大,刀面宽,刀齿细,便于切割;

吃鸡、鸭、猪排应该用一般刀,其大小如牛排刀,但刀齿较钝;吃水果应该用较小的水果刀,水果刀较细小,有刀齿。

(2) 叉。叉有大有小,一般吃肉类的叉较大,吃海鲜的叉稍微小一点,吃水果、蔬菜、沙拉用的叉则较小。用叉亦如用刀,不能一叉用到底。

(3) 匙。喝汤用汤匙,调咖啡用咖啡匙,吃布丁及冰淇淋,用比汤匙小的甜点用匙。桌面上取菜用的专用匙则较大。

(4) 瓷器器皿。13寸大盘,用于桌上摆设;10寸、11寸餐盘,是主菜用餐盘;8寸点心盘,是点心、沙拉通用盘;6寸面包盘,是面包或奶油用盘;汤碗及底盘,专为盛汤用;谷类碗,是早餐牛奶冲麦片专用的;奶水盅,是调牛奶专用的。

(5) 其他餐具。糖块夹、果汁勺、派铲、点心铲、龙虾钳及各式杯子等。

2. 杯子的使用

欧美人在正式场合,使用杯子有严格区别,而且已成定规,错用杯子会使人感觉不自在。杯子包括饭前酒杯、用餐酒杯、饭后酒杯、水杯、果汁杯、咖啡杯等。

3. 刀、叉的使用

刀、叉是西餐最主要的餐具。习惯用法是左手持叉,右手握刀。欧洲式用法是,左手用叉按住食物,右手食指按在刀背上,左右配合,用力要轻、稳,不要使刀、叉、盘、碟发出相互碰击声。用刀把食物切成小块,再用左手握的叉叉住切下的小块食物送入口中,切下一小块吃一小块。美国式用法则稍有不同,即按上述方法将食物切成小块后,将刀斜放在盘子上,右手改持叉将小块食物送入口中,甚至可以将叉齿向上,把食物铲着送入口中,然后再改用左手持叉,右手再持刀切割,周而复始。不论哪种方式,都必须切割一块吃一块,而不能将盘中食物先全部切碎,再持叉一块接一块吃。有的食物如果可用叉分割,就不一定非用刀。

盘中的食物如果需推移,应用刀(必要时可用左手持刀)推移。不能转动盘子以转变食物堆放的方位。所有的食物,都要用叉取食,切忌用刀进食。吃面条也要用叉,但要用叉卷起来送入口中,不可挑起来吃。刀、叉等餐具用毕后,要放置于盘碟上,不能放在碗内。注意刀、叉不可以碰响餐具,不可以手持刀、叉比比画画。

刀、叉取用的顺序是,按上菜的顺序由外向内取用,吃一道菜,用一副刀、叉。用完后将刀、叉并排放在盘中央,刀右叉左,叉面向上,汤匙把向着自己,表示用餐完毕,服务员见了会将餐具撤走。如果中间有事暂离餐桌,可将汤匙斜放,刀、叉交叉摆放在盘中或摆成八字形搁在盘边,刀、叉头均朝外,表示尚未吃完,服务员就不会撤去餐具。千万不要把刀、叉并在一起横放在盘子上,头向左前方,刀刃对着自己或他人,这是西餐桌上的禁忌。

## 五、进餐的礼仪

入座后,主人招呼,即开始进餐。

取菜时,不要一次盛得过多。盘中食物吃完后,如果不够可以再取。如果由招待员分菜,需增添时,待招待员送上时再取。如果本人不能吃或不爱吃的菜肴,当招待员上菜或主人让菜时,不要拒绝,可取少量放在盘内,并表示"谢谢,够了"。对不合口味的菜,不要显露出难堪的表情。

西餐的上菜顺序是，面包、汤、各类菜肴、甜点、水果、咖啡或红茶。如果是正式宴会，内容则可能更加丰富。因此，出席西餐时应先熟悉一下菜单，不要一上来就吃饱，接下来就无法应酬了。

吃东西要文雅。闭嘴咀嚼，喝汤不要啜，吃东西不要发出声音。如果汤、菜太热，可稍待凉后再吃，切勿用嘴吹。嘴内的鱼刺、骨头不要直接外吐，用餐巾掩嘴，用手取出，或轻轻吐在叉上，放于盘内。

吃剩的菜，用过的餐具牙签，都应放在盘内，不要随便放在桌上。嘴内有食物时，切勿说话。剔牙时，用牙签，同时要用手或餐巾遮住嘴。

西餐有不同的吃法和礼节要求，下面分项介绍。

### （一）用汤的礼仪

除主食外，西餐的第一道菜往往是汤。在主人拿起汤匙以前，客人不得先动手取用。

汤上来时，应用右手持汤匙，先斜斜地沉入汤碗，再由身边往前向上舀出，而不是由外向内舀汤的中式吃法。

喝汤时，要从匙的旁边喝，不要从顶端喝。第一次舀汤宜少，先尝试温度，温度适宜时，连匙带汤一起送入口中，而不能啜，更不能发出响声，也不能一匙汤分几口喝完。汤将喝完时，可用左手持汤盘向外倾斜，以便取剩在盘底的汤。有的宴会用两侧有耳的杯盛汤，这时可用两手持杯耳，端起来喝。

喝完汤，汤匙应搁在汤盘上或托汤盘的碟子上，汤匙应指向自己。

用汤时注意汤匙不可盛得太满，不要让汤水滴下来。如果汤的温度较高，应待其自然冷却，而不要用匙任意搅或用口吹凉。汤匙接触碟子时，尽量不要发出声响。

### （二）吃面包的礼仪

面包属于西餐的主食。面包一般在宴会开始前5分钟先上桌。但在正式宴会上，面包是等喝完汤才开始吃的。吃面包时，不能用刀切割面包，也不可用嘴咬，而应用手撕成小块吃，吃一块撕一块。如果要涂牛油或果酱，应先撕下小块放在餐碟上，再用刀把牛油或果酱涂在小块上，送入嘴中一口吃下去；不可先涂整块，再撕下来吃，也不能一次只吃半口，又剩半口接着吃，更不能拿自己用过的牛油刀到牛油皿或果酱皿里取牛油或果酱。

如果吃面包配汤，应一口面包一口汤交替着吃。撕面包时，碎屑应用碟子盛接，不要弄脏餐桌。不可用叉子叉着面包吃或把面包浸在汤里再捞出来吃。如果是法式面包，则可以在面包上先涂上几口都吃不完的一大片牛油或果酱，然后再撕成一块一块吃。

西餐中可以用手拿着吃的食物有：带芯的玉米、肋骨，带壳的蛤蚌和牡蛎、龙虾，三明治、干蛋糕、小甜饼、脆熏肉、蛙腿、鸡翅、排骨、土豆条、炸薯片、小萝卜、橄榄和芹菜等。

### （三）吃海鲜的礼仪

在正式的西餐宴会上，有时第一道菜可能是开胃小菜如虾或其他海鲜等，但鱼总是在汤后面上的。

吃鱼片时，可持叉进食，少用刀。如果吃一条完整的鱼，应先将头、尾、鳍依次切除，推在盘子一旁，再用刀将鱼身的上层肉轻轻切割成小块，然后用叉取小块鱼肉吃。吃完鱼的上层肉，应用刀、叉把鱼的主骨从左侧挑起放在盘子边缘，然后再用同样方法吃另一半，切忌把鱼翻过来吃。去除鱼骨时要用刀、叉，不能用手直接取。如果吃到骨头，不能直接吐出，而是先用一手掩口，再用另一手的拇指自唇部取出，也可吐在叉子上再放到盘子里。如果鱼盘里有柠檬片，可用刀、叉挤汁并将其汁液滴在鱼身上去腥味。

吃贝类海鲜时，应以左手持叉，将其肉挑出来吃。吃龙虾时应左手持叉将虾尾叉起，右手持刀插进尾端压住虾壳，用叉将虾肉拉出再切食；龙虾脚可用手指撕去虾壳再吃。食后用放有柠檬片或花瓣的水盂洗手指，切不可把这盂水喝了。

**（四）吃肉类的礼仪**

西餐中的牛排，其熟度通常分为四种，即带血的、半生的、七成熟的、熟透的。如果服务员问你"要几分熟的牛排"，要一次回答正确，否则如果嫌太生而不敢吃或让人去重烤，都是失礼的。

切牛排时应由外侧向内侧切，如果一次未切下可再切一次，但不能像拉锯似的来回锯，也不能拉扯。切下的肉大小要适当，不要大块往嘴里塞。

猪排和羊肉都要吃熟透的，吃法同牛排一样。吃烤鸡或炸鸡时，也要用刀、叉。如果是整只雏鸡或乳鸽，可先将其自脯部剖成两半，然后用叉压住，用刀割下腿肉和脯肉，不要将其翻转。嚼肉时，双唇应合拢，不要有响声；口中食物如未咽下，则不要再往嘴里塞。遇有骨头，也不能直接吐，处理方法与吃鱼时相同。

**（五）吃蔬菜和色拉的礼仪**

1. 蔬菜的吃法

配制在主菜里的蔬菜都可以吃，如果菜叶太大，应用刀在盘中切割，然后再用叉送入口中。下面是一些蔬菜的具体吃法：

（1）芦笋。如果要吃的芦笋中有汤汁，先切成小块，再用刀、叉食用。如果芦笋很大且需要蘸汁，先把头切下，然后分开吃，以防滴汁或掉渣。也可以用手拿着茎柄，蘸汁吃。对于小的芦笋则可以用手拿着蘸汁食用。

（2）玉米棒。鲜玉米棒大多是在非正式场合吃的，可以先把它掰成两段，再一段一段地吃。吃时可以横着吃也可以转圈吃。值得注意的是，一次不要在上面抹撒太多的黄油或调料。先集中数排或一部分抹黄油，撒盐。吃完后再换地方，这样手和面部就不会过多地沾染调料。

（3）西红柿。除做色拉以外，西红柿可以用手拿着吃。可挑个小点的，正好放入嘴中，不要张嘴咀嚼，要把嘴唇闭紧，以免汁液溅出来。

（4）土豆。土豆片和土豆条是用手拿着吃的。小土豆条可以拿着吃，但用叉更好。如果土豆条太大，不好取用，就用叉分开，不要扎在叉上咬着吃。如果土豆条里没有汁，就要使用叉，把番茄酱放在盘子边上，用手拿或用叉取小块蘸汁吃。烤土豆在食用时往往已被切开。如果没有切开，用刀从上部切入，用手或叉将土豆掰开一点，加入奶油、小葱、盐和胡椒粉，每次加一点。

2. 色拉的吃法

按照传统，色拉要用叉吃，但是如果色拉的块太大，应切开以免从叉上掉下来。当色拉作为主食吃的时候，不要把它放在餐盘里，而要放在自己的黄油盘里，靠在主盘旁，通常用一块面包或蛋卷把叉上的色拉推在盘子里。

青豆等豆子可用叉先压扁，再用叉面舀起来吃，不要一粒一粒叉着吃。小片的番茄、芹菜条可用手拿着吃,也可用叉取食。玉米棒插上牙签、木棒,可以拿起来啃,也可用刀、叉弄下玉米粒后,再用叉舀着吃。

### (六)吃点心的礼仪

吃点心要用点心匙和中号叉。

蛋糕饼,可用叉分割成小块,较硬的可用刀切割成小块,可用叉叉着吃,也可用叉面铲着吃。吃三角形蛋糕要从顶点一头开始吃。吃冰淇淋、布丁等较软的点心时,一般使用小勺;当它们和蛋糕或馅饼一起吃或作为主餐的一部分时,要使用一把点心叉和一把点心勺。如果吃的是小块硬饼干,可用手取食。

注意吃点心时不要让蛋糕屑、奶油等沾在嘴巴边。如果想给别人取食点心,不要用手拿,可用叉或刀托着送过去。

### (七)吃水果的礼仪

在宴会上,一般都要请客人吃水果。非正式宴会,吃水果可随便些,而在正式宴会上,吃水果就要讲究礼仪了。

(1)苹果、梨。在宴席上,要用手拿取苹果或梨,放在盘里。可以用刀将其螺旋式削皮。如果这样做很难的话,可将水果放在盘里,先切成两半,再去核切块,然后用叉或水果刀取食。如果场合更随便点的,也可以用手拿着吃。

(2)鳄梨。带壳的鳄梨需要用勺挖着吃,如果切成片装在盘子里或拌在色拉里,要用叉取食。

(3)柚子、橙子、橘子。吃柚子时,要先把它切成两半,然后用茶匙或尖柚子匙挖出吃。在非正式场合,可以把柚子汁小心地挤到茶匙中。剥橙子皮有两种方法,这两种方法都要使用尖刀:方法一是螺旋式剥皮;方法二是先用刀切去两端的皮,再竖直将皮一片片切掉。剥皮后,可以把橙肉掰下来。如果掰下的部分不大,可一口吃掉。如果太大,要使用甜食刀切开食用。如果橙子是切好的,也可以像吃柚子那样使用柚子匙或茶匙挖着吃。吃橘子要先用手剥去皮,再一块一块地吃。

(4)香蕉。如果是餐桌上吃香蕉,要先剥皮,再用刀切成段,然后用叉叉着吃。在非正式场合如野餐,海滩快餐等,要把香蕉剥出一半,然后像猴子吃香蕉一样吃。

(5)无花果。鲜无花果作为开胃品与五香火腿一起吃时,要用刀、叉连皮一起吃下。作为饭后甜食吃时,要先把无花果切成四块,在橘汁或奶油中浸泡后,用刀、叉食用。

(6)葡萄。对于无籽葡萄没什么讲究,一粒粒地吃就行。若葡萄有籽,应把葡萄放入口中吸食肉质,然后把籽吐到手中。要想容易地剥去葡萄皮,则要持其茎部放在嘴边,用中指和食纸将肉汁挤入口中,最后把剩在手中的葡萄皮放在盘里。

(7)桃子。将桃子先切成两块,再切成四块,用刀去核。皮可以剥下来,但如果带着皮切成小块,用甜食刀、叉食用也可以。

(8)芒果、木瓜。整个芒果,要先用锋利的水果刀纵向切成两块,再切成四块。用叉将每一块放入盘中,皮面朝上,剥掉皮。也可以像吃鳄梨那样用勺挖着吃,即把芒果切成两半,挖食核肉,保留皮壳。吃木瓜像吃鳄梨或小西瓜一样,先切成两半,抠出籽,然后用勺挖着吃。

(9)柿子。吃柿子有两种方法:一是先切成两半,然后用勺挖出柿子肉;二是将柿子竖直放在盘中,柄部朝下,切成四块,然后再借助刀、叉切成适当的小块。食用时将柿核吐在勺中,放到盘内的一边。

（10）菠萝。吃鲜菠萝时,始终使用刀和叉。

（11）西瓜。切成块的西瓜一般用刀和叉吃,吃进嘴里的西瓜籽要及时清理,并吐在紧凹的手中,然后放入自己的盘子。

（12）草莓。大草莓可以用手拿柄部,蘸着白砂糖整个吃。然后将草莓柄放入自己的盘里。如果草莓是拌在奶油里的,当然要使用勺子。

（13）浆果、樱桃。其吃法很多,可视情况而定,一般来说,吃浆果时,不管有无奶油,都要用勺子;吃樱桃要用手拿,将樱桃核文雅地吐在紧凹的手中,然后放入自己的盘子。

现在为了方便,宴会上通常端上事先去皮切块的水果,如西瓜、香瓜、苹果、梨、菠萝等,上插牙签,以便用牙签戳着吃。

吃水果应一小口一小口地吃,不要一下子把嘴塞满,也不能边吃边谈,更不能将果皮果核乱吐乱扔。

西餐在吃水果前,通常要送上撒有花瓣的洗手钵,专供洗手用。但要注意,千万不能把整个手伸进去洗,只能洗手指尖；洗毕,用餐巾擦干手,然后吃水果。同样,吃完水果,也应先洗手指,再用餐巾擦干,而不能未洗手指就用餐巾直接擦。

### （八）饮酒的礼仪

西餐礼节是分餐制,宾主互相敬酒,但不劝酒。主人认为客人喝多少酒是客人自己的事情,应该尊重客人的选择。

作为主宾参加外国举行的宴请,应了解对方的祝酒习惯,即为何人祝酒,何时祝酒,以便做必要的准备。碰杯时,主人和主宾先碰,人多时可同时举杯示意,不一定碰杯。祝酒时注意不要交叉碰杯。在主人和主宾致辞、祝酒时,应暂停进餐,停止交谈,注意倾听,也不要借此机会抽烟。奏国歌时应肃立。主人和主宾讲完话与贵宾席人员碰杯后,往往到其他各桌敬酒,遇此情况应起立举杯。碰杯时,要目视对方致意。

西餐的酒水是配合菜肴进行的,次序固定。主菜是红肉搭配红酒,鱼类搭配白酒,上菜之前可以饮用香槟、雪莉酒或吉尔酒等较淡的酒。

服务员将少量酒倒入酒杯中,会请客人鉴别一下品质是否有问题,客人应先喝一小口并回答好坏,再把酒杯放在桌上由侍者去斟酒。当主人或服务员斟酒时,无需拿起杯子；如果不想喝酒,直接表示"不用了,谢谢",斟酒者将尊重个人选择。

正确的握杯姿势是用三根手指轻捏杯脚。为避免手的温度使酒温升高,用大拇指、中指和食指握住杯脚,无名指和小指放在杯子的底台固定。喝酒时绝对不能吸着喝,而要倾斜酒杯,像是将酒放在舌头上似的喝。轻轻摇动酒杯让酒与空气接触以增加酒味的醇香,但不要猛烈摇晃杯子。也不要一饮而尽,不要边喝边透过酒杯看人,不要拿着酒杯边说话边喝酒,不要吃东西时喝酒,不要把口红印在酒杯上,等等,这些都是失礼的行为。

宴会上相互敬酒表示友好,活跃气氛,但切忌喝酒过量。喝酒过量容易失言,甚至失态,因此必须控制在本人酒量的三分之一以内。

## 六、席间礼节

### (一)交谈

席间交谈时,注意声音放低,以免破坏西餐的高雅就餐气氛。同时照顾左右两边的人,不可冷落任何一方。邻座如果不相识,可先自我介绍。交谈时切勿将刀、叉对着对方,否则是对对方的不尊敬,会使对方厌恶。

### (二)衣服

在正式宴会上,无论天气如何炎热,都不能当众解开扣子或脱下外衣。小型便宴,如果主人请客人宽衣,男宾可脱下外衣搭在椅背上。

## 七、退席礼节

当大家差不多吃完时,女主人可将餐巾略加折叠,放在桌上,宴会结束,其他人应随其动作,跟随女主人退席。依然从椅子左侧退出,告辞时应表示感谢。

# 案例分析

### 案例

改革开放初期,有一次××公司的一个部门经理到美国去考察,刚下飞机就去赴宴。服务员在每个人的旁边都上了一碗水。由于这位经理刚下飞机特别口渴,所以拿起碗就咕咚咕咚地喝了下去,这时大家都在惊讶地盯着他。美方的一位部门经理是接待方中职位最高的,为了挽回这个尴尬的场面,也顺手拿起碗喝了下去,大家看上司喝了也都喝了下去。

### 分析

通过这件事,可以看出懂得西餐礼仪是多么重要。如果中方的这个经理事先知道那碗水是饭前用来洗手的,就不会犯那样的错误,就不会让其他人跟着他一起喝这样的水了。

# 技能训练

### 技能训练项目一:选择

1. 属于西餐"4M 原则"的是(    )。
   A. Menu         B. Manners        C. Mood         D. Music
2. 西餐舀汤时,汤匙是(    )。
   A. 由外向内舀   B. 由身边往前向上舀出   C. 中间舀出   D. 随便舀
3. 西餐中主菜若是红肉应搭配(    )。
   A. 白酒         B. 红酒           C. 香槟酒       D. 雪莉酒

### 技能训练项目二:秘书工作

假如你是大山公司的秘书张华,下面是营销经理李明要求你完成的工作任务,请按要求完成。

---

**便 条**

张华:

　　公司决定为新聘人员进行上岗前的培训,主题为"中餐礼仪"与"西餐礼仪"的比较,由我主讲。请你就接待礼仪的相关要点为我提供一份讲课提纲。

　　谢谢。

营销经理 李明<br>××年×月×日

---

**技能训练项目三:情景分析与讨论**

**情景材料**

　　兴隆公司接待了一个来访的外国考察团,双方互不相识,通过传真及电话联系好相关接待事宜,秘书为了能够顺利接机,特别请对方用传真传来考察团成员的照片,并在接机时事先准备好一块牌子,写好来访公司的名称。这样宾主双方顺利接上了头。客人到达后,直接被迎到下榻宾馆,第二天晚上,公司设宴招待考察团,席间,接待人员频频热情劝酒、劝菜。用餐后结束时,还有一些菜没有吃完,秘书虽然觉得可惜,但那样的场合也不好意思打包。公司接待人员都觉得接待工作热情有礼,服务周到。但外商却表现出并不满意的样子。

**实训要求**

　　根据情景材料分析并讨论外国考察团为什么对热情的接待不满意。

**技能训练项目四:情景模拟**

**情景材料**

　　美国一家公司的一个商务代表团由总经理史密斯带队到我国某市航天医药公司进行项目合作谈判,成员有2男1女。谈判达成协议后,航天医药公司在本市一家五星级酒店宴请美方人员。总经理责成秘书安勤负责宴请的安排工作。

**实训要求**

　　根据情景材料,模拟演示以下场面的情景:就座、放餐巾、喝汤、吃面包、吃蔬菜、暂时离位、用餐完毕、吃水果、喝咖啡等。

# 相关知识链接

宴会中处理意外的方法和席间禁忌

## 一、处理意外的方法

　　餐桌上时常会有尴尬的事发生,要冷静处理,才不会扩大消极影响。

　　碰撒酒水、菜汤之类,当事人不要慌,先用餐巾吸干酒水,或叫服务员帮忙。坐在旁边的人可拿自己的餐巾给他擦拭,坐在远处的人最好装作没看见,以减少当事人的不安和尴尬。

　　如果不慎将菜汁、汤汁、水果汁、茶水、酒水、咖啡等溅到邻座人员身上,应立即道歉,并协助对方擦干;如果对方是女性,则不宜帮助擦,而应递上干净的餐巾或手帕,由她自己擦。

筷子等餐具掉在地上不必捡起来,请服务员再拿一双即可。

如果不慎吃进烫嘴的食物,赶快拿起水杯喝一口饮料,实在不行就吐在餐巾里。

## 二、席间禁忌

咳嗽、打喷嚏、打饱嗝等,都属于不应该发出的声音,最好控制住。

如果确实要咳嗽、打喷嚏,应立即用餐巾纸捂住嘴,把脸侧向一旁,并向旁边人道歉。

吃饭时不要咀嚼出声,可以闭上嘴咀嚼。

不要一边嚼饭一边与人交谈,要把饭咽下去再说。

不要只顾自己埋头吃饭,不与旁边的人交谈。

不要大声喧哗,不顾旁边的人。

不要当众剔牙、补妆、伸懒腰。

# 第四节 茶、咖啡、酒礼仪

茶是人们日常生活中不可缺少的,中国有句俗语:"开门七件事:柴、米、油、盐、酱、醋、茶。"饮茶习惯在中国人身上根深蒂固。唐中叶,陆羽总结前人与当时的经验,完成了世界上第一本有关茶的著作——《茶经》,此后饮茶风气很快遍及全国,上自帝王公卿,下至贩夫走卒,莫不嗜茶;附近的高丽、日本、东南亚各国,也有了饮茶的风尚。到了17世纪中叶,饮茶也成为英国贵族的时尚。

## 一、茶饮用礼仪

### (一)茶的种类

茶树主要分布在热带或亚热带地区,茶叶是摘取茶树嫩叶制作而成的,因为制作的方法不同,茶有不同的种类。

1. 绿茶

绿茶是对新鲜的茶叶进行炒制,利用高温破坏其中所含的酶并防止其发酵而制成的。绿茶沏出的茶水色绿,清汤绿叶,有沁人心脾的清香,味鲜醇。

我国著名的绿茶有:产于杭州龙井的龙井茶、产于江苏太湖洞庭山的碧螺春、产于安徽黄山的黄山毛峰、产于安徽六安齐云山的六安瓜片、产于河南信阳大别山区的信阳毛尖、产于贵州黔南都匀山区的都匀毛尖等。

2. 红茶

红茶是以新鲜的茶叶经过一定时间的烘制,待其完全发酵后制作而成。在沏水冲泡之前,它的色泽油润乌黑。在沏水冲泡之后,它则具有独特的浓香和爽口的滋味,还能暖胃补气,提神益智。

红茶性温,宜在冬天饮用。红茶最著名的就是安徽祁门县的祁门红茶,此外,还有产于云南西双版纳的滇红茶。

3. 乌龙茶

乌龙茶的制作加工方法介于绿茶和红茶之间,是一种半发酵的茶叶。外形肥大、松散,茶叶边缘发酵,中间不发酵,整体外观上呈黑褐色。

沏水冲泡后的乌龙茶色泽凝重鲜亮,芳香宜人。不仅可以化解油腻,而且健胃提神。

乌龙茶多产于福建,其中最著名的是福建安溪县的铁观音、福建武夷山的武夷岩茶。

4. 花茶

花茶又叫香片,是绿茶经过各种香花熏制而成的。它的最大特点是沏水冲泡后芳香扑鼻,口感浓郁,味道鲜嫩。一年四季都可以饮用。

花茶可以分为茉莉花茶、桂花花茶、玫瑰花茶、白兰花茶、珠兰花茶、米兰花茶等多个品种,其中茉莉花茶最受欢迎。

5. 砖茶

砖茶是特意将茶叶压紧后,制作成一种类似砖块形状的茶叶品种。它受一些少数民族的喜爱,特别是添加奶、糖等之后煮着喝味道更美。

6. 袋茶

袋茶并不是茶叶的某一个品种,而是为了饮用方便,将绿茶、红茶、乌龙茶或花茶甚至补品、药品分别装入纸袋内。饮用时将纸袋放进杯子,然后冲泡就行。

根据生活习惯,南方人爱喝绿茶,北方人爱喝花茶,东南沿海一带的人爱喝乌龙茶,欧美人爱喝红茶,特别是袋装红茶。在待客时要因人而异。

**(二) 茶具的选择**

饮茶时,因所选茶叶不同,所用茶具的品种也不同,更因为饮茶是一种文化,所以在选择茶具时首先要注意其干净、卫生、实用等基本特点,茶具的艺术性、制作的精细与否,也是人们选择的重要标准。明代冯可宾在《茶录》中写道:"茶壶以小为贵,每客小壶一把,任其自斟自饮方为得趣。何也?壶小则香不涣散,味不耽搁。"茶具选配得体,才能尝到真正的茶味。

茶具包括储茶用具、泡茶用具、喝茶用具。

储茶用具,指的是平日存放茶叶的专用器皿,其基本要求是:防潮、避光、隔热、无味。如果要存放上佳的茶叶,最好用特制的茶叶罐,如锡罐、铝罐、竹罐,尽量不用玻璃罐、塑料罐,更不要长时间以纸张包装茶叶。另外,取茶时,不要直接下手从储茶用具里取茶叶,要用匙或是直接以茶罐将茶叶倒入茶壶、茶杯。

泡茶用具也有一定要求。在比较正规的情况下,泡茶用具和喝茶用具往往要区分开。正规的泡茶用具,最常见的是茶壶,多是由紫砂陶或陶瓷制成。

饮茶用具,是指饮茶时所使用的茶具。一般来说,饮茶用具主要是茶杯、茶碗,茶杯首选紫砂陶茶杯或陶瓷茶杯,也可选玻璃杯。饮用花茶,为了保持香气,可用壶泡茶,然后斟入瓷杯饮用;饮用大宗红茶或绿茶,须注重茶的韵味,可选用有盖的壶、杯或碗泡茶;乌龙茶的饮用则重在"啜",所以用紫砂茶具泡茶较合适;饮西湖龙井、洞庭山碧螺春、君山银针、黄山毛峰等细嫩名茶,则用玻璃杯直接冲泡最理想。其他细嫩名优绿茶,除选用玻璃杯冲泡外,也可选用白色瓷杯冲泡饮用。不过,不论冲泡何种细嫩名优绿茶,茶杯均宜小不宜大,因为杯大则水量多,热量大,会将茶叶泡熟,使茶叶色泽却失绿翠,而且会使芽叶软化,不能在汤中直立,失去绿茶的姿态美,还会使茶香减弱,甚至产生"熟汤味"。另外,冲泡红茶、绿茶、黄茶、白茶,也可以使用盖碗。

如果饮茶时同时使用茶壶,最好茶杯、茶壶相配套,以便和谐而美观,尽量不要东拼西凑。若是同时用多个茶杯,也应注意配套问题,不要选用破损、残缺、有裂纹、有茶锈或污垢的茶杯待客。

### (三) 倒茶、端茶、续茶礼仪

倒茶、端茶、续茶礼仪在秘书的各项工作中既适用于客户来公司拜访,又适用于商务餐饮中,要注意以下几点。

首先,茶具要清洁。泡茶之前,一定要把茶具洗干净,尤其是久置未用的茶具,更要细心地用清水洗刷几遍。在泡茶、倒茶之前最好用开水烫一下茶壶、茶杯。这样既讲究卫生,又显得彬彬有礼。如果不管茶具干净不干净,胡乱给客人倒茶,这是不礼貌的表现。如果是一次性杯子,在倒茶前要给一次性杯子套上杯托,以免水热烫手,让客人一时无法端杯喝茶。

其次,茶叶要适当,茶水要适量。如果客人主动介绍自己喜欢喝浓茶或淡茶的习惯,就应按照客人的要求把茶泡好。倒茶时,无论是大杯还是小杯,都不宜倒得太满,容易把桌子、凳子、地板弄湿,还会烫伤自己或客人的手,使宾主都很难为情。也不宜倒得太少,如果茶水只遮过杯底就端给客人,会使人感觉不是诚心实意。

再则,端茶要得法。按照我国的传统习惯,应该用双手给客人端茶。有杯耳的茶杯,通常是用一只手抓住杯耳,另一只手托住杯底,把茶端给客人;没有杯耳的茶杯也应双手捧上。

最后,续茶要讲究。可以示意服务员来续茶,让服务员把茶壶留在餐桌上,自己亲自来续更好。续茶的时候要先给客人添茶,最后再给自己添。在为客人续水斟茶时,不要妨碍对方。应一手拿起茶杯,使茶杯远离客人身体、座位、桌子,另一只手把水续入,最好不在客人面前续水。在续水时不要续得太满,也不能让自己的手指、茶壶等弄脏了茶杯。

### (四) 茶艺

茶艺是包括茶叶品评技法和艺术操作手段的鉴赏等整个品茶过程,它萌芽于唐,发展于宋,改革于明,极盛于清,可谓有相当的历史渊源。"寒夜客来茶当酒"的境界,不但表露出宾主之间的和谐欢愉,而且蕴含着一种高雅的情致。

了解茶艺必须知道以下内容:第一,茶叶的基本知识。学习茶艺,首先就是要了解和掌握茶叶的分类、主要名茶的特点、制作工艺和茶叶的鉴别、贮藏、选购等内容。这是学习茶艺的基础。第二,水的基本知识。学习茶艺,必须懂得水,茶性必发于水,无水不能谈茶。第三,茶艺的技术。茶艺的技术是指茶艺的技巧和工艺,包括茶艺表演的程序、动作的要领、讲解的内容以及茶叶色、香、味、形的欣赏和茶具的欣赏与收藏等内容。这是茶艺的核心部分。第四,茶艺的礼仪。茶艺的礼仪是指茶艺服务过程中的礼节,包括服务过程中的仪容仪表、迎来送往、互相交流与彼此沟通的要求与技巧等。第五,茶艺的规范。茶艺要体现出人与人之间平等互敬的精神,对宾主都有规范的要求。客人更要懂得尊重他人,投入地去品茶。

以功夫茶为例,对茶艺操作程序做简单的介绍。

1. 嗅茶。主人和客人都坐定后,主人应该取出茶叶向客人介绍茶叶的产地、特点等,并把茶叶交给客人嗅赏。

2. 温壶。先把开水冲入空壶,使整个壶体变得温热,然后将水再倒入茶壶,茶的口感会更好。

3. 装茶。用茶匙向茶壶中装入茶叶,切忌用手抓茶叶。

4. 润茶。用沸水冲入壶中,等壶中的水快满时,用竹筷刮去水面杂沫,然后即将茶水倒出。

5. 冲泡。泡茶要用开水,以80℃左右的沸水为宜,最好不用100℃的沸水冲泡,以免泡出的茶水色、香、味损失。

6. 浇壶。盖上壶盖以后,在壶身外浇开水,既能使壶内、壶外温度一致,又能洗净茶壶的外表。

7. 温杯。泡茶的间隙,用热水,浸洗一下品茶的小茶杯。

8. 运壶。茶泡好后,要提壶在茶盘边巡行数周,防止壶底的水滴滴到茶杯里而串味儿。

9. 倒茶。将小茶杯依次排开,将壶中之茶均匀地分入每一杯中,使杯中之茶的色、味一致。

10. 敬茶。双手捧上第一杯茶敬奉给在座的客人。如果不止一位客人,第一杯茶应该敬奉给德高望重的长者。

11. 品茶。客人可以捏着小茶杯,认真观茶色,仔细嗅茶味,慢慢闻茶香,然后细细品尝。

## 二、咖啡饮用礼仪

### (一) 咖啡的种类

1. 按制作方法分

根据制作方法的不同,咖啡大体上可以被分为速溶咖啡、现煮咖啡和灌装咖啡。

(1) 速溶咖啡

速溶咖啡包括粉末状咖啡、颗粒状咖啡和近年来的低温急冻型咖啡。例如,雀巢咖啡在饮用时只需兑入开水即可,但缺乏滋味变化,只适合快节奏饮用,在正式场合,一般不用此类咖啡。

(2) 现煮咖啡

现煮咖啡是指在饮用咖啡前,当场将一定数量的咖啡豆放入特制的咖啡具,现磨现煮的咖啡。这是一种礼遇,也体现一定档次。

(3) 灌装咖啡

① 单品咖啡

单品咖啡又叫黑咖啡,通常是指由滤泡法制作的单品咖啡,是所有未添加任何其他成分的纯粹的咖啡。咖啡颜色呈黑色,分为蓝山咖啡、巴西咖啡、曼特宁咖啡等;在正统的西餐宴会中,压轴的就是这种宜于化解油腻的黑咖啡。饮用此种咖啡被西方人视为身份高贵或出身上流社会的一种标志。

② 意大利浓缩咖啡

意大利浓缩咖啡是使用专业的咖啡制作机器,以特殊的蒸汽加压的方法制作的一种咖啡,它极黑极浓,不能多饮。真正喝咖啡的行家大多会用意大利浓缩咖啡来测试吧台的功力,因为它无法用水与牛奶来掩饰,因此最能呈现咖啡的原味。

③ 花式咖啡

花式咖啡是用单品咖啡、意大利浓缩咖啡加入不同的配料制作出来的含咖啡的饮料。这类咖啡是各地区人民针对自己的口味,或是为了满足客户的需要而发明创造的含咖啡的饮料,主要有以下几种。

拿铁。拿铁是意大利浓缩咖啡加入高浓度的热牛奶与鲜奶制作而成,它保留了淡淡的咖啡香气与甘味,散发出浓郁迷人的鲜奶香,入口滑润而顺畅,是许多女士的最爱。拿铁中的咖啡、热牛奶与鲜奶的比例应该是1∶8∶1,因此,它可以说是一杯没有负担的咖啡,并且可以喝到牛奶的温润,更像是喝一杯有咖啡香的牛奶。

摩卡。摩卡是意大利浓缩咖啡加入巧克力、肉桂、鲜奶、糖浆、可可粉等,它已经不是单纯的咖啡了,而是咖啡的一种变形,也是意式咖啡中最花哨的一种,比拿铁中的鲜奶少。它具有浓郁的咖啡及巧克力香味,而且甜味与咖啡中和,顺口而不腻,非常适合大众的口味。

卡布奇诺。卡布奇诺是将浓醇的意大利浓缩咖啡混入细致鲜香的鲜奶与香滑可口的巧克力粉,充满调和的柔顺口感与迷人的香气,加上优雅的装饰,凸显个人品位。卡布奇诺是一种很中庸的咖啡,有很强的口感。因为卡布奇诺中加入了鲜奶,很多人喝它是为了享受鲜奶的口感,因此热牛奶、鲜奶的比例很重要。卡布奇诺可以说是一杯很挑剔的咖啡,咖啡、热牛奶与鲜奶的比例是1∶1∶1。

爱尔兰咖啡。爱尔兰咖啡的特点是,在饮用之前不加入牛奶,而是加入一定量的威士忌酒,这样可以让意大利浓缩咖啡的香味被威士忌酒提升得更明显。

玛琪雅多。玛琪雅多是指在意大利浓缩咖啡中不加鲜奶油或热牛奶,只在咖啡中添加两大匙绵密细软的鲜奶,这样就成了玛琪雅多。

2. 按生产国家或地区分

按生产国家或地区分,除了同一地区不同品质的咖啡之外,很多地区的咖啡是以该地区命名的,也有少数是按生产国命名的。

(1) 蓝山咖啡

蓝山咖啡是咖啡中的极品,产于牙买加的蓝山。受加勒比海环抱的牙买加的蓝山,是由于每当太阳照射海水时,便被反射到该山上而发出璀璨的蓝色光芒,故而得此山名。生长于此的咖啡拥有最好咖啡的特点,不仅拥有香醇、苦中略带甘甜、柔润顺口的特性,而且咖啡的甘、酸、苦三种滋味的完美搭配,使此种咖啡有其独特的滋味。它一般都是单品饮用,但是因产量极少,为咖啡中的极品,价格昂贵无比。

(2) 夏威夷科纳咖啡

夏威夷科纳咖啡是蜚声世界的酸而香醇的上等咖啡豆。其柔滑、浓香,具有诱人的坚果香味,酸度虽较均衡,但有强烈的酸味和焦糖般的甜味,口感温顺、滑润,就像夏威夷岛上五彩斑斓的色彩一样迷人。夏威夷科纳咖啡是世间的珍品,非常不易找到,因此价格极其昂贵。

(3) 巴西布邦山多士

巴西布邦山多士产自世界第一咖啡生产国巴西,是巴西咖啡中的极品。口感微甜,带柔和的酸味,其独特的甘、酸、苦味调和,极为优雅,具有浓郁的果香和草香。在树龄3～4年以前,布邦山咖啡树结的是小而扭曲的豆子,称为布邦山多士,这是最高级的巴西咖啡豆,通常在咖啡馆里被直接叫作巴西。

(4) 哥伦比亚咖啡

哥伦比亚咖啡的产地为哥伦比亚,其烘焙后的咖啡豆,会释放出甘甜的香味,具有酸中带甘、苦味中平的特性,因为浓度适宜,常被应用于高级的混合咖啡之中。

(5) 爪哇咖啡

爪哇咖啡产于印尼的爪哇岛,烘焙后苦味极强而香味极为清淡,但感觉不到任何酸味,这种口味深受荷兰人的喜爱。此种咖啡豆常用来制作混合咖啡与即溶式冲泡咖啡。

(6) 危地马拉咖啡

危地马拉咖啡产于危地马拉,是酸味较强的一种咖啡,味道香醇而略具野性,最适合调配成混合咖啡。

## (二) 咖啡饮用礼仪

1. 拿咖啡杯

在餐后饮用的咖啡,一般是用袖珍型的杯子盛出的。这种杯子的杯耳较小,一般手指无法穿入。但即使用较大的杯子,也不要用手指穿过杯耳再端杯子,这样不雅观。咖啡杯的正确拿法应是拇指和食指捏住杯耳再将杯子端起。盛放咖啡的杯碟也是特制的,应把它们放在自己的面前或右侧,杯耳指向右方。

2. 给咖啡加糖

给咖啡加糖时,砂糖可用咖啡匙舀取,直接加入杯内;也可先用糖夹子把方糖夹在咖啡碟的近身一侧,再用咖啡匙把方糖加在杯子里。假如直接用糖夹子或手把方糖放入杯内,可能会使咖啡溅出,弄脏衣服或台布。

3. 使用咖啡匙

咖啡匙是专门用来搅拌咖啡的,饮用咖啡时应当把它从杯中取出来。不能用咖啡匙舀着咖啡一匙一匙地慢慢喝,也不要用咖啡匙来捣碎杯中的方糖。

4. 热咖啡的喝法

刚刚煮好的咖啡太热,可以用咖啡匙在杯中轻轻搅拌使之冷却,或者等待其自然冷却,然后再饮用。用嘴去把咖啡吹凉是很不文雅的动作。

5. 杯和碟的使用

盛放咖啡的杯和碟都是特制的。它们应当放在饮用者的正面或者右侧,杯耳应指向右方。饮用咖啡时,可以用右手拿着咖啡的杯耳,左手轻轻托着咖啡碟,慢慢地移向嘴边。不宜满把握杯、大口吞咽,也不宜俯首去就咖啡杯。喝咖啡时,不要发出响声。添加咖啡时,不要把咖啡杯从咖啡碟中拿起来。

6. 饮用咖啡与用点心

饮用咖啡时可以吃一些点心,但不要一手端着咖啡杯,一手拿着点心,吃一口喝一口交替进行。饮用咖啡时应当放下点心,吃点心时则放下咖啡杯。

7. 饮用咖啡时,要适时地和交往对象进行交谈。要细声细语,不可大声喧哗,不要乱开玩笑,更不要和人动手动脚,追追打打。否则,只能破坏饮用咖啡的现场氛围。

8. 不要在别人饮用咖啡时,向对方提出问题。自己饮用过咖啡要讲话以前,最好先用纸巾擦擦嘴,免得让咖啡弄脏嘴角而不雅观。

### 三、酒饮用礼仪

自古以来,在世界各国,酒在社交场合,尤其是在宴请、聚餐活动中一直发挥着重要的作用。酒与文化的发展基本上是同步的,几千年来,随着生活的积淀,逐渐形成了一系列约定俗成的酒饮用礼仪。

**(一) 酒的分类**

1. 按制作方法分类

酒的制作方法通常有三种:发酵、蒸馏、配制。按这些方法生产出来的酒分别称发酵酒、蒸馏酒和配制酒。

(1) 发酵酒

发酵酒是指把制酒原料(通常是谷物与水果汁)直接放入容器中加入酵母进行发酵而酿制成的酒,属低度酒。饭店中常用的发酵酒有葡萄酒、啤酒、果酒、黄酒、米酒等。

(2) 蒸馏酒

蒸馏酒是将经过发酵的原料(发酵酒)加以蒸馏提纯获得的含有较高度数酒精的酒。通常经过一两次甚至多次蒸馏,才能取得高质量的酒。我国生产的各种白酒大多属于这一类。饭店里常用的蒸馏酒有金酒、威士忌、白兰地、朗姆酒、伏特加酒、德基拉酒以及中国的白酒,如茅台酒、五粮液等。

(3) 配制酒

配制酒的制作方法很多,常用的有浸泡制作方法、混合制作方法、勾兑制作方法等。浸泡制作方法多用于药酒,将蒸馏后得到的高度酒液或发酵后经过滤清的酒液按配方放入不同的药材,然后装入容器中密封起来,经过一段时间后,药材就溶解于酒液中,饮用后便会得到不同的治疗效果。国外的味美思酒、比特酒,中国的人参酒、蛇酒等都属浸泡酒。混合制作方法就是在蒸馏后的酒液(通常用高度数酒液)中加入果汁、蜜糖、牛奶或其他液体混合制成。勾兑制作方法通常是将两种或数种酒勾兑在一起,形成一种新的口味,或者得到色、香、味更加完美的酒品。

2. 按酒的香型分类

在国家级评酒中,往往按酒的香型分类。

(1) 酱香型白酒

酱香型白酒以茅台酒为代表,酱香柔润为其主要特点,发酵工艺最为复杂,所用的大曲多为超高温酒曲。

(2) 浓香型白酒

浓香型白酒以泸州老窖特曲、五粮液、洋河大曲等为代表,以浓香甘爽为特点,发酵原料有多种,其中以高粱为主,发酵采用陈年老窖,也有人工培养的老窖,采用混蒸续渣工艺。在名优酒中,浓香型白酒的产量最大。四川、江苏等地的酒厂所产的酒均是这种类型。

(3) 清香型白酒

清香型白酒以汾酒为代表,其特点是清香纯正,采用清蒸清渣发酵工艺,发酵采用地缸。

(4) 米香型白酒

米香型白酒以桂林三花酒为代表,其特点是米香纯正,以大米为原料,小曲为糖化剂。

(5) 其他香型白酒

其他香型白酒主要代表有西凤酒、董酒等,香型各有特征,这些酒的酿造工艺采用浓香型、酱香型,或汾香型白酒的一些工艺,有些酒的蒸馏工艺也采用串香法。

3. 按酒精含量分类

(1) 高度酒。高度酒是指酒精含量40%以上的烈性酒,国外的烈酒都属此类。国产的有茅台、五粮液、汾酒、二锅头等。

(2) 中度酒。中度酒是酒精含量在20%~40%之间的酒类。中度酒有餐前开胃酒、餐后甜酒等,国产的竹叶青、青梅酒、五加皮酒等都属于此类。

(3) 低度酒。低度酒是酒精含量在20%以下的酒,常用的有葡萄酒、桂花陈酒、香槟酒和低度药酒。

4. 按糖分含量分类

(1) 甜型酒。黄酒含糖10克/100毫升以上的酒类,葡萄酒含糖5克/100毫升以上的酒类,为甜型酒。

(2) 半甜型酒。黄酒含糖3~10克/100毫升的酒类,葡萄酒含糖1.2~5克/100毫升的酒类,为半甜型酒。

(3) 半干型酒。黄酒含糖在0.5克/100毫升以下的酒类,葡萄酒含糖在0.4克/100毫升以下的酒类,为半干型酒。

**(二) 常见酒的种类及特点**

(1) 白酒

白酒是用粮食或其他含有淀粉的农作物为原料,以酒曲为糖化发酵剂,经发酵蒸馏而成的。白酒无色透明,质地纯净,醇香浓郁,口感丰富,酒精度在30°以上,具有较强的刺激性。

正式场合喝白酒,讲究以专用的瓷杯或玻璃杯盛酒。它的容积不大,所以喝白酒讲究"酒满敬人"与"一饮而尽"。喝白酒时,通常不必加温、加冰,不宜用水对其稀释。

(2) 黄酒

黄酒是我国生产历史悠久的传统酒,因其颜色黄亮而得名。它以糯米、黍米和大米为主要原料,经酒药、麦曲发酵压榨而成,因此也称压榨酒。黄酒酒性醇和,适于长期贮藏,有越陈越香的特点,属低度发酵的原汁酒。酒精度一般在8°~18°之间,黄酒大多采用陶坛盛装,泥土封口,因此越陈越香,素有老酒之称。由于黄酒是低度酒,开坛后要及时销售或饮用,时间长了,易被污染而变质。

(3) 啤酒

啤酒是以麦芽为主要原料,加酒花、经酵母发酵酿制而成的一种含有二氧化碳、起泡的低度酒饮料,其酒精度在 3.5°~5.5°之间,味道微苦。啤酒中含有大量的二氧化碳和丰富的营养成分,能帮助消化,促进食欲,有清凉舒适之感。根据工艺不同,有生啤、熟啤之分;根据颜色不同,可将啤酒分为黄啤、黑啤、红啤等。

饮用啤酒,一般应该采用专用的倒三角形酒杯或带把的啤酒杯。饮用它的最佳温度为 6℃~8℃,不必加冰或久冻。喝啤酒时,讲究大口饮用。

在国外,啤酒不上筵席。在国内,却可在社交聚餐中饮用。此外,它还可以充当消暑解渴的最佳饮品。

(4) 葡萄酒

葡萄酒是以葡萄为原料直接发酵酿造而成的一种酒。它的酒精含量不高,味道醇美,营养丰富。根据其色彩的不同,葡萄酒可以分为白葡萄酒、红葡萄酒、桃红葡萄酒;根据其糖分含量的不同,则又可以分为干葡萄酒、半干葡萄酒、微干葡萄酒、微甜葡萄酒、半甜葡萄酒、甜葡萄酒等。现在干葡萄酒比较流行。所谓"干",是指基本不含糖分没有甜味。葡萄酒里,酒精含量在 12°左右。

葡萄酒可佐餐也可以单独饮用。喝不同类型的葡萄酒,在温度方面的要求不同。白葡萄酒宜在 13℃左右喝,故应当加冰块;红葡萄酒则在 18℃左右饮用最佳,故不宜加冰块。喝葡萄酒要用专门的高脚玻璃杯。喝白葡萄酒时,应捏着杯脚;喝红葡萄酒时,则讲究握住杯身。

(5) 香槟酒

香槟酒知名度较高,应用的范围也比较广。香槟酒又叫发泡葡萄酒,它是以特种工艺制成的、富含二氧化碳、可产生大量泡沫的白葡萄酒。因其以法国香槟地区所产的最有名,故有此名称。它的酒精含量在 10°左右,口感清凉、酸涩,并带有水果香味。

香槟酒在 4℃~5℃饮用较好,在 6℃饮用最佳,故在饮用之前须将其暂时冷藏于冰桶之内。开瓶时,可稍微摇晃,然后再起去瓶塞。它会连泡带酒一同奔涌而出,欢快的气氛即起。饮用香槟,须使用郁金香型的高脚玻璃杯,并应以手捏住杯脚。香槟酒可以用来佐餐、祝酒,可以单独饮用,也可在庆典仪式上为人助兴。

(6) 威士忌酒

威士忌酒是一种雅俗共赏、物美价廉的酒。它是用谷物发酵而成的烈性蒸馏酒,其口味浓烈,酒精含量约为 40°。知名品牌有芝华士、尊尼获加等。

威士忌酒可以干喝,不过加入冰块、苏打水或姜汁后,味道更佳。喝威士忌酒时,最好用专门的平底小玻璃杯,耐心细致地慢慢品尝。威士忌酒不但可以自斟自饮,而且可以去酒吧里喝。

(7) 白兰地酒

在所有的洋酒中,白兰地酒是最名贵的。白兰地酒也是葡萄酒家族中的一员,它是用葡萄汁发酵后蒸馏精制而成的。它的酒精含量约为 40°,色泽金黄,香甜醇美,知名品牌有马爹利、轩尼诗、人头马、拿破仑等。

以白兰地酒为代表的洋酒大都是以盎司计量的,因此它并不讲究"酒满敬人"。饮用白兰地酒的最佳温度是18℃以上,故应将其盛在专用的大肚、收口、矮脚杯内,先以右手托住杯身观其色彩,并以手掌为其加温。随后,待其香味四溢时,闻过之后,再慢慢地小口品尝。如果将其一饮而尽,会被视为没有品位。

(8) 鸡尾酒

鸡尾酒其实并不是某一种酒,而是一类混合型的酒。它是用各种不同的酒以及果汁、汽水、蛋清、糖浆等其他饮料,按照一定的比例,采用专门的技法调制而成的。它的口味有浓有淡,酒精的含量有多有少。但其共同特点则是异彩纷呈,层次分明,闪烁不定,色彩好似雄鸡之尾,故叫鸡尾酒。知名品牌有马提尼、曼哈顿、红粉佳人、血腥玛丽、天使之吻等。

饮用鸡尾酒可以去酒吧,也可在聚餐之时。为便于观赏其独具特色的丰富色泽,最好使用高脚广口的玻璃杯去盛鸡尾酒。有品位的人往往不会把数种不同的鸡尾酒混杂在一起品尝。

(三) 饮酒礼仪

在较为正式的场合,饮酒礼仪是一定要讲究的。

1. 点酒礼仪

在正式餐厅应酬时,点酒通常由主人决定,但若主人不懂酒,会请在座懂酒的人代点。无论是主人还是客人点酒,都要遵守以下规则:

(1) 先请服务人员取来餐厅的酒单阅读,高级餐厅的酒单通常涵盖各个产区的酒,因此看来是密密麻麻的。如果实在不懂可以请餐厅懂酒的经理或服务人员(在国外有专门的酒侍 Sommelier)推荐。在请人推荐之前,可先巧妙地告知预算。例如,"请帮我推荐中等价位的酒","请帮我介绍一瓶普通的酒",或者"请帮我挑选上好的酒"。

(2) 葡萄酒通常是在点完菜后才决定的,尚未点菜千万别急着点酒。如果有开胃菜,可询问在座客人是否要喝点开胃酒搭配。例如,鱼子酱可以搭配冰香槟或小杯伏特加。开胃酒不一定要开整瓶,可以论杯计。

(3) 依基本原则点酒,即红酒配红肉,白酒配白肉。葡萄酒口味应选较中性或较清淡的,以合乎大众口味为宜。如果座中客人的主菜有海鲜也有牛排,则需红酒、白酒各选一瓶。不常喝葡萄酒的人,较易接受略甜的口味,如果是葡萄酒老饕,就可选较干涩的。

(4) 餐后用甜点时,视个人喜好再点饭后甜酒。饭后甜酒通常是些水果酿的烈酒,酒精含量高,只以高脚小杯盛装,不需整瓶开,以杯论即可。

(5) 葡萄酒送来之后,点酒人要仔细检视酒庄、酒名及年份是否正确。假若点的是1987年的酒,送来的虽是同样的酒,年份却是1989年的,就要在开瓶前立即提出更换。

(6) 餐厅的服务人员开瓶后,会把木塞交给点酒人员请求检视。此时要看木塞是否有发霉现象,若有,表示餐厅贮酒不当,酒质可能已损坏。若木塞干燥甚至已断裂,表示此酒被直立放置,可能酒瓶已渗入空气而酒质氧化。木塞潮湿则表示贮存方式正确,是采用横躺式放置。另外,还要嗅闻软木塞,应该是酒香满溢而非一股霉臭味。

(7) 餐厅的服务人员会先倒约一盎司,即五分之一杯刚开瓶的葡萄酒给点酒人试饮。点酒人根据品酒原则品尝,也就是看颜色,摇晃杯子,闻香味,再喝一口。若酒质无误则点头示可,若酒味变质变坏,试酒后立即告知服务人员,请求换瓶再开或另行挑选其他酒。

(8) 若点选的是陈年佳酿葡萄酒,那么在开瓶之后,需先经换瓶、呼吸、透气的步骤,然后才由点酒人试酒。

(9) 点酒人试酒无误并点头示意后,服务人员该依照女士优先原则,由右至左一一斟酒,最后才给点酒者斟酒。若点酒人不是主人,则主人为最后一人。

(10) 斟酒后尚有余酒的酒瓶应放在客人看得到,拿得到的地方,使座上的客人能欣赏检视酒标字样。

2. 斟酒礼仪

通常,酒水应该在饮用前先斟入杯中。宴会开始前,主人先给客人斟酒,以示礼貌。斟酒时不宜太满,以 3/5 为宜,给客人斟完酒后,主人才能自己倒。如果是服务员为自己斟酒,要向服务员道谢;若是男主人亲自斟酒,则必须端起酒杯致谢,必要时,还必须起身站立或欠身点头为礼。

主人为来宾所斟的酒,应是本次宴会上最好的酒,并应当场启封。斟酒时要注意三点:一要一视同仁,面面俱到,切勿有挑有拣,只为个别人斟酒;二要注意顺序,可以依顺时针方向,从自己所坐之处开始,也可以先为尊长、嘉宾斟酒;三要斟酒适量,在正式宴会上,除主人与侍者外,其他宾客一般不宜自行为他人斟酒。

3. 敬酒礼仪

敬酒又称祝酒,是指在正式宴会上,由男主人向来宾提议,为某种缘由而饮酒。在敬酒时,通常要讲一些祝愿、祝福之言。在正式的宴会上,主人与主宾还会郑重其事地发表一篇专门的祝酒辞。致祝酒辞最适合在宾主入席后、用餐前开始。有时,也可以在吃过主菜之后、甜品上来之前进行。不管是致正式的祝酒辞还是普通情况下的祝酒辞,内容均应愈短愈好,切勿长篇大论,让他人久候。

宴会进行中,主要做到"献、报、酬"。"献"指主人先敬酒于宾客;客人饮后需回敬主人,此为"报";然后为了劝客人多饮,主人必先饮以倡之,此为"酬"。干杯时要碰杯,而且要碰出声响来。每逢碰杯,主宾均要站起身来,面向对方正视,才算礼貌。

4. 干杯礼仪

干杯通常指的是在饮酒时,特别是在祝酒、敬酒时,以某种方式劝说他人饮酒,或是建议对方与自己同时饮酒。在干杯时,往往要喝干杯中之酒,所以称为干杯。有时候,干杯者相互之间还要碰一下酒杯,所以又称作碰杯。有时,在干杯前也可象征性地与对方碰一下酒杯。碰杯时,不要用力过猛。出于敬重之意,可使自己的酒杯比对方低一些。与对方相距较远时,可以手中酒杯之底轻碰桌面,这样做,也等于与对方碰了杯。但这一方式是中式的,在西餐宴会上,人们只是祝酒不劝酒,只敬酒不真正碰杯;使用玻璃酒杯时,尤其不能彼此碰杯。在西式宴会上,越过身边之人而与相距较远者祝酒碰杯,尤其是交叉干杯是不允许的。

干杯需要有人率先提议。提议干杯者,可以是致祝酒辞的主人、主宾,也可以是其他任何在场的饮酒之人。提议干杯时,应起身站立、右手端起酒杯,或者用右手拿起酒杯后,再以左手托杯底,面含笑意,目视自己祝酒的对象,说出祝辞。在主人或他人提议干杯后,应当手持酒杯起身站立。即使滴酒不沾,也要拿起酒杯示意一下。在干杯时,应手举酒杯至双眼高,口说"干杯"之后,将酒一饮而尽或饮去一半,也可以只饮适当的量。然后,还须手持酒杯与提议干杯者对视一下,这一过程方告结束。

5. 饮酒规则

不论在哪一种场合饮酒,都要量力而行,饮酒适度,努力保持风度。

(1) 饮酒适度

在什么场合,饮酒都不要争强好胜,也不要非一醉方休不可。在饮酒之前,应根据经验,对自己的酒量做正确估计。在正式的宴会上,更应该主动将饮酒限制在自己平日酒量的三分之一以下。饮酒过多,不仅容易伤身体,而且容易出丑,损害个人形象。

(2) 依礼拒酒

如果因生活习惯或健康原因及心情原因或其他特殊原因而不能饮酒,应该用一些合乎礼仪的方法,婉拒他人的劝酒。例如,申明不能饮酒的原因;主动以其他饮料代酒;委托亲友、部下或晚辈代为饮酒,等等。不要在他人为自己斟酒时倒扣酒杯、又躲又藏、乱推酒瓶、敲击杯口,也不能把酒偷偷倒掉或把自己的酒倒入别人杯中,这些都是不礼貌的。

(3) 勿忘律己敬人之规

不要酗酒,不要强行劝酒,不要大声吵闹划拳,不要酒疯,因为这些做法都是极不礼貌的。

## 案例分析

### 案例

乾隆微服南巡时,到一家茶楼喝茶,当地知府晓得了这一状况,也微服前往茶楼护驾,怕万一出事,本人担待不起。到了茶楼,也就在皇帝对面末座的位置坐下。皇帝心知肚明,也不去戳穿,久闻大名、相见恨晚地装模作样应酬一番。

皇帝是主,免不得提起茶壶给这位知府倒茶,知府诚惶诚恐,但也不好当即跪在地上来个谢主隆恩,于是急中生智,弯起食指,中指和无名指,在桌面上轻叩三下,代替行了三跪九叩的大礼。于是这一风俗就这么传下来了。

### 分析

现在主人给客人每冲泡一次茶品时,客人都应该行"扣指礼"作为回礼。右手握拳,大拇指的指尖对食指的第二指节,伸直食指和中指,用食指和中指的第二节的面,悄悄点击面前茶桌的桌面三下,从侧面看,食指和中指就好像跪着的人的双腿。然后立起来,用第二节指面点击三下,有"三跪九叩"的意思。

## 技能训练

### 技能训练项目一:饮酒礼仪与技巧

职场新人有幸得到上司邀请,陪同招待重要客户是一件重要的事情。按照惯例,饮酒是免不了的。如何做到既陪好上司与客人又不违背饮酒礼仪确是一个问题。请组织3~5名同学献计献策,并做好记录,提出职场新人饮酒的礼仪与技巧。

### 技能训练项目二:茶艺表演感想

观看一次茶艺表演,写出感想。

**技能训练项目三:咖啡品尝礼仪**

参观咖啡厅并品尝咖啡,种类不限,写出品尝咖啡的种类、品尝感受和饮用时的礼仪。

# 相关知识链接

## 关于咖啡的常用词

风味:对香气、酸度与醇度的整体印象。

酸度:所有生长在高原上的咖啡所具有的酸辛强烈的特质。此处的酸辛与苦味、发酸、酸碱值无关,它是指促使咖啡发挥提振心神,涤清味觉等功能的一种清新、活泼的特质。

咖啡的酸度不是酸碱度中的酸性或酸臭味,也不是进入胃里让人不舒服的酸。在冲调咖啡时,酸度的表现是很重要的,在良好的条件及技巧下,可发展出酸度清爽的特殊口味,是高级咖啡必备的条件。

咖啡的酸度是形容一种活泼、明亮的风味表现,这个词有点类似于葡萄酒品评中的形容方式。倘若咖啡豆缺乏了酸度,就等于丧失了生命力,尝起来空洞乏味、毫无层次深度。酸度有许多不同的特征,来自也门与肯尼亚的咖啡豆,其酸度特征就有袭人的果香味以及类似红葡萄酒般的质感。

醇度:饮用咖啡后,舌头上的口感。醇度的变化可以分为清淡如水到淡薄、中等、高等、脂状,印尼的某些咖啡甚至如糖浆般浓稠。

气味:咖啡调配完成后所散发出来的气息与香味。用来形容气味的词包括焦糖味、炭烤味、巧克力味、果香味、草味、麦芽味等。

苦味:苦是一种基本的味觉,感觉区分布在舌根部分。深度烘焙的苦味是刻意营造出来的,但常见的苦味发生原因是咖啡粉用量过多,而水太少。

清淡:生长在低地的咖啡,口感通常相当清淡、无味。咖啡粉分量不足而水太多的咖啡,也会造成同样的清淡效果。

咸味:咖啡冲泡后,若是加热过度,将会产生一种含盐的味道。

泥土的芳香:通常用来形容辛香而具有泥土气息的印尼咖啡,并非是指咖啡豆沾上泥土的味道。

独特性:形容咖啡具有独树一帜的芳香与特殊气息,如花卉、水果、香料般的甜美特质。东非与印尼所产的咖啡,通常具有这种特性。

芳醇:用来形容酸度平衡性佳的咖啡。

温和:用来形容某种咖啡具有调和、细致的风味,可以用来形容除巴西咖啡以外的所有高原咖啡。

柔润:形容像印尼咖啡这样的低酸度咖啡,亦形容为芳醇或香甜。

发酸:是一种感觉区(主要位于舌头后侧)的味觉,是浅度烘焙咖啡的特点。

辛香:指一种令人联想到某种特定香料的风味或气味。

浓烈:就技术上而言,形容的是各种味觉优缺点的多寡,或指特定的调理成品中,咖啡与水的相对比例。就通俗的用法而言,形容的是深度烘焙咖啡的强烈风味。

香甜：本质上像是水果味，与酒味也有关。

狂野：形容咖啡具有极端的口味特征。

葡萄酒味：指水果般的酸度与滑润醇度所营造出来的对比特殊风味。肯尼亚咖啡便是含有红葡萄酒风味的最佳典范。

另外，咖啡豆只有经过烘焙才能变成供研磨和饮用的咖啡豆，一般分为浅度、中度、深度和特深度烘焙。

### 西餐中的酒

西餐非常讲究酒与菜的搭配，西餐中的酒分为以下几种：

1. 开胃酒。通常是具有强烈辣味的酒，如鸡尾酒（Cocktail）、苦艾酒（Vemouth）、雪莉酒（Sherry）、苏格兰威士忌酒（Scotch）、马丁酒（Martini）等。

2. 佐餐酒。多选用葡萄酒，一般白葡萄酒（White Wine）配海鲜鱼虾；红葡萄酒（Bed Wine）配牛肉、猪肉、鸡鸭肉等。红葡萄酒适于在18℃左右饮用，白葡萄酒和粉红葡萄酒则适宜在7℃时饮用，香槟则应冷藏至4℃～5℃饮用较好。这就是为什么在进西餐时有的酒需冷藏在冰桶里的原因了。

3. 餐后酒。通常选用白兰地酒如法国的勃艮地酒（Burgundy）、波匀图酒（Port）、利口酒（Liquard）以提神，去掉吃饱后的疲倦感。

在洋酒的酒瓶包装上，常常会有一些特定符号，如HennessyXO，XO是什么意思？原来，酒瓶上的这些符号是表示该酒酿出来后窖存的年代。年代越久远，酒越醇香，因此也就越名贵。酒龄符号与年代对应一般如下：

| | |
|---|---|
| ☆ | 3年 |
| ☆☆ | 4年 |
| ☆☆☆ | 5年 |
| V.O | 10～12年 |
| V.S.O | 13～17年 |
| V.S.O.P | 20～25年 |
| V.U.S.O.P | 40年 |
| X.O | 40年以上 |

当然，不同牌号的酒，某些符号代表的年代是不尽相同的。例如，拿破仑酒，一个"☆"代表的酒龄是8年，故上述仅适合一般情况。

# 参考文献

1. [美]佩吉·波斯特著,李明媚译.礼仪圣经[M],北京:群言出版社,2008.
2. 羽西.听礼仪专家讲故事[M],北京:当代世界出版社,2008.
4. 徐汉文.商务礼仪实训[M],大连:东北财经大学出版社,2010.
3. 金正昆.社交礼仪概论[M],北京:北京大学出版社,2006.
5. 王志凯.社交一本经[M],西安:西北大学出版社,2004.
6. 杨秋平.成功社交培训教程[M],北京:机械工业出版社,2007.
7. 林友华.社交礼仪[M],北京:高等教育出版社,2003.
8. 雷鸣,吴良勤.秘书礼仪与形体训练[M],北京:北京大学出版社,2010.
9. [美]佩吉·波斯特,彼得·波斯特著,李琳娜,刘霞译.商务礼仪指南[M],北京:电子工业出版社,2006.
10. 林莹,毛永年.西餐礼仪[M],北京:中央编译出版社,2010.
11. 谭一平,吴竞.秘书礼仪实务[M],北京:外语教学与研究出版社,2010.

# 打造学术精品　服务教育事业
## 河南大学出版社
## 读者信息反馈表

尊敬的读者：

　　感谢您购买、阅读和使用河南大学出版社的＿＿＿＿＿＿＿＿＿＿一书,我们希望通过这张小小的反馈表来获得您更多的建议和意见,以改进我们的工作,加强我们双方的沟通和联系。我们期待着能为您和更多的读者提供更多的好书。

　　请您填妥下表后,寄回或发 E－mail 给我们,对您的支持我们不胜感激!

1. 您是从何种途径得知本书的：
　　□书店　□网上　□报刊　□图书馆　□朋友推荐
2. 您为什么决定购买本书：
　　□工作需要　□学习参考　□对本书感兴趣　□随便翻翻
3. 您对本书内容的评价是：
　　□很好　□好　□一般　□差　□很差
4. 您在阅读本书的过程中有没有发现明显的专业及编校错误,如果有,它们是：
　　＿＿＿＿＿＿＿＿＿＿＿＿＿＿＿＿＿＿＿＿＿＿＿＿＿＿＿＿＿＿＿＿＿＿＿＿＿
　　＿＿＿＿＿＿＿＿＿＿＿＿＿＿＿＿＿＿＿＿＿＿＿＿＿＿＿＿＿＿＿＿＿＿＿＿＿
　　＿＿＿＿＿＿＿＿＿＿＿＿＿＿＿＿＿＿＿＿＿＿＿＿＿＿＿＿＿＿＿＿＿＿＿＿＿
5. 您对哪一类的图书信息比较感兴趣：＿＿＿＿＿＿＿＿＿＿＿＿＿＿＿＿＿＿＿＿＿
　　＿＿＿＿＿＿＿＿＿＿＿＿＿＿＿＿＿＿＿＿＿＿＿＿＿＿＿＿＿＿＿＿＿＿＿＿＿
6. 如果方便,请提供您的个人信息,以便于我们和您联系(您的个人资料我们将严格保密)：
　　您供职的单位：＿＿＿＿＿＿＿＿＿＿＿＿＿＿＿＿＿＿＿＿＿＿＿＿＿＿＿＿＿
　　您教授的课程(老师填写)：＿＿＿＿＿＿＿＿＿＿＿＿＿＿＿＿＿＿＿＿＿＿＿
　　您的通信地址：＿＿＿＿＿＿＿＿＿＿＿＿＿＿＿＿＿＿＿＿＿＿＿＿＿＿＿＿＿
　　您的电子邮箱：＿＿＿＿＿＿＿＿＿＿＿＿＿＿＿＿＿＿＿＿＿＿＿＿＿＿＿＿＿

请联系我们：

电话:0371－86059712　0371－86059713　0371－86059715

传真:0371－86059713　　E－mail:hdgdjyfs@163.com

通信地址:河南省郑州市郑东新区CBD商务外环路商务西七街中华大厦2304室　河南大学出版社高等教育出版分社